W0052498

Susan George
CHANGE IT!

Susan George

CHANGE IT!
Anleitung zum politischen Ungehorsam

Aus dem Amerikanischen
von Sigrid Langhaeuser

Droemer

Besuchen Sie uns im Internet:
www.droemer.de

Die Einschweißfolie ist biologisch abbaubar.
Dieses Buch wurde auf chlor- und säurefreiem Papier gedruckt.

Copyright © 2004 by Susan George
Copyright © 2006 der deutschsprachigen Ausgabe bei Droemer Verlag.
Ein Unternehmen der Droemerschen Verlagsanstalt
Th. Knaur Nachf. GmbH & Co. KG, München
Alle Rechte vorbehalten. Das Werk darf – auch teilweise –
nur mit Genehmigung des Verlags wiedergegeben werden.
Umschlaggestaltung: ZERO Werbeagentur, München
Satz: Adobe InDesign im Verlag
Druck und Bindung: Ebner & Spiegel, Ulm
Printed in Germany
ISBN-13: 978-3-426-27382-1
ISBN-10: 3-426-27382-9

5 4 3 2 1

INHALT

EINLEITUNG

Journalisten neigen dazu, jeden, der an einer Massendemonstration teilnimmt, als Mitglied der »Antiglobalisierungsbewegung« zu bezeichnen. Die Betroffenen selbst sprechen von sich als »Soziale Bewegung«, als »Bürgerbewegung« oder als »Bewegung für globale Gerechtigkeit«. Wenn es gar nicht anders geht und die Kürze einer Schlagzeile den Ausschlag gibt, akzeptieren sie notfalls das Adjektiv »alternativ« als Beschreibung, das der in diesem Zusammenhang irreführenden und sogar beleidigenden Vorsilbe »Anti-« immer noch vorzuziehen ist. Die Bewegung ist nicht »Anti-«, sondern internationalistisch, und ihr Anliegen ist die Welt als Ganzes und das Schicksal aller, die diesen Planeten miteinander teilen. Außerdem hat sie zahlreiche konkrete Vorschläge anzubieten, wodurch sie die Bezeichnung »Globalisierungsverfechter« weit eher verdient als ihre Gegner. Es kommt lediglich darauf an, welche Art von Globalisierung man meint und wem diese Globalisierung dienen soll.

Die Menschen, die sich als Teil dieser Bewegung fühlen, mögen eine wilde Ansammlung sehr unterschiedlicher Typen sein, aber wenn es eines gibt, das sie alle miteinander verbindet, dann ist es der Glaube, dass »eine andere Welt möglich ist«. Dieser weit verbreitete Slogan ist auf Plakaten, Spruchbändern und T-Shirts zu lesen. Leute wie ich beenden bei Demonstrationen ihre Ansprachen damit, und die Brasilianer haben ganz ihrer Wesensart gemäß eine Samba daraus gemacht: »Um outro mundo é possivél.« Aber ist diese Hoffnung berechtigt? Ich glaube, die Antwort lautet ja, *wenn* …

In diesem Buch sollen jene vier Buchstaben untersucht werden, die alles verändern können.

Als ich mich Ende der 1960er Jahre der »Bewegung« anschloss, wie sie damals noch ganz ohne Adjektive genannt wurde, konnte man sagen (oder brüllen) »USA raus aus Vietnam«, und jeder wusste, wovon man redete. Wenn man heute, fünfunddreißig Jahre später, sagt – es zu brüllen ist ziemlich sinnlos – »Erzwingt ein Moratorium für das GATS« oder »Schluss mit der Strukturangleichung«, wird man vermutlich nichts als verständnislose Blicke ernten. Um eine andere Welt zu ermöglichen, müssen die Bürger von heute außerordentlich gut informiert sein.

Ich hoffe, dass auch gewitzte Demonstranten und erfahrene Weltverbesserer dieses Buch nützlich finden werden, aber wenigstens ein Teil davon könnte den Titel »Globalisierung und die Bewegung für globale Gerechtigkeit für Anfänger« tragen. Die Kluft zwischen Wissen und Politik wird zunehmend größer, und viele Menschen scheinen das Gefühl zu haben, dass sie sich auch dann nicht an einer Politik der Veränderung beteiligen können, wenn sie erkennen, dass ihre Beteiligung eigentlich dringend erforderlich ist.

Die schwindende Beteiligung an nationalen Wahlen zeigt außerdem, dass viele Menschen nur noch wenig Sinn in einer repräsentativen Demokratie sehen. Sie sind enttäuscht von den traditionellen Politikern: »Sie sind ja doch alle gleich!«, oder, noch schlimmer, »Sie sind ja doch alle korrupt!« Oder sie haben ganz einfach das Gefühl, dass Politiker und Parteipolitik irrelevant sind. Die Menschen weigern sich, sich am öffentlichen Leben zu beteiligen; sie ziehen sich lieber in die Privatsphäre zurück und beschäftigen sich mit ihren persönlichen Sorgen.

Das Problem mit einer solchen Einstellung ist, dass die privaten Sorgen sich nicht mehr von der Außenwelt und dem größeren Umfeld trennen lassen – wenn das überhaupt jemals möglich war. Die Politik schleicht sich in unser aller Leben ein. Probleme können in zunehmendem Maß nicht mehr individuell, lokal oder national gelöst werden, weil die Globalisierung mehr ist als nur ein Schlagwort oder eine Ideologie. Sie bedeutet auch eine Verlagerung der Macht in so schwindelnde Höhe, dass die Stimmen der Bürger dort oben nur noch schwach und wie aus weiter Ferne zu hören sind. Angesichts dieser mehr oder weniger deutlich erkennbaren Entwicklung fühlen sich viele Menschen noch frustrierter und machtloser und ziehen sich umso mehr auf ihre eigenen Belange zurück. So entsteht ein unheilvoller Teufelskreis.

In diesem Buch möchte ich versuchen, das weitere Umfeld und die höheren Ebenen der Machausübung zu erklären. Es wendet sich an die vielen Menschen, die hoffen und glauben, dass Veränderung möglich ist, und die bereits daran arbeiten, sie zu verwirklichen. Bevor man sich aktiv an der Bewegung für globale Gerechtigkeit beteiligt, hat man keine Ahnung, wie viele gescheite, mutige und tatkräftige Menschen die gleichen Auffassungen haben wie man selbst und bereit sind, dafür zu kämpfen – diese beglückende Erfahrung habe ich selbst jedenfalls gemacht.

Das Buch ist unter anderem für diejenigen bestimmt, die zögern und bezweifeln, dass etwas getan werden kann, und für diejenigen, die Schwierigkeiten haben, den Absprung zu finden. Auch für Leser, die nichts anders wollen, als die Bewegung für globale Gerechtigkeit als neues politisches Phänomen und als Akteur auf der Weltbühne zu verstehen, kann das Buch insofern nützlich sein, als es erklärt, was diese Bewegung – und uns – antreibt: unsere Motive, unser Weltbild, unsere Hoffnungen und unsere Ziele.

Das Buch ist auch für die Menschen gedacht, die in der Diskussion nach einem meiner Vorträge die Hand hoben und sagten: »Meine Frage ist vermutlich sehr dumm, aber ...« (Falsch! Keine Frage ist dumm, und viele Phänomene sind *tatsächlich* schwer zu verstehen.) Es richtet sich an die drei offensichtlich intelligenten Gymnasiasten, die mir sagten: »Wir haben das Attac-Manifest* gelesen und nicht verstanden.«

* Hier eine kurze Anmerkung: Attac, »eine aktionsorientierte Volksauf-klärungsbewegung«, wurde 1998 in Frankreich gegründet (ich bin eine der Vizepräsidentinnen). Mitte 2005 gab es sie bereits in 50 Ländern. Der Name

Mein Buch richtet sich auch an jene Frau, die eingestand, dass sie nicht mehr zu den Versammlungen ihrer örtlichen Attac-Gruppe geht, weil sie den Gesprächen nicht folgen kann. Es richtet sich an die vielen Menschen, die Zorn und Abscheu über die konventionelle Politik empfinden, jedoch keine Alternative sehen, und an jenes berühmte und zweifellos mythische Wesen, den Durchschnittsbürger, der auch als »intelligenter Leser ohne spezielles Fachwissen« bezeichnet wird.

Ob Sie nun zur letzteren Gruppe gehören oder ein erfahrener Kämpfer sind, wenn Sie dieses Buch bis hierher gelesen haben, sind Sie vermutlich ebenso wie ich empört über die wilden Bocksprünge der Weltwirtschaft, schockiert über die täglichen Anzeichen von Korruption auf hoher und höchster Ebene und erbittert darüber, dass riesige Konzerne Milliarden von US-Dollar mit stillschweigender Duldung ihrer Bilanzprüfer, ihrer Banker und der angeblichen »Wachhunde« ihrer Regierungen verschwinden lassen. Sie sehen die wachsende Arbeitslosigkeit und die Zunahme von Schwarzarbeit, wobei junge Menschen besonders schwer betroffen sind. Sie wissen, dass die Umwelt am Rande des Zusammenbruchs steht und dass die Klimaveränderung uns alle mit verheerenden Hitzewellen, Stürmen, Überschwemmungen, Missernten und noch nie dagewesener Zerstörung bedroht – vielleicht sogar bis hin zur vollständigen Ausrottung.

Sie machen sich Sorgen wegen der wachsenden Armut von hunderten von Millionen von Menschen und glauben, dass

ist die Abkürzung für *Association to Tax Financial Transactions to Aid Citizens* (Vereinigung zur Besteuerung finanzieller Transaktionen zur Unterstützung der Bürger). Damit ist eine Besteuerung von Finanzmärkten und multinationalen Konzernen gemeint, mit dem Zweck einer weltweiten Umverteilung der Profite. Attac kämpft gegen die Verschuldung der Dritten Welt und gegen Steuerparadiese und fordert eine vollkommene Umstrukturierung der großen internationalen Institutionen (Weltbank, Internationaler Währungsfonds, Welthandelsorganisation), um einer globalen Gerechtigkeit näher zu kommen.

ein Zusammenhang zwischen Armut, Terrorismus und Krieg besteht. Sie haben mit angesehen, wie der Ehrgeiz der einzigen Über-Super-Mega-Weltmacht alle Grenzen sprengt, insbesondere in einem Krieg, den Millionen Menschen verhindern wollten, und dessen langfristige Folgen auch heute noch nicht abzusehen sind.

Mit einem Wort, Sie erkennen, dass die Globalisierung schon jetzt vorwiegend negative Auswirkungen auf Sie selbst hat, auf Ihre Familie, Ihre Freunde und die Gemeinde, in der Sie leben, auf die Wirtschaft und Gesellschaft Ihres Landes, auf den Frieden und die Sicherheit in der Welt und auf den Planeten im Allgemeinen.

Ist es unmöglich, diese Prozesse zu kontrollieren? Kann die Meinung der Bürger noch etwas bewirken? Was, so lautet die alte Frage, kann man tun?

Meine Antwort ist, dass eine andere Welt tatsächlich möglich ist – aber nur, wenn möglichst viele Menschen mit unterschiedlichem Hintergrund, unterschiedlichen Standpunkten und Fähigkeiten sich zusammenschließen, um die Veränderung zu erzwingen. Die Dinge ändern sich, wenn genügend Menschen dies fordern und dafür arbeiten. Niemand sollte übergangen werden oder das Gefühl haben, er oder sie könnte keinen Beitrag dazu leisten. Niemand, der mithelfen möchte, eine andere Welt aufzubauen, sollte aus Mangel an Überblick oder Wissen beiseite stehen müssen.

Ich werde einen bescheidenen Versuch machen, ein wenig von dem nötigen Überblick und Wissen anzubieten. Keine wirtschaftlichen oder sonstigen Vorkenntnisse sind erforderlich, was auch für mich ein großer Vorteil ist, weil ich selbst keine Wirtschaftswissenschaftlerin bin. Aber ich treibe mich sehr viel auf dem Territorium verschiedener Disziplinen herum, und so weiß ich, was es bedeutet, ihre düsteren Schwellen zu überschreiten und sich auf der Suche nach Erklärungen durch ihren dichten Dschungel zu kämpfen. Diese Reise hat mir geholfen, Leute zu verstehen, die zu Unrecht glauben, dass sie die Art und Weise, wie die Welt heutzutage funktioniert, weder verstehen noch beeinflussen können. Ich kann ihnen garantieren, dass sie beides können.

Eine andere Welt ist möglich, wenn wir einige verbreitete Fehler vermeiden, die richtigen Ziele ins Auge fassen und die richtigen Strategien anwenden. Ich gebe gewiss nicht vor, sämtliche Antworten parat zu haben, aber vielleicht qualifiziert mich meine jahrzehntelange Erfahrung als Autorin, Rednerin und Kämpferin für eine Veränderung der Welt dazu, einige einschlägige Fragen zu stellen, auf Lösungsmöglichkeiten hinzuweisen und einige vorsichtige Bemerkungen zu machen. Auf den folgenden Seiten werde ich nicht zögern, mich auf diese persönlichen Erfahrungen zu berufen, wenn ich glaube, dass sie sich für andere als nützlich erweisen könnten.

Viele Antworten können nur gemeinschaftlich durch demokratische Diskussion gefunden werden, weil wir uns an einem historisch einmaligen Punkt befinden. Noch nie wurde der Versuch einer Demokratisierung auf internationaler Ebene gemacht, und noch nie wurde versucht, für jeden Menschen auf der Erde eine menschenwürdige Existenz zu sichern. Diese Ziele sind nicht mehr utopisch, sie sind zu einer praktikablen Zukunftsvision geworden. Darum die Behauptung, eine andere Welt sei möglich, weil sie das tatsächlich ist.

Ich bedanke mich bei allen, die mir nach meinen Vorträgen gedankt haben, dass ich mich so klar und verständlich ausdrücke. Sie geben mir die Hoffnung, dass ich mich schriftlich ebenso klar und verständlich ausdrücken kann.

Die in diesem Buch formulierten Ansichten sind ausschließlich meine eigenen und decken sich nicht unbedingt mit den von Attac, dem Transnationalen Institut oder irgendeiner anderen Organisation vertretenen Meinungen.

TEIL I

EINE ANDERE WELT
IST MÖGLICH, WENN ...

1
... WENN WIR WISSEN, WOVON WIR REDEN

»Globalisierung« und andere Lügen

Wenn Journalisten mich um Interviews über die »Antiglobalisierungsbewegung« bitten, bitte ich sie meinerseits als Erstes höflich darum, uns nicht so zu nennen. Dann versuche ich ihnen zu erklären, was ich unter *neoliberaler* Globalisierung verstehe. Ich versuche klarzustellen, wovon die Mitglieder der Bewegung reden, indem ich einige Begriffe kläre und definiere, was für uns unter die allgemeine Überschrift »Globalisierung« gehört.

Fast jeden zweiten Tag schickt mir jemand ein Buch, in dessen Titel das gefürchtete Wort enthalten ist. Informationsquellen über das Thema sind in so reicher Auswahl vorhanden wie Blumen im Frühling und Äpfel im Herbst, aber es wird auch eine Menge Unsinn darüber verbreitet. Ich werde versuchen, die Zahl dieser Bücher nicht noch zu vermehren, sondern nur ein paar Wegweiser aufzustellen und einige Anmerkungen zu machen, ohne dabei den Anspruch zu erheben, das Thema erschöpfend zu behandeln.

In einer 2002 gehaltenen Rede sagte der deutsche Bundespräsident Johannes Rau, dass die Hälfte der deutschen Bevölkerung gegen Ende der 1990er Jahre noch nie etwas von der Globalisierung gehört habe, dass nun, im Jahr 2002, jedoch praktisch jedermann in seinem Land dieses Wort kenne. Das französische Wort *mondialisation* ist im *Larousse* von 1980 zu finden, aber das englische *globalization* steht nicht im *Oxford English Dictionary* von 1976. Heute taucht dieses

15

überstrapazierte, einprägsame Wort praktisch überall auf. Was also bedeutet es?

Tatsächlich bedeutet das Wort für sich alleine nicht allzu viel, und wir können geradeso gut damit beginnen. Es ist immer nützlich, das Vokabular, das dazu dient, ein Phänomen zu beschreiben – und ebenso oft zu verschleiern – kritisch zu untersuchen. Die Menschen haben das Recht oder sogar die Pflicht, Definitionen zu fordern. Wie sollen Sie reagieren, wenn jemand Ihnen sagt, dass der Verlust von mehreren hundert Arbeitsplätzen in Ihrer Stadt »auf die Globalisierung« zurückzuführen sei, dass es hoffnungslos sei, sich dagegen zu wehren, weil die Globalisierung »unumkehrbar« sei und man sich eben daran »anpassen« müsse? Solche Behauptungen liest und hört man jeden Tag – der französische Präsident Chirac (ich lebe selbst in Frankreich) fordert die Franzosen ständig auf, sich anzupassen. Demnach könnte die Globalisierung eine Kraft sein, die unser Schicksal ebenso unabänderlich beherrscht, wie die Schwerkraft unsere Füße auf dem Boden hält, eine Macht, der wir gewöhnlichen Sterblichen wehrlos ausgeliefert sind.

Diejenigen, die dieses verwirrende, mehrdeutige und irreführende Wort benutzen, wollen damit vielleicht nur sagen, dass die Wirtschaft der einzelnen Länder eng miteinander verflochten ist und dass eine spektakuläre Auswahl an Waren aus der ganzen Welt in den Regalen unserer Läden auftaucht. Aber was soll daran neu sein? Diese Feststellung ist schwerlich eine sensationelle Entdeckung. Hier ein Beispiel:

Die Beziehungen zwischen den Völkern haben sich in solchem Maß über den ganzen Erdball verbreitet, dass man praktisch sagen kann, die ganze Welt sei eine einzige Stadt mit einem ständigen Markt, auf dem alle Arten von Waren erhältlich sind und auf dem sich jeder mit Hilfe des Geldes mit allem versorgen und alles genießen kann, was das Land, das Vieh und die menschliche Arbeit hervorbringen. Was für eine wunderbare Erfindung![1]

Diese Beobachtung stammt aus der Mitte des 17. Jahrhunderts. Es ist nicht schwer, ähnliche, noch viel ältere Texte zu finden, ganz zu schweigen von den archäologischen Zeugnissen für die Neigung der Menschen zu reisen und miteinander Handel zu treiben. So haben die Archäologen zum Beispiel Beweise dafür gefunden, dass Kaufleute spätestens ab 2500 v. Chr. in der gesamten antiken Welt routinemäßig mit mindestens zehn verschiedenen Maß- und Gewichtssystemen umgegangen sind. Diese Fähigkeit erleichterte den Handel mit kostbaren Waren wie Zinn, Kupfer, Gold, Silber und Lapislazuli von Nordafrika bis nach Indien. Die Menschen der Alten Welt wussten auch über finanzielle Globalisierung Bescheid: »Die Kaufleute konnten problemlos unterschiedliche Währungen austauschen und dabei sicherstellen, dass sie nicht betrogen wurden. Das hatte dramatische Folgen für die Erleichterung des Handels der damaligen Zeit«, sagte mir ein Mitglied des Archäologenteams.[2]

Das Finanzwesen im modernen Europa begann im 14. Jahrhundert mit den italienischen Bankiers der Renaissance, die komplizierte Netze, Kreditinstrumente und Zahlungsmittel erfanden. Manche Autoren haben gezeigt, dass die Welt im 21. Jahrhundert weniger integriert ist, als sie es zur Blütezeit des britischen Weltreichs war, wenn vielleicht auch nur, weil sich zur damaligen Zeit Arbeiter oder Menschen im arbeitsfähigen Alter ebenso wie Kapital oder Geld auf der ganzen Welt frei bewegen konnten.

Millionen von armen Europäern emigrierten und trugen in unschätzbarer Weise zur Bevölkerungszahl und dem Reichtum der Vereinigten Staaten, Kanadas, Australiens, Argentiniens und anderer Einwanderungsländer bei. Obwohl heute Gelder mit einem Knopfdruck über die Grenzen verschickt werden können und die Handelsbarrieren für die meisten Waren und Dienstleistungen niemals niedriger waren, ist der Zustrom von Menschen fast überall streng begrenzt. Immigranten, die aus dem Süden in den Norden umsiedeln möchten, werden meistens als Bedrohung oder politische Zeitbombe und nicht als Gewinn betrachtet. In diesem Sinn ist die Globalisierung auf keinem Gebiet auch nur annähernd so umfassend, wie sie es im 19. und im frühen 20. Jahrhundert war.

Das Wort »Globalisierung« klingt so, als ob damit ein Wirtschaftssystem gemeint sei, das alle Länder, alle Klassen und alle Völker zu einem harmonischen Ganzen vereint – zu einer Art kollektivem Marsch, bei dem die Menschen Hand in Hand dem Gelobten Land entgegengehen. Tatsächlich bedeutet es jedoch genau das Gegenteil: extrem ungleiche Bedingungen für die Teilnahme an der Weltwirtschaft für Länder mit unterschiedlichem Entwicklungsgrad und sowohl im Süden als auch im Norden einen noch nie dagewesenen Ausschluss von Menschen aus dem Wirtschaftsprozess und damit zugleich aus der Gesellschaft. Millionen von Menschen entdecken plötzlich, dass sie überflüssig geworden sind und weder für die Produktion noch für den Konsum gebraucht werden.

Während es früher fortschrittlich war, gegen die »Ausbeutung« zu kämpfen, ist es heute fast ein Privileg, ausgebeutet zu werden – wenigstens hat man immer noch einen Arbeitsplatz und spielt eine Rolle. Obwohl die inzwischen überflüssigen Massen über den ganzen Erdball verteilt sind, wird allgemein so getan, als seien sie unsichtbar. Sie haben nicht Teil an der Globalisierung, weil diese nur die *Produzenten* von Wohlstand und die *Konsumenten* betrifft, die die erzeugten Güter bezahlen können. Die Globalisierung nimmt das Beste und lässt alles andere liegen.*

Regierungen und Politiker tragen wenig zur Aufklärung über diese Themen bei. Der Wahlkampf in Frankreich im Frühling 2002 war vollkommen surreal. Sämtliche Kandidaten machten Versprechungen und verhielten sich, als ob sich Frankreich

---

* Siehe dazu mein Buch »Der Lugano-Report«. Rowohlt Verlag, Hamburg 2001. Ein fiktiver Bericht über das, was mit diesen überflüssigen Millionen geschehen muss.

irgendwie allein im Universum befände und es nicht nötig hätte, internationale oder auch nur europäische Realitäten zu berücksichtigen. Abgesehen von exzessivem und obsessivem Gerede über die Kriminalität fanden die Themen, die den größten Einfluss auf das Leben der Menschen haben, kaum den Weg in die Debatten, und wenn sie überhaupt erwähnt wurden, dann nur von ein paar Kandidaten der kleineren Parteien.

Da wir jedoch offenbar an die übrige Welt gebunden sind, ist es hilfreich, das Wort »Globalisierung« mit einem oder mehreren Adjektiven zu versehen, um die wahre Natur dieser Erscheinung besser zu definieren. Die Menschen, die gegen ihre schädlichen Auswirkungen kämpfen, sprechen oft von einer »von multinationalen Großkonzernen beherrschten«, »von der Finanzwelt gesteuerten« oder »neoliberalen« Globalisierung. In den USA wird sie auch häufig »neokonservative« Globalisierung genannt.

Einige Definitionen

»Von Großkonzernen beherrscht« ist eine korrekte Beschreibung. Obwohl riesige multinationale Konzerne *(Transnational Corporations,* TNCs) schon seit Jahrzehnten über alle Grenzen hinweg operieren, waren sie noch nie so zahlreich, so aktiv und so reich, und sie haben sich noch nie so intensiv in die Politik eingemischt. Praktisch diktieren sie die Direktiven der Europäischen Kommission, die Abkommen, die unter der Ägide der Welthandelsorganisation geschlossen werden und die Abschlusserklärungen der Konferenzen der Vereinten Nationen. Noch nie haben sie im Ausland so viel investiert und so viele Firmen außerhalb ihrer Heimatländer aufgekauft.

Viele von ihnen haben jährliche Umsatzzahlen, die erheblich höher sind als das Bruttosozialprodukt der meisten Staaten. So ist zum Beispiel die Finanzkraft von Exxon Mobil sehr viel größer als die von Pakistan, und die von General Motors ist größer als die von Peru oder Algerien. Ford und Daimler stellen eine größere Finanzkraft dar als Nigeria oder Marokko, und so weiter. Dieser Vergleich mag ähnlich erscheinen wie ein Vergleich zwischen Äpfeln und Birnen, aber er vermittelt ein Gefühl dafür, was für eine Macht solche Firmen ausüben können. Im Jahr 2000 standen auf der UNO-Liste der einhundert weltweit größten Wirtschaftseinheiten einundzwanzig Megakonzerne.[3]

Auch die Bezeichnung »von der Finanzwelt gesteuerte« Globalisierung ist passend. Bis zum Ende der 1980er Jahre hatten die westlichen Länder die meisten Barrieren gegen den Finanzfluss beseitigt, aber mit dem Fall der Berliner Mauer beschleunigten sich die Kapitalbewegungen im Süden und in den osteuropäischen Ländern noch mehr. Die Entwicklung unmittelbarer, rund um die Uhr verfügbarer Kommunikationsmöglichkeiten hat den Umfang finanzieller Transaktionen gewaltig ansteigen lassen. Durch die unbegrenzte Fantasie von Bankern und Aktienmaklern wurde eine Schwindel erregende Anzahl von finanziellen »Produkten« wie Derivaten, Swaps, Optionen und Futures auf den Markt geworfen, die weit über die vertrauten Aktien und Obligationen hinausgehen.

»Neoliberal« und »neokonservativ« sind neue Wortschöpfungen, die, soviel ich weiß, Ende der 1970er oder Anfang der 1980er Jahre in den USA geprägt worden sind. Es hilft uns auch nicht weiter, dass sie fast die gleiche Bedeutung haben. Um die Verwirrung noch zu vergrößern, hat das Wort »liberal« in den letzten beiden Jahrhunderten einen Purzelbaum geschlagen. Vor zweihundert Jahren waren die Liberalen die Progressiven. Sie kämpften für mehr Demokratie, für die Gleichheit vor dem Gesetz, für Rede- und Religionsfreiheit. In wirtschaftlicher Hinsicht befürworteten sie Kapitalismus und freien Handel anstelle von strenger staatlicher Kontrolle des Handels. In den USA ist ein »Liberaler« immer noch jemand, der zumindest der gemäßigten politischen Linken nahe steht.

Der Unterschied zwischen Neokonservativen und Neoliberalen besteht nur in einer Nuance. Im amerikanischen Vokabular bezieht sich das Wort neokonservativ mehr auf kulturelle Angelegenheiten, währen die Neoliberalen mehr mit ihren wirtschaftlichen Ansichten von sich reden machen. Die »Neocons«, wie sie häufig genannt werden, setzen sich für die so genannten »Familienwerte« ein, für einen traditionellen Moralkodex, für ein strenges Religionsverständnis und strikte Heterosexualität. Sie lehnen jede staatliche Einmischung in ihr Leben ab und sind gegen jede Maßnahme zugunsten von Frauen, unterprivilegierten Gruppen und ethnischen Minderheiten.

Neoliberalismus ist eine Wirtschaftsdoktrin, die von den Neokonservativen geteilt wird und die auf freier Marktwirtschaft und den »Preismechanismen« basiert, womit gemeint ist, dass die Preise durch Angebot und Nachfrage und nicht durch Eingriffe der Regierung und Subventionen geregelt werden müssen. Neoliberale sind gegen die meisten staatlichen Eingriffe in die Wirtschaft, sie sind für den freien Handel und gegen die Gewerkschaften. Sie sehen in den sozialen Sicherungssystemen des Wohlfahrtsstaates nichts als staatlich organisierten Diebstahl und wollen folglich die Steuern senken.

Ein Mitglied der Neoliberalen in den USA ist Mr. Grover Norquist. Er leitet eine Organisation namens *Americans for Tax Reform* und verkündet: »Wir wollen die Regierung auf eine Größe zurechtstutzen, bei der man sie in einer Badewanne ersäufen kann.« Abgesehen natürlich vom Militär und dem neuen *Department of Homeland Security*.

In gewissen Fällen verliert die strikte neoliberale Doktrin jedoch ihre Gültigkeit. Freier Handel ist ja recht und schön, aber, um nur ein Beispiel zu nennen, es ist auch zulässig, amerikanische Stahlproduzenten und Farmer mit hohen Einfuhrzöllen und Subventionen zu schützen. Staatliche Regulierung und Gesetze werden abgelehnt, es sei denn, es handelt sich um maßgeschneiderte Gesetze, die einzig und allein den Interessen der großen Konzerne dienen. Steuern können eine gute Sache sein, solange sie von jemand anderem bezahlt werden. Und so weiter.

Welche Beschreibung auch immer benutzt wird – von den multinationalen Konzernen beherrscht, von der Finanzwelt gesteuert oder neoliberal –, jede davon charakterisiert die letzte Phase des Weltkapitalismus, in die er etwa um das Jahr 1980 eingetreten ist. Von seinen ersten Anfängen vor rund 500 Jahren an war der Kapitalismus ein globales Phänomen. Der Unterschied zu seiner heutigen Form besteht in seinem Ausmaß und in der Natur der wichtigsten Akteure: Riesige Konzerne und gigantische Finanzinstitute haben heutzutage einen bemerkenswerten Spielraum, um die Regeln zu bestimmen, die das Leben aller regieren, insbesondere deshalb, weil sie fast immer auch die Medien kontrollieren. Sie streben nach immer größerer Macht, mit der sie die nationale und internationale Politik ihren Bedürfnissen entsprechend beeinflussen.

Großkonzerne, die Macher der Finanzmärkte und die Regierungen, die sich ihren Interessen angepasst haben, warten mit einer Kollektion von »Standardwahrheiten« auf, an die wir alle glauben sollen. So können sie zum Beispiel behaupten, dass man ohne jedes Risiko seine Ersparnisse für den Ruhestand auf dem Aktienmarkt investieren könne, selbst wenn die Ruinen von Finanzimperien um uns herum verstreut liegen wie eingestürzte Tempel. Vielleicht versprechen sie uns auch mehr und bessere Jobs für die Zukunft, die jedoch damit verdient werden müssen, dass der Arbeitsmarkt »flexibler« wird – was das Codewort für den Verzicht auf alle Errungenschaften des vergangenen Jahrhunderts ist, die Löhne, Arbeitsbedingungen, Bonusse, Urlaub, Kündigungsschutz und Gesundheits- und Sozialversicherung betreffen. Gewerkschaften, so sagt man uns, sind schädlich und gefährlich, und die Arbeiter sind ohne sie besser dran.

Die großen Konzerne und die Finanzwelt wollen die Regeln aufstellen, aber sie wollen keinesfalls, dass dies und die Tatsache, dass sie das Leben aller bestimmen, öffentlich sichtbar wird. Obwohl sie neuerdings größten Wert auf ihren Einfluss auf die Regierungen legen, ist ihr Hauptziel nach wie vor das Streben nach Profit.

Eine hervorragende Definition der Globalisierung wurde von Mr. Percy Barnevik formuliert, einem Mann, der mehrfach zum europäischen Geschäftsmann des Jahres gewählt wurde, bis sein Ansehen schließlich infolge übermäßig gierigen Betragens so stark gelitten hatte, dass er gezwungen war, seinen Posten bei ABB vorzeitig aufzugeben, einer Firma, die danach in größte Schwierigkeiten geriet:

> Ich würde die Globalisierung als Freiheit für meinen Konzern definieren, zu investieren wo und wann er will, zu produzieren was er will, zu kaufen und zu verkaufen wo er will und sich für möglichst geringe Restriktionen durch Arbeitsrecht und Sozialgesetze einzusetzen.[4]

Seine Definition hat den Geruch und den Vorteil der Ehrlichkeit. Sie beinhaltet die heilige Dreifaltigkeit von Freiheiten, die die multinationalen Konzerne und die Finanzmanager wünschen und brauchen: Freiheit für Investitionen, Freiheit für Kapitalbewegungen und die Freiheit, über alle Grenzen hinweg Güter und Dienstleistungen ohne Behinderungen zu kaufen und zu verkaufen. Und dann wollen wir auch noch diese lästigen Gesetze und Standards loswerden, die unsere Angestellten und die Gemeinden betreffen, die wir zufällig zum Standort unserer Aktivitäten gewählt haben.

Andere Spitzenmanager sehen die Dinge ein bisschen anders. Ebenso wie ihre Kollegen fordern sie Freiheit, wobei sie in erster Linie auf die Freiheit Wert legen, ihre Sachen zu packen und sich anderswo niederzulassen. Aus diesem Grund möchten sie sich durch nichts belasten lassen, weder durch ihre Angestellten noch durch Loyalität zu irgendwelchen Orten oder durch Grundeigentum.

Im Gegensatz zur klassischen oder marxistischen Definition des Kapitalismus kommt es heute nicht so sehr auf das Eigentum an den Produktionsmitteln an, sondern auf die Kontrolle der *Geschäftsaktivitäten*. Wirtschaftliche Aktivität kann heute fast überall stattfinden, weil die Transportkosten niedrig sind und Kommunikation und Informationsfluss praktisch gar nichts kosten. Wie der ehemalige Chef von General Electric sich ausdrückte, »wäre der Idealzustand erreicht, wenn sich jede Fabrik, die man besitzt, auf einem Frachtkahn befände«. Ein anderer Konzernchef formulierte es noch prägnanter: »Was immer es ist, du bist ein Narr, wenn du es besitzt.«

Viele seiner Kollegen haben sich diese Worte zu Herzen genommen. Im *World Investment Report* der UNO von 2002 heißt es:

> Selbst bei den großen multinationalen Konzernen besteht die Tendenz ... mehr und mehr Funktionen an unabhängige Firmen zu vergeben ... Manche stellen die Produktion sogar vollständig ein und überlassen sie Vertragsherstellern, während sie sich selbst ganz auf Innovation und Marketing konzentrieren.[5]

Früher kam es den Firmen ausschließlich auf ihren Profit an. Nicht dass das, was unter dem Strich herauskommt, mittlerweile unwichtig geworden wäre. Weit gefehlt. Aber die Public-Relations-Leute reden heute vor allem vom Shareholder Value, dem Marktpreis der Aktien einer Firma. Der Zustand einer Firma ist weniger wichtig als der mutmaßliche Wert ihrer Aktien – und zu den Opfern, die auf dem Altar des Shareholder Value gebracht werden, zählen unter anderem unzählige Arbeitsplätze, denn je geringer die Zahl der Angestellten ist, desto niedriger sind die Kosten und desto höher ist der Wert der Aktien.

Wenn Sie auf eine strenge Definition Wert legen, dann ist Globalisierung nur die vorerst letzte Phase des Weltkapitalismus und der politischen Rahmenbedingungen, unter denen er blühen kann. Das Wort ist in sich bereits eine Ideologie, weil es die Ideen beinhaltet, die den Interessen der Leute, die von den gegenwärtigen wirtschaftlichen, sozialen und politischen Zuständen profitieren, am besten dienen. Wenn sie das Wort verwenden, wollen sie uns glauben machen, dass die Globalisierung universal ist und dem Wohl aller dient. Das ist natürlich Unsinn, aber es ist ein sehr wirkungsvoller Unsinn, der in vielen Fällen dazu beiträgt, Volkszorn und Gegenwehr zu unterdrücken.

Zum Glück sind sowohl der Volkszorn als auch die Gegenwehr im Wachsen begriffen.

Globalisierte Kommunikation und die Menschen, die davon ausgeschlossen sind

Wenn von der Globalisierung die Rede ist, wird manchmal das Werkzeug, das eine größere wirtschaftliche Integration möglich macht – elektronische Kommunikation und Internet – mit der Globalisierung selbst verwechselt. Die »Web-Definition« ist natürlich viel zu eng, aber selbst wenn wir sie benutzen wollen, ist es offensichtlich, dass nach diesem Kriterium nur ein winziger Teil der Weltbevölkerung »globalisiert« ist. Die Weltbank teilt uns regelmäßig mit, dass »die Hälfte der Weltbewohner noch nie in ihrem Leben telefoniert hat«. Diese alarmierende Zahl mag vielleicht ein wenig gesunken sein, aber für die meisten Menschen ist ein Internetanschluss noch unerreichbarer als ein Telefon. Allerdings gab es in China im Jahr 2004 mehr Telefone als in den USA.

Die so genannte »digitale Trennungslinie« spiegelt die Trennungslinie zwischen Arm und Reich auch auf anderen Gebieten wider. Der Einsatz des Computers ist gewaltig gestiegen. Der Soziologe Manuel Castells schreibt, dass es im Jahr 1995 9 Millionen Internetbenutzer gab. 2002 waren es vermutlich rund 700 Millionen, und in den Jahren 2005–2007 werden es vielleicht 2 Milliarden sein. Trotz dieser unglaublichen Beschleunigung der Verbreitung besteht immer noch eine gewaltige Ungleichheit, die vermutlich auch andauern wird. Es wird niemanden überraschen, dass die Menschen mit den besten Verbindungen auch die reichsten sind – etwa die Hälfte der Einwohner der USA, zwischen 20 und 30 Prozent in den meisten europäischen Ländern, aber weniger als 1 Prozent in Afrika und Südasien.[6]

Auch die Internet-Provider sind – obwohl sie theoretisch überall arbeiten könnten, in den großen Ballungszentren der nördlichen Hemisphäre konzentriert, weil dort die Informationen, die Hightech-Gurus (und fast der ganze Spaß) zu finden sind. Aber im Kampf um einen Arbeitsplatz sind die Menschen ohne Internetzugang überall im Nachteil. Ermutigend ist, dass sich seit Neuestem ärmere Menschen und Minoritäten in den reicheren Ländern im Norden, vor allem in den USA, mehr Zugang zur elektronischen Kommunikation verschaffen; dies gilt jedoch nicht für die Länder der Dritten Welt.

Es kann jedoch nicht bezweifelt werden, dass die Revolution in der Kommunikation auch den Menschen nützt, die sich um Alternativen bemühen. Die Technologie arbeitet für sie genauso wie für ihre Gegner. Selbst im Süden gehören die Gegner des Neoliberalismus gewöhnlich Organisationen an, die Zugang zum Internet haben. Sie können untereinander und mit ihren Kollegen im Norden eine engere Verbindung aufrechterhalten, als dies je zuvor möglich war.

Wenn man jedoch das Wort Globalisierung verwendet, sollte man immer daran denken, dass ein großer Teil der Weltbevölkerung, besonders der Frauen, weder lesen und schreiben kann noch Papier, einen Bleistift oder ein Postamt zur Verfügung hat – von einem Computer ganz zu schweigen. Deshalb stellen die Befürworter der heiligen Dreifaltigkeit der Freiheiten gern Behauptungen wie die folgende auf: »Das Problem mit Afrika ist nicht zu viel, sondern zu wenig Globalisierung!« Das entspricht zwar der Wahrheit, ist aber wenig hilfreich.

Die Globalisierung und ich

Bevor wir einige der wichtigsten Komponenten und Befürworter der Globalisierung genauer untersuchen, machen Sie das Experiment, Ihren eigenen Tageslauf, Ihre eigenen Aktivitäten und auch Ihre eigenen Sorgen aus dem Blickwinkel der Globalisierung zu betrachten, von dem Augenblick an, in dem Ihr im Ausland hergestellter Wecker schrillt, bis zu dem Moment, in dem Sie Ihren aus den USA stammenden Fernseher ausschalten und zu Bett gehen. Ihre Kleidung, Ihr Frühstück, die neueste Modetorheit, der Ihre Kinder verfallen sind – alles kann als Beispiel dienen.

Vielleicht arbeiten Sie für eine Zweigniederlassung einer internationalen Firma, die in Ihrem Land ihre Tore schließen und auf die Suche nach fetteren Weiden gehen könnte. Vielleicht gehören Sie einem der öffentlichen Dienstleistungsbetriebe an, die unter starkem Privatisierungsdruck stehen. Oder Sie haben Ihre Ersparnisse in einen Fonds oder auf dem Aktienmarkt investiert und, wie so viele andere, einen Teil Ihres Kapitals durch die Börsenflaute zu Beginn des 21. Jahrhunderts eingebüßt.

Wird es Ihren Kindern ebenso gut oder schlechter gehen als Ihnen selbst? Werden Schulen und Universitäten immer noch weitgehend kostenlos und von guter Qualität sein? Werden Ihre Kinder fließend Englisch sprechen, weil man ohne perfekte Englisch-Kenntnisse nicht wird bestehen können? Wird eine Kontrolle des Gesundheitssystems, der Schulen, des Wassers, des Verkehrswesens und aller anderen Dinge durch die Großkonzerne bald die Norm sein? Hat die Umweltkrise Sie in Form von schweren Stürmen oder Überschwemmungen direkt betroffen?

Am Ende Ihres Experiments können Sie vermutlich Ihre eigene Globalisierungsgeschichte erzählen. Nun folgt eine Geschichte, die uns alle betrifft.

Der »Washington Consensus«

Ist die neoliberale Globalisierung ein völlig neues Phänomen? Ist sie eine Art historischer Kraft, die alles vor sich hertreibt, etwas, das man nicht voraussehen, geschweige denn kontrollieren konnte? Schwerlich. Sie ist das Ergebnis von klaren politischen Entscheidungen, die im Laufe von mehr als zwei Jahrzehnten von den mächtigsten Akteuren des Weltsystems getroffen worden sind.

Die Politik, die diese Akteure befürworten, wird oft unter dem Begriff »Washington Consensus« zusammengefasst, weil die USA die Quelle dieser Weltsicht sind.[7] Die neoliberale Doktrin, die von der amerikanischen Regierung unterstützt und von internationalen Institutionen verkörpert und praktiziert wird, wurde weltweit gnadenlos durchgesetzt, wodurch schreiende Ungerechtigkeiten entstanden, die in krassem Gegensatz zum allgemeinen Wohlstand und zum Wissensstand des 21. Jahrhunderts stehen.

Wie wurde diese Doktrin durchgesetzt? In vielen Fällen durch den Mechanismus der Verschuldung. Die Entwicklungsländer und die so genannten Schwellenländer (u.a. die ehemaligen Sowjetrepubliken und Satellitenstaaten), die schwer verschuldet sind, müssen den Anweisungen des Internationalen Währungsfonds *(International Monetary Fund;* IMF) gehorchen oder auf internationaler Ebene ihren Bankrott erklären. Der IMF ist eine der wichtigsten Institutionen, die den Washington Consensus durchsetzen. Die Verschuldung ermöglicht es dem IMF, als Weltpolizei zu fungieren und angeblich souveränen Staaten Befehle zu erteilen, weil sie ohne seine Zustimmung weder aus öffentlichen noch aus privaten Quellen Kredite erhalten können. Weitere Institutionen, die den Washington Consensus durchsetzen, sind die Weltbank und die Welthandelsorganisation *(World Trade Organization;* WTO), deren Politik eine verblüffende Ähnlichkeit mit der des Finanzministeriums der USA aufweist.

Wenn die verschiedenen Elemente des Washington Consensus auf die verschuldeten Länder angewendet werden, nennt man das »Programm zur Strukturangleichung« oder – zutreffender – »Schocktherapie«. Die wichtigsten Aspekte der Washington-Consensus-Doktrin stellen eine Art wirtschaftlicher und politischer Anleitung zur neoliberalen Globalisierung dar und können wie folgt zusammengefasst werden:

1. Sorgen Sie für Wettbewerb auf allen Gebieten und allen Ebenen. Menschen, Firmen, Regionen und Nationen stehen im Wettbewerb miteinander. Überleben der Tüchtigsten, der Teufel holt die Letzten, die am Wegrand zusammenbrechen – alle Klischees passen. Zu einer Zeit, zu der die Wissenschaft zunehmend die ausschlaggebende Rolle der Zusammenarbeit bei der Erhaltung von Arten und natürlichen Systemen erkennt, sind anerkannte Wirtschaftswissenschaftler und Geschäftsleute so primitiv darwinistisch wie nie zuvor. Noch nie waren sie so unverhohlene Verfechter der Zustände des 19. Jahrhunderts in ihrer Befürwortung des Krieges aller gegen alle. Eine wichtige Ausnahme dieser Regel des ungehemmten Wettbewerbs besteht jedoch darin, dass die größten multinationalen Konzerne bezüglich der Preise immer weniger miteinander konkurrieren. Im

29

gleichen Maß, wie die Starken die Schwachen auffressen, entstehen auf vielen Gebieten mehr oder weniger lockere, inoffizielle Kartelle, wobei wenige Superkonzerne alles kontrollieren.

2. Halten Sie die Inflationsrate niedrig. Das heißt, die Lohn-Preis-Spirale darf nicht zu steil ansteigen, weil dadurch die Kaufkraft einer Währung verringert wird. Beim kleinsten Anzeichen einer Inflation in einem Land muss der Zinssatz angehoben werden. Dadurch werden Kredite schwer erhältlich und der Geldvorrat wird knapp. Die *einzige* Aufgabe der Europäischen Zentralbank besteht darin, die Inflation unter Kontrolle zu halten. In ihrem Aufgabenkatalog werden Vollbeschäftigung und Wirtschaftswachstum mit keinem Wort erwähnt. Arbeitsplätze entstehen durch niedrige Zinssätze, weil es dadurch für Firmen und Einzelpersonen leichter wird, Kredite aufzunehmen, insbesondere für kostspielige Waren wie Autos und Haushaltsmaschinen, was die wirtschaftliche Aktivität vermehrt und Arbeitsplätze schafft. Aber manchmal bleibt die Wirtschaft auch ohne Inflation in einem Konjunkturtal stecken, in dem die Wirtschaft sich schleppend entwickelt oder stagniert. Viele vertreten die Ansicht, dass die Zinssätze in den USA und in Europa zu wenig und zu spät gesenkt worden seien und dass diese Politik für die wirtschaftliche Stagnation und die Arbeitslosigkeit verantwortlich sei. Die Europäische Zentralbank verhält sich in dieser Hinsicht nach wie vor ganz besonders halsstarrig. Für neoliberale Washington-Consensus-Verfechter ist der Name des brillanten britischen Wirtschaftswissenschaftlers John Mynard Keynes, der staatliche Intervention und expansionistische Politik gepredigt hat, jedenfalls ein rotes Tuch.

3. Konzentrieren Sie sich auf Exporte und vergrößern Sie das Handelsvolumen. Handel ist per definitionem immer gut. Wenn er die Umwelt zerstört und die örtlichen Produzenten ruiniert, spielt das keine Rolle. Sie haben sich gefälligst

»anzupassen« – egal ob sie irgendwelche echten wirtschaftlichen Alternativen haben oder nicht –, dann wird am Ende ganz bestimmt alles gut. Außerdem muss der Handel frei sein, obwohl es dutzende von Ausnahmen dieser Regel gibt, von denen viele die Industriestaaten vor Waren aus den Entwicklungsländern schützen. Alle Verhandlungen sind darauf ausgerichtet, den Handel immer noch freier zu machen. Die asiatischen Tiger wie Südkorea, Taiwan, Singapur, Malaysia und vor allem China und in einigen Fällen Indien sind ausgezeichnete Exporteure. Innerhalb weniger Jahrzehnte haben sie es geschafft, nicht mehr nur Billigwaren, sondern hochwertige Güter zu produzieren und die Märkte der Industrieländer damit zu versorgen. Um dies zu erreichen, haben sie mit hohen Zöllen gearbeitet, um ihre noch junge Industrie vor Importen zu schützen, und andere interventionistische Maßnamen ergriffen, die heute im krassen Gegensatz zur Washington-Consensus-Doktrin stehen. Vor ihnen haben die USA, Großbritannien, Frankreich, Deutschland und Japan genau das Gleiche getan. Sie alle haben ihren Erfolg mit Hilfe einer Mischung aus Protektionismus und gezielten staatlichen Eingriffen in die Wirtschaft erzielt. Heute lassen die Regeln des Washington Consensus keines von beidem zu. Die Folge davon ist, dass jedes Land an den Platz gefesselt bleibt, den es eingenommen hat, bevor es begann, sich am Globalisierungsspiel zu beteiligen – zum offensichtlichen Vorteil aller, die bereits den Gipfel des Berges erreicht haben und schon zu Reichtum gelangt sind.

4. Sorgen Sie dafür, dass Geld jederzeit ungehindert alle Grenzen überqueren kann, auch wenn es sich um kurzfristig zu Spekulationszwecken verwendetes Kapital handelt, obwohl es sich immer wieder erwiesen hat, dass solche Kapitalbewegungen irgendwann garantiert zu Finanzkrisen und damit auch zu sozialen Krisen führen. Geld, das kurzfristig zu Spekulationszwecken in lokale Aktienmärkte investiert wird, kann ein Land innerhalb von Sekunden wieder verlassen,

wann immer einflussreiche Händler in New York oder London ein schlechtes Gefühl dabei haben, auf den Knopf zu drücken. Hunderte von lokalen Firmen brechen zusammen, tausende von Angestellten verlieren ihre Arbeitsplätze. Während der Finanzkrise in Asien im Jahr 1998 verhängten Malaysia und China Kontrollmaßnahmen, um zu verhindern, dass Kapitalströme ins Ausland flossen. Deshalb waren sie von der Krise weit weniger betroffen als ihre Nachbarn. Da sie nicht schwer verschuldet waren und nicht der Kontrolle des IWF unterlagen, konnten sie sich gegen die Washington-Consensus-Doktrin zur Wehr setzen. Aber nur wenige Länder befinden sich in dieser Lage, wie Mexiko, Brasilien, Thailand, Indonesien, Südkorea, Russland, Argentinien und andere zu ihrem Schaden feststellen mussten.

Senken Sie die Steuern für Konzerne und Milliardäre. Der Doktrin zufolge werden sie ihre Steuerersparnisse investieren und dadurch neue Arbeitsplätze schaffen. Häufiger legen sie ihr Geld jedoch in kurzfristigen Investitionen an (siehe oben) oder verbringen es in ausländische Steuerparadiese (siehe unten).

Sorgen Sie dennoch dafür, dass die Steuerparadiese, die von vielen Konzernen und Milliardären benutzt werden, um ihr Geld vor dem Zugriff des Finanzamts zu bewahren, nicht abgeschafft werden. Auf diese Weise senkt sich die Steuerlast in zunehmendem Maß auf die Schultern von Arbeitern, Angestellten, Verbrauchern und kleineren Firmen, die an einen festen Standort gebunden sind und keinen Zugang zu den Cayman-Inseln oder Monako haben.*

---

* Aus zuverlässiger Quelle weiß ich, dass einer der reichsten Männer Frankreichs den folgenden Deal abgeschlossen hat: Entweder ich zahle keine persönlichen Steuern, oder ich verlagere die Produktion meiner Firma in ein anderes Land. Die Firma ist ein wichtiger Arbeitgeber. Für alle oberhalb eines bestimmten Niveaus sind solche Geschäfte heute nichts Ungewöhnliches, und die Regierungen sind solchen Erpressungen hilflos ausgeliefert.

Der Anteil der Steuereinnahmen der westlichen Länder, der von Konzernen gezahlt wird, ist während der letzten zwanzig Jahre ständig rückläufig gewesen, während der Anteil aus Einkommensteuer, Verbrauchsteuer und Lohnsteuer im gleichen Maß angestiegen ist.

6. Privatisieren, Privatisieren, Privatisieren. Ein Axiom des Washington Consensus lautet, dass Märkte, die sich selbst überlassen bleiben, auf nationaler wie auch auf internationaler Ebene zu den besten wirtschaftlichen und damit auch sozialen Ergebnissen führen. Märkte sind effizient, Regierungen hingegen nicht. Im Idealfall darf der Staat nur eine begrenzte Rolle als Kontrollorgan spielen; nur solche Regeln einführen, die die Wirtschaftsvertreter selbst wünschen, und nur in den seltenen Fällen eingreifen, in denen die Marktwirtschaft versagt. Regierungen dürfen an der Produktion von Gütern und Dienstleistungen, einschließlich der so genannten »öffentlichen Dienste« möglichst wenig oder gar nicht teilnehmen. Privatisierung ist ein höfliches Wort für Veräußerung oder Verschenken. Ein staatliches Unternehmen, das privatisiert wird, ist das wertvolle Produkt von jahrelanger Arbeit von hunderten oder tausenden von Mitarbeitern. Wenn es privatisiert wird, wird es in seiner Gesamtheit an eine reiche Einzelperson oder an eine Investitionsgesellschaft übergeben. Dutzende von Studien – insbesondere über Großbritannien, das auf diesem Gebiet eine Pionierrolle spielt – haben gezeigt, dass Privatisierung ein Fehlschlag ist, gleichgültig, nach welchen Kriterien man sie beurteilt, seien es Qualität, Preise, Gleichheit des Zugangs, Wirtschaftlichkeit oder Sicherheit. Denken Sie nur an die britische Eisenbahn.

7. Gestalten Sie den Arbeitsmarkt »flexibel« und vergrößern Sie den Konkurrenzkampf zwischen den Arbeitern. Beseitigen Sie Schutzvorschriften für die Arbeiter wie den Kündigungsschutz. Schaffen Sie obligatorische Sozialleistungen wie bezahlten Urlaub, Krankenversicherung, Mutterschafts-

urlaub, »zu hohe« Arbeitslosenunterstützung und vorge-
schriebene Mindestlöhne ab. All dies sind unerwünschte,
ungerechtfertigte Kosten, die im Namen des Wettbewerbs
gestrichen werden müssen.

8. Befürworten Sie das »Eintreiben der Unkosten«, das heißt,
erheben Sie Gebühren für bislang kostenlose Dienstleistungen wie Schulen und Kliniken, obwohl jeder weiß, dass die
Konsequenzen, insbesondere für Mädchen und Frauen, ver-
heerend sein werden. Einige Arbeitgeber und Verfechter des
Washington Consensus befürworten sogar eine unbegrenzte
Bewegungsfreiheit für die Menschen, weil sie, sogar mit
Recht, glauben, dass ein unbegrenzter Zuzug von Arbeitskräften die Löhne und Sozialleistungen überall rasch auf
das Niveau der Dritten Welt reduzieren würde. Sie bemühen sich bei den Regierungen auch um niedrige Beschäfti-
gungsstandards und erreichen ihr Ziel gewöhnlich ohne
ernsthafte Opposition. Jedoch nicht immer: In Frankreich,
Italien und anderen Ländern ist es zu größeren Streiks und
starkem sozialem Widerstand zum Schutz der Rechte der
Arbeiter und Rentner gekommen.

Funktioniert das?

Befürworter des Washington Consensus behaupten, dass ihre
Art von Globalisierung den Lebensstandard für die Mehrheit
der Menschen verbessert habe. Manchmal geben sie aber auch
zu, dass vielleicht ein großer Teil der gegenwärtig lebenden
Generation und möglicherweise auch noch die nächste geopfert werden müssen. Aber sie versichern uns, dass die Zukunft glänzend sein wird, wann immer das auch sein mag.

Die meisten Menschen wissen jedoch bereits Bescheid über
die tiefe und wachsende Kluft zwischen Arm und Reich, sowohl innerhalb der einzelnen Länder als auch zwischen den

Nationen. Sie wissen auch Bescheid über die wachsende Umweltzerstörung. Duzende von Büchern, offiziellen Berichten und UNO-Konferenzen haben sich bereits mit der Diagnose befasst. Da Sie vermutlich während der letzten zwanzig Jahre hin und wieder eine Zeitung gelesen und die Nachrichten im Radio gehört oder im Fernsehen angeschaut haben, erscheint es sinnlos, die Ergebnisse zusammenfassen zu wollen. Ich kann nur ein paar Highlights beitragen.

Das erste Experiment mit dem Washington Consensus fand in Chile statt. Ohne den blutigen, von den Amerikanern unterstützten Staatsstreich gegen die sozialistische Regierung Salvador Allendes im Jahr 1973 hätte dieses Experiment nicht durchgeführt werden können. Die Generäle und die mit ihnen verbündeten Wirtschaftsmagnaten, die unter dem Namen »Chicago-Boys« bekannt wurden, weil sie an der neoliberalsten wirtschaftswissenschaftlichen Fakultät in den USA studiert hatten, machten sich ans Werk. General Pinochets Regierung ließ mindestens dreitausend Menschen ermorden oder verschwinden und sorgte für die Verarmung vieler; sie beseitigte das soziale Netz und nahm die systematische Zerstörung der Umwelt mit in Kauf.

Während der letzten beiden Jahrzehnte hat sich die Lage des Planeten und seiner Bewohner dramatisch verschlechtert. Im folgenden Kapitel werden wir uns mit den ökologischen Aspekten beschäftigen. Dieser Zeitraum deckt sich ziemlich genau mit den beiden Jahrzehnten, in denen sich die immer raschere Verbreitung der Globalisierung abgespielt hat (wie wir sie im Folgenden ohne erklärende Beiworte, wie neoliberal, von multinationalen Großkonzernen beherrscht oder von der Finanzwelt vorangetrieben, nennen werden).

Wie einige mutige Wissenschaftler nachgewiesen haben, ist weder die neoliberale Gegenwart noch ihre Zukunft glänzend. Aus Arbeiten des Zentrums für wirtschaftliche und politische Forschung in Washington geht hervor, dass Wachstum und Entwicklung zwischen 1960 und 1980 weltweit einen sehr viel größeren Anstieg zu verzeichnen hatten als in den darauf folgenden zwanzig Jahren zwischen 1980 und 2000. Ein Vergleich zwischen den beiden Perioden hat ergeben, dass die durchschnittlichen Wachstumsraten während des zweiten Zeitabschnitts fast überall in der Welt dramatisch gesunken sind. Die Ausnahme ist Asien, wo die Wachstumsraten etwa gleich geblieben sind.

Noch schlimmer ist, dass die Forscher mit unanfechtbarer Methodologie festgestellt haben, dass das Problem sich nicht auf das stagnierende Wachstum des Bruttosozialprodukts der Länder beschränkt hat. Verbesserungen bezüglich Kindersterblichkeit, Lebenserwartung, Schulbesuch und Lesefähigkeit, die zwischen 1960 und 1980 bemerkenswert gewesen waren, kamen nur noch im Schneckentempo voran. Diese Rückschläge waren leicht vorhersehbar, zumal Weltbank und Internationaler Währungsfonds darauf bestanden hatten, dass selbst die ärmsten Länder Gebühren für Gesundheitsfürsorge und Schulbesuch erhoben.[8]

Dem *Human Development Report 2002* des Entwicklungsprogramms der UNO (UNDP) ist zu entnehmen, dass das Einkommen der reichsten 5 Prozent der Weltbevölkerung 114-mal größer ist als das der ärmsten 5 Prozent. Die reichsten 10 Prozent der Einwohner Amerikas alleine (etwa 27 Millionen Menschen, nicht einmal 0,5 Prozent der Weltbevölkerung) verfügt über ein Einkommen, das dem der ärmsten 43 Prozent der Weltbevölkerung entspricht. Das UNDP stellt auch fest, dass es noch mindestens 130 Jahre dauern wird, die Welt vom Hunger zu befreien, wenn die Entwicklung im gleichen Tempo weitergeht wie bisher.

Gleichzeitig haben die reichen Länder an die armen jährlich (1997–2001) 52 Milliarden US-Dollar Entwicklungshilfe gezahlt, die sich jedoch seit dem Fall der Berliner Mauer und dem Ende der Bedrohung durch die Sowjetunion im freien Fall befindet. Erst 2004 begannen die Zahlungen wieder zu steigen, obwohl man bezweifeln kann, dass die 2 Milliarden US-Dollar, die der Irak bekommen hat, tatsächlich als Entwicklungshilfe bezeichnet werden können, wie die USA diese Gelder hartnäckig nennen. Ein großer Teil der Hilfe kommt auf direktem Weg in die Geberländer zurück, weil sie an Käufe bei der Industrie dieser Länder gebunden ist.

In der gleichen Zeit haben die gleichen reichen Länder täglich rund 1 Milliarde US-Dollar an Subventionen für ihre eigene Landwirtschaft aufgewendet, vorwiegend für die größten landwirtschaftlichen Betriebe. Weniger als 10 Prozent der Gelder, die weltweit für medizinische und biologische Forschung ausgegeben werden, stehen zur Bekämpfung der Krankheiten der Armen, wie Malaria, Tuberkulose und, in steigendem Maß, AIDS zur Verfügung, obwohl 90 Prozent der globalen Erkrankungen zu dieser Gruppe gehören.

Obwohl die Ungleichheit *zwischen* den Ländern in atemberaubender Weise gewachsen ist, sind auch die Ungleichheiten *innerhalb* der einzelnen Länder, ob sie nun arm oder reich sind, im Wachsen begriffen. Nach Aussage der UNO sind Dänemark und Kanada die einzigen reichen Länder, in denen die Ungleichheiten reduziert wurden, und zwar mit Hilfe des bewährten Mittels der Besteuerung und Umverteilung. (In Dänemark und Kanada selbst werden diese offiziellen Zahlen jedoch in Frage gestellt.) Am stärksten sind die Ungleichheiten in den USA und in Großbritannien angewachsen, die, nicht zufällig, die neoliberale Politik mit der größten Begeisterung durchgeführt haben.

Künstlich herbeigeführte Ungleichheit

Es kann nicht überraschen, dass fortschreitende Privatisierung und absichtliche Zerstörung der überkommenen Solidaritätsmechanismen von unaufhaltsam wachsenden Ungleichheiten begleitet sind. In den 1960er und 1970er Jahren bewegte sich das Verhältnis zwischen dem Gehalt des Präsidenten einer amerikanischen Firma und dem Lohn des kleinsten Angestellten zwischen 60 und 70 zu 1, was bereits eine bemerkenswerte Kluft war. Heute hat diese Kluft sich zu einer gewaltigen Schlucht erweitert. Je nachdem, wessen Zahlen man als Beispiel nimmt, beträgt das Verhältnis 300 bis 400 zu 1. Unter der Regierung Ronald Reagans konnten die amerikanischen Familien, die das eine Prozent an der Spitze darstellen, ihr Einkommen verdoppeln, während die 23 Prozent am unteren Ende der Skala 15 Prozent ihres geringen Einkommens einbüßten.

Auch in den europäischen Ländern sind die inneren Ungleichheiten und die Unterschiede in der Bezahlung im Anstieg begriffen, wenn auch in langsamerem Tempo und, wie nicht anders zu erwarten, in Großbritannien schneller als im übrigen Europa. Die leitenden Manager der europäischen Großkonzerne beginnen, für sich die gleichen Gehälter, die gleichen goldenen Fallschirme und Optionen zu fordern wie ihre Kollegen in den USA.*

Verschiedene UNO-Organisationen haben zahlreiche Studien veröffentlicht, die alle zu dem Schluss kommen, dass die Ungleichheiten sowohl innerhalb als auch zwischen den Ländern rasant angewachsen sind. Die *International Labour Organization* (ILO) rechnet damit, dass 3 Milliarden Menschen – die Hälfte der Weltbevölkerung – in Armut leben, und dass sich der Einkommensunterschied zwischen den reichsten und den ärmsten 20 Prozent in den vergangenen vierzig Jahren verdoppelt hat. Alle empirischen Beweise sagen das Gleiche aus. Neoliberale Politik hat immer eine solche Wirkung, und es ist auch vollkommen logisch, dass bei einer unregulierten

* Microsoft hat jedoch aufgehört, Optionen zu vergeben, durch die in den 1990er Jahren Duzende von Managern zu »Microsoftmillionären« wurden. Jetzt sollen Aktien nur noch an besonders verdienstvolle Mitarbeiter vergeben werden. Angesichts des öffentlichen Zorns beginnt die Mentalität sich in manchen Vorstandsetagen allmählich zu ändern.

Marktwirtschaft diejenigen belohnt werden, die viel haben, und zwar auf Kosten derer, die wenig haben.

Die Mathematiker haben ein »Potenzgesetz« formuliert, das in der realen Welt in erstaunlich vielen Fällen anwendbar ist: die Potenzgesetzverteilung in einem Verhältnis von 20 : 80. Wenn keine Einwirkung von außen stattfindet, entwickelt sich jedes gegebene System zu einer Verteilung, bei der 20 Prozent der Teilnehmer 80 Prozent von allem, was vorhanden ist, erhalten und für die übrigen 80 Prozent der Spieler 20 Prozent übrig bleiben.

Bezogen auf die Einkommensverteilung bedeutet das, wenn es durch nichts verhindert wird, dass 20 Prozent der Menschen (die auf der Erde, in einem Land, usw. leben) 80 Prozent des vorhandenen Reichtums besitzen, während 80 Prozent der Menschen sich die verbleibenden 20 Prozent teilen müssen. (Die Verteilung auf dem Planeten Erde ist heute sogar noch ungleicher.) In den meisten Ländern gehorcht beispielsweise Ihr Familienname dem Potenzgesetz. Wenn Sie einen häufig auftretenden Namen wie Schmidt haben, gehören Sie zu den 80 Prozent, die 20 Prozent der Namen tragen. Wenn Sie einen ungewöhnlichen Namen haben, gehören sie zu den 20 Prozent, die sich die übrigen 80 Prozent der Namen teilen. Im Buchhandel gilt die Faustregel, dass 20 Prozent der Buchläden 80 Prozent der Bücher verkaufen. 20 Prozent der Schauspieler erhalten 80 Prozent der Verträge, 20 Prozent der Banken verfügen über 80 Prozent der Konten, und so weiter. Das Gesetz wirkt sich auf vielen Gebieten aus, auf denen man das bisher nicht erwartet hatte. Wenn man eine Potenzgesetzverteilung des Reichtums für unerwünscht hält, muss man etwas dagegen unternehmen.[9]

Eben wegen dieser einfachen Wahrheit, auch ohne komplizierte Mathematik, wurde nach langen sozialen Kämpfen das Keynes'sche Modell entwickelt und verwirklicht. Das Schlüsselwort lautet Besteuerung und Umverteilung. Der Anteil der Werte, die zwischen Arbeitern und Kapital verteilt werden, ist einer der Maßstäbe des Erfolgs. Nach Aussage mehrerer französischer Wirtschaftswissenschaftler hat die europäische Arbeiterschaft bei dieser Verteilung im Laufe der letzten zwei Jahrzehnte etwa 10 Punkte verloren. Ihr Anteil am Wohlstand ist von 70 auf etwa 60 Prozent gesunken.

Die Befürworter der neoliberalen Politik behaupten gewöhnlich, dass sie die Menschen von der Armut befreien. Als Beispiele zitieren sie die asiatischen Tiger. Diese Behauptung ist nicht nur ironisch, sondern lächerlich. Die asiatischen Tiger haben den Lebensstandard ihrer Einwohner während der letzten Jahrzehnte tatsächlich verbessert, aber sie haben dies mit Methoden geschafft, die im krassen Gegensatz zur neoliberalen Doktrin und dem Washington Concensus stehen. Leider ist es anderen Nationen, die Ähnliches erreichen wollen, nicht mehr gestattet, diese bewährten Methoden anzuwenden.

Ungleichheit schadet der Gesundheit und dem Wachstum

Weil die Washington-Consensus-Doktrin gigantische Ungleichheit hervorbringt, dient sie nicht einmal dem Ziel, das ihre Befürworter angeblich anstreben, nämlich hohe Wachstumsraten zu erzielen. Ein Wirtschaftswissenschaftler, der sowohl für die UNO-Universität als auch für UNICEF gearbeitet hat, vertritt die Ansicht, dass Ungleichheit schädlich für jedes Wachstum ist – nicht, das Wachstum in allen Fällen etwas Großartiges wäre, aber das ist ein anderes Thema, mit dem wir uns an anderer Stelle beschäftigen werden. Da Wachstum der Heilige Gral des Washington Consensus ist, sollte man meinen, dass seine Befürworter auf Wirtschaftswissenschaftler wie Giovanni Andrea Cornia[10] hören müssten.

Cornia führt aus, dass die landwirtschaftliche Produktion in armen Ländern, in denen das meiste Land den großen Grundbesitzern gehört, niedrig ist, während die Preise für Lebensmittel hoch sind. Außerdem werden die Armen, die wenig oder gar kein Land besitzen, gezwungen, ihre begrenzte Umwelt übermäßig auszubeuten.*

Die Abholzung der Wälder und die Ausbreitung der Wüsten schaden uns allen, weil dadurch die globale Erwärmung gefördert und der Bevölkerungsdruck vermehrt wird.

In Ländern mit ausgeprägter Ungleichheit sind die Menschen weniger gebildet und weniger gesund, weil ihre Regierungen entweder nicht den Willen oder nicht die Möglichkeit haben, die Reichen zu besteuern und die Einnahmen umzuverteilen. Das wiederum verhindert das Entstehen von »Humankapital« – wie die Wirtschaftswissenschaftler jederzeit nutzbare, produktive Menschen nennen –, das sich nur schwer und langsam entwickeln kann. Frauen ohne Schulbildung haben außerdem viel mehr Kinder als solche, die eine Schule besucht haben, wodurch der Teufelskreis der Ungleichheit noch weiteren Auftrieb erhält, weil das Verhältnis von armen Massen und nur wenigen Reichen auf Dauer aufrechterhalten bleibt.

Diese dünne, reiche Oberschicht möchte teure Importwaren konsumieren. Der freie Import von Luxusgütern, die in US-Dollar oder anderen harten Währungen bezahlt werden müssen, trägt weiter zur Verschuldung ihrer Länder bei. Da diese Länder gewöhnlich ein Vermögen für Waffen und teures, importiertes Öl ausgeben und laufend in Prestigeprojekte investieren, die nur wenige Arbeitsplätze schaffen und keinen Wohlstand hervorbringen, wird der Schuldenberg in kurzer Zeit zu einer untragbaren Last. Dann wird die arme Bevölkerungsmehrheit zu weiteren Opfern gezwungen, damit die Regierung die Zinsen für ihre Schulden bezahlen kann, womit die Ungleichheit noch weiter vergrößert wird.

Riesige Einkommensunterschiede vermindern den Ansporn, hart zu arbeiten. Die Menschen sehen keinen Sinn darin sich anzustrengen, weil sie dafür ja doch nicht materiell belohnt

---

* Auch hier ist wieder das Potenzgesetz am Werk.

werden. Die Kombination von einer ungebildeten, ungesunden Bevölkerung in einem hoch verschuldeten Land verringert gleichzeitig den Anreiz für ausländische Investitionen usw.

Die Kehrseite der Medaille ist, ebenfalls laut Cornia, »zu viel Gleichheit«, was ebenso schlecht für Wachstum und Lebensstandard ist. Ebenso wie die Länder der Dritten Welt mit ihrer ausgeprägten Ungleichheit, verzeichneten auch die ehemaligen Sowjetrepubliken sehr niedrige Produktivitätswachstumsraten. Cornia führt dies, zumindest teilweise, auf vergleichsweise geringe Einkommensunterschiede zurück. Auch hier haben die Menschen keine besondere Anstrengungen unternommen, weil die Aussicht auf eine höhere Belohnung sehr gering war. Das führte zu der berühmten Einstellung: »Wir geben vor, zu arbeiten, und sie geben vor, uns zu bezahlen.« Das Problem für die Regierungen besteht darin, das zu finden, was Cornia das effiziente Maß an Ungleichheit nennt, und dann eine Politik zu betreiben, durch die dieser Zustand aufrechterhalten wird, bei dem niemand ausgeschlossen bleibt, aber auch niemand ungebührliche Mengen von Geld verdient und alle anderen beherrscht.

Das Mindeste, das man sagen kann, ist, dass die glühenden Verfechter der Globalisierung der Politik, die Cornia empfiehlt, keinen Platz in ihrem Denken eingeräumt haben. Mit dem Beginn der Herrschaft des Thatcher-Reagan-Gespanns (UK 1979, USA 1981) tat die neoliberale Globalisierung einen gewaltigen Sprung nach vorne. Gier war etwas Gutes. Zehn Jahre später entfiel durch den Fall der Berliner Mauer und die nachfolgende Auflösung der Sowjetunion das einzige konkurrierende Wirtschaftssystem, was dem Washington Consensus die Möglichkeit verschaffte, seine Wirkung noch einmal gewaltig auszuweiten.*

Die Konsequenzen waren schlimm.

---

* Bitte missverstehen Sie mich nicht. Ich bin niemals ein Freund des staatlichen sozialistischen Systems gewesen, aber es stellte ein Bollwerk gegen die Auswirkungen des Neoliberalismus für die Gesellschaften dar, nicht nur in Osteuropa, sondern in vieler Hinsicht auch im Süden. Fünfzehn Jahre nach

Geschönte Zahlen

Die Weltbank hat versucht, den Beweis anzuführen, dass die Zahl der Menschen, die weltweit in »absoluter Armut« lebt, ständig sinkt. Dies wird auf die Washington-Consensus-Politik zurückgeführt, der damit bescheinigt wird, »auf dem richtigen Weg« zu sein. Der alljährliche *World Development Report* der Weltbank ist die allgemein anerkannte Quelle für Zahlen über die Armut, und da sie über das größte spezialisierte Forschungsinstitut auf dem Planeten verfügt, wird alles, was die Weltbank sagt, von fast jedermann wortwörtlich geglaubt.

Aber eben doch nicht von allen. So haben zum Beispiel zwei Professoren von der Columbia-Universität, Sanjay Reddy und Thomas Pogge, eine lange Studie mit dem provozierenden Titel herausgegeben, »Wie man es vermeidet, die Armen zu zählen«. Sie nehmen die Statistik der Weltbank vollkommen auseinander, ebenso die Methodologie und die Annahmen, auf denen diese Statistik basiert. Am Ende muss der Leser ihnen zustimmen, dass »die Einschätzung der Weltbank des Niveaus, der Verbreitung und des Trends der globalen Armut nicht akzeptiert werden kann«, dass die Weltbank sich »einer beträchtlichen Unterschätzung des Ausmaßes der Armut in der Welt schuldig macht«.[11]

Die Weltbank lässt einige Faktoren, die zur Erfassung der weltweiten Anzahl von Armen von ausschlaggebender Bedeutung sind, vollkommen außer Acht. Insbesondere was Indien und China betrifft – und das ist ja nur ein Drittel der Menschheit –, ist ihre Arbeit vollkommen unzureichend. Sie geht davon aus, dass Wachstum den Armen automatisch nützt, ohne sich die Mühe zu machen, zu beachten, wie dieses Wachstum

seinem Zusammenbruch hat sich die Armutsrate in Russland um das Dreißigfache vervielfacht, und die durchschnittliche Lebenserwartung für Männer ist um sieben Jahre gesunken.

tatsächlich unter der Bevölkerung verteilt wird. Aber Reddy und Pogge decken auch noch andere schlimme Fehler auf.

Erstens unterscheidet sich Art und Vielfalt der Güter, die von den Armen konsumiert werden, ganz beträchtlich von dem, was die allgemeine Bevölkerung konsumiert. Zweitens müssen die Armen aus einer Vielfalt von Gründen für die gleichen Waren mehr bezahlen als wohlhabendere Verbraucher. Drittens wird durch den unverhältnismäßig großen Anteil an Grundnahrungsmitteln, wie Brot, Reis oder anderen Getreidesorten, die sie verzehren, und die örtlichen Preise dieser lebensnotwendigen Güter ein riesiger Prozentsatz des Einkommens der Menschen aufgebraucht, die sowieso schon an der Armutsgrenze leben.

Wenn man alle methodologischen Lücken und Fehler berücksichtigt (und noch viele andere, die zu technisch sind, um hier behandelt zu werden), müssen die Berechnungen der Weltbank zur Zahl der Armen dramatisch korrigiert werden: Je nach Land würde die Anzahl der Armen auf einen Wert zwischen einem Drittel und 60 Prozent der Bevölkerung steigen. Anstatt »nur« 1,3 Milliarden Menschen, die in »absoluter Armut« leben, was im Bankjargon etwas ganz anderes und sehr viel Schlimmeres ist als einfache Armut, könnten es durchaus mehr als 2 Milliarden Menschen sein, etwa ein Drittel der Weltbevölkerung.

Es scheint also durchaus fair zu sein, zu sagen, dass der Washington Consensus eindeutig nicht funktioniert, jedenfalls nicht für die Menschen, die am verletzlichsten sind. Er funktioniert aber auch nicht im Hinblick auf den Planeten, dessen Zustand wir als Nächstes betrachten wollen, bevor wir zu den Hauptakteuren auf der globalisierten Bühne zurückkehren.

2

... WENN WIR UNSEREN PLANETEN BEWAHREN

Wirtschaft und Ökologie

Ebenso gleichgültig, wie sich die Konzerne gegenüber Menschen und Gesellschaften an sich verhalten, sind sie gegenüber der Natur, es sei denn, dass Rücksichtnahme sich direkt in Form von Profit oder Ansehen auszahlt. Darüber hinaus möchte ich jedoch auch behaupten, dass Kapitalismus und Umweltschutz schon vom Begriff her logischerweise nicht miteinander vereinbar sind. Zwei Weltsichten, die ökologische und die ökonomische, die beständig miteinander im Kriegszustand sein müssen, ob diese Tatsache nun allgemein anerkannt wird oder nicht. Das Ergebnis dieses Krieges wird über nichts Geringeres als die Zukunft der Menschheit entscheiden, oder sogar darüber, ob die Menschheit überhaupt eine Zukunft hat.

Ich bedauere, eine derart apokalyptische These aufstellen zu müssen, aber wir kommen nicht um die Tatsache herum, dass der Widerspruch zwischen Wirtschaft und Ökologie so groß ist, dass es lebensgefährlich ist, ihn zu ignorieren. Obwohl die »Turtles und Teamsters« in Seattle endlich gemeinsame Sache gemacht haben, fürchte ich, dass ein großer Teil der Bewegung für globale Gerechtigkeit den Umweltschutz noch nicht in seine Analysen und Aktivitäten aufgenommen hat. In dieser Hinsicht ist die Bewegung leider nicht viel besser als ihre Gegner.*

---

* Bei den Protesten gegen die Welthandelsorganisation *(World Trade Organization,* WTO) im Jahr 1999 in Seattle marschierten Umweltschützer in Schildkrötenkostümen (um an die Entscheidung der WTO zu erinnern, dass

Das »Öko-« in Ökologie und Ökonomie geht in beiden Fällen auf die gleiche griechische Wurzel zurück: *oikos*, der Haushalt, der Besitz oder der Herrschaftsbereich. Der Öko-*logos* ist das dem *oikos* zugrunde liegende Prinzip, der Geist, der Grund für das Ganze – in dem Sinn, in dem der Evangelist Johannes seine Offenbarung mit den Worten beginnt, »Im Anfang war der Logos«, was meistens mit »Wort« übersetzt wird.

Menschen, Tiere, Pflanzen, das Land, das Wasser, das sie alle umgibt, und ihre Einwirkung aufeinander sind alle Teil der gleichen physischen Realität, des gleichen Geltungsbereiches.

Wenn man an die griechische Wurzel denkt, sollte man meinen, dass der Logos wichtiger ist als der Nomos und diesen beherrscht. Eigentlich sollte der Geist und das zugrunde liegende Prinzip die Vorherrschaft haben und maßgebend für die Gesetze und Regeln sein, so dass der Öko-logos die beherrschende Kraft hinter dem Öko-nomos, der Ökonomie sein müsste.

Dies ist aber nicht der Fall in einer globalisierten, kapitalistischen Wirtschaft, die der Gesellschaft die Regeln diktiert. Die Kräfte des Marktes sind ausschlaggebend für den Großteil unserer Beziehungen miteinander und mit der natürlichen Welt. Der Öko-nomos – die globalisierte Wirtschaft, der Markt – weigert sich, den zweiten Platz hinter dem Logos oder sonst etwas einzunehmen. Der Nomos nimmt weltweite Autorität für sich in Anspruch.

Fischkutter weiterhin ohne Einrichtungen, die Schildkröten den Fischernetzen fernhalten, fischen und die Zahl der Meeresschildkröten weiter dezimieren dürfen) Seite an Seite mit den Teamsters (der Lastwagenfahrergewerkschaft) und vielen anderen Gewerkschaften, eine Allianz, die früher unmöglich gewesen wäre.

Gefahrenzeichen

Neben den wirtschaftlichen Schrecken der Globalisierung kennen die meisten Menschen auch die Liste der Gefahren für die Umwelt: globale Erwärmung und Klimaveränderung, die schwindende Ozonschicht, abgeholzte Wälder, massive Ausrottung von Arten, Verschmutzung von Luft und Wasser, veränderte Küstenlinien, Ausbreitung der Wüsten, Versalzung oder Zupflastern des Landes – die Liste lässt sich beliebig fortsetzen.

Das Mittelmeer, an dem die europäische Zivilisation ihren Anfang genommen hat, ist ein gutes Beispiel. Der Zustand des Mittelmeers ist ausgesprochen deprimierend. An seinen 46 000 Kilometer langen Küsten leben 130 Millionen ständige Bewohner, zu denen sich Jahr für Jahr mindestens 100 Millionen Touristen gesellen. Ein Drittel des gesamten Tourismus der Welt hat das Mittelmeer zum Ziel. Diese Menschenmassen produzieren jährlich 500 Millionen Tonnen Abwasser, das stellenweise immer noch ungeklärt direkt ins Meer geleitet wird. Jeder Fortschritt, der in den letzen zehn Jahren in der Abwasser- und Müllbeseitigung gemacht wurde, wurde im südlichen und östlichen Mittelmeer durch das Anwachsen der Bevölkerung sofort wieder überholt. Nehmen Sie jährlich noch 60 000 Tonnen Waschmittel hinzu, dazu mehrere tausend Tonnen Schwermetalle, riesige Mengen von Nitraten aus Düngemitteln und mindestens 600 000 Tonnen Erdöl, das entweder vom Land ins Meer sickert oder von Öltankern stammt, die den Bodensatz aus ihren Tankräumen ins Meer kippen, dann wird das ganze, schmutzige Bild sichtbar.

Die alles vernichtende Pflanze *Caulerpa taxiflora* entkam in den frühen 1980er Jahren aus einem Aquarium in Monaco. Jetzt breitet sie sich rasant auf dem Meeresboden aus (zurzeit mindestens 15 000 Hektar) und richtet einen vermutlich nie wieder gutzumachenden ökologischen Schaden an. Schon ein Stück der Pflanze, das von einem Anker, einem Fischernetz oder einer Angel mitgenommen wird, kann eine ganze neue Kolonie begründen. Überfischung und Krankheiten vernichten ganze Fischpopulationen und andere Spezies. Delfine ersticken an Plastiktüten. Fischer töten Mönchsrobben, weil sie ebenfalls Fische fressen. Das Mittelmeer erhält kaum einen Zustrom von frischem Wasser: Das Nilwasser wird heute vollständig für künstliche Bewässerung verbraucht, Der Zufluss aus dem Atlantik bei Gibraltar ist sehr gering und das Schwarze Meer ist noch stärker verschmutzt als das Mittelmeer selbst.

So sieht also der Zustand des Meeres aus, das seit den Zeiten Homers und der Minoer Dichter und Künstler inspiriert hat. Aber in wirtschaftlicher Hinsicht steht alles zum Besten. Massentourismus steigert das Bruttosozialprodukt, die Herstellung von Chemikalien, Plastik und Waschmitteln schafft Arbeitsplätze, Nitrate und künstliche Bewässerung verbessern die Ernten der Landwirte, Erdöl hält unsere Industrie in Gang.

Wenn Sie dennoch deprimiert sind über den Zustand des Mittelmeers, können Sie in ein schickes Fischrestaurant zum Essen gehen, jedenfalls solange der Vorrat reicht. Also machen Sie sich keine Sorgen. Es wird sehr viel Geld verdient, und wenn wir genug auf die Seite gelegt haben, können wir es uns leisten, an die Umwelt zu denken. Nur jetzt noch nicht.

Natürlich sind es nicht nur das Mittelmeer und Westeuropa. Die sozialistischen Staaten haben Umweltzerstörungen in noch viel größerem Umfang verursacht. Die Planwirtschaft der osteuropäischen Länder war ein einziges ökologisches Desaster, und bis heute hat sich daran nur wenig geändert. Die sozialistischen Länder haben den Raubbau an der Umwelt und die ausschließlich auf Produktivität ausgerichteten Methoden des Westens nachgeahmt, die mit der industriellen Revolution und der so genannten »modernisierten« Landwirtschaft begannen, nur waren hier die Folgen noch sehr viel schlimmer, weil die Bürger im ehemaligen sowjetischen Imperium weder protestieren noch sich zum Schutz der Umwelt organisieren konnten.

Deregulierung oder Umregulierung durch die Konzerne?

Heute triumphiert der Öko-nomos und integriert gewaltsam die ganze Welt nach den neoliberalen Marktgesetzen. Neben den Worten Privatisierung und Wettbewerb hat das Wort »Deregulierung« im Globalisierungsvokabular eine große Bedeutung. Neoliberale Wirtschaftsexperten lieben dieses Wort, unter dem sie verstehen, dass die Staaten die Gesetze und Vorschriften abschaffen müssen, die ihre natürliche Umwelt vor Bedrohungen von außen schützen.

Das Wort »Deregulierung« ist ebenso irreführend wie das Wort »Globalisierung« selbst. Viele Vorschriften gelten nach wie vor, und täglich kommen neue hinzu, nur dass sie den Bedürfnissen der Finanzwelt und der internationalen Konzerne entsprechen, und nicht der Notwendigkeit, dem Planeten die Möglichkeit zu geben, sich zu erholen. Katastrophale Unfälle mit Öltankern, wie das Auseinanderbrechen der *Erika* und der *Prestige,* die auf weiten Strecken der französischen und der spanischen Atlantikküste eine gigantische Ölpest verursachten, haben zu einigen gesetzlichen Veränderungen geführt; Skeptiker sagen jedoch, dass diese bei Weitem nicht ausreichen, um weitere Desaster an den Meeresküsten zu verhindern.

Auch der so genannte »Verhaltenskodex« wird weitere Ölkatastrophen in der Zukunft schwerlich verhindern. Welcher Konzernchef erklärt schon, dass »keine wirtschaftliche Priorität Bestand haben darf, wenn sie im Gegensatz zur Sicherheit der Arbeiter und dem Respekt für die Umwelt steht«? Thierry Desmarest, Topmanager des Ölgiganten TotalFinaElf hat es in seiner »Sicherheits- und Umweltcharta« getan. Aber der marode Tanker *Erika* transportierte TotalFina-Öl, obwohl ein weiterer Grundsatz der Charta lautet: »Der Konzern wählt seine industriellen und wirtschaftlichen Partner auf der Basis ihrer Fähigkeit, die Regeln von Total einzuhalten, die die Sicherheit und die Umwelt betreffen.[12]

Ebenso, wie man sich nicht darauf verlassen kann, dass die Konzerne sich echte Restriktionen zum Schutz der Umwelt auferlegen, muss man auch damit rechnen, dass die Regierungen, die ihren Interessen verpflichtet sind, sich auf ihre Seite schlagen. In der Praxis heißt Deregulierung zum Beispiel, dass die Bush-Administration in den USA sämtliche Kontrollmöglichkeiten, die dem Umweltschutz dienen, auf allen Ebenen abschafft. Bushs Umweltministerin ist zurückgetreten, weil sie nichts erreichen konnte.

Auch in Europa befinden sich die Umweltschutzmaßnahmen unter direktem Beschuss durch die Kräfte der Globalisierung. In Frankreich hatte die neue Rechtsregierung gerade einmal sechs Monate gebraucht, um buchstäblich alle Gesetze zum Schutz der Umwelt wieder aufzuheben, die in den vorangegangenen fünf Jahren erlassen worden waren, obwohl diese sowieso schon reichlich schüchtern und vollkommen unzureichend waren. Der Bauernvertreter José Bové nahm ein gewaltiges Risiko auf sich, als er vor den Gefahren des Anbaus von genetisch manipulierten Pflanzen warnte; er wurde zu einer Gefängnisstrafe verurteilt, trotz der Ankündigung, dass das vorbeugende Prinzip in der französischen Verfassung verankert werden sollte.

Mit allen Zusatzbestimmungen ist das Gründungsdokument der Welthandelsorganisation rund 20 000 Seiten lang. Mit minuziöser Genauigkeit beschreibt es die Rechte der Konzerne, zu produzieren, zu kaufen, zu verkaufen und zu investieren, einschließlich des Rechts, sich über die nationalen Grenzen hinweg bestimmte Gene patentieren zu lassen. Mit keinem Wort wird die Verpflichtung eben dieser Konzerne erwähnt, die Abfallproduktion, den Ausstoß von Giften und die Zerstörung der Umwelt zu reduzieren (oder den Arbeitern angemessene Löhne zu zahlen, ihnen genügend Freizeit einzuräumen und für sichere Arbeitsbedingungen zu sorgen).

Im Jahr 1992 tagte in Rio eine UNO-Konferenz, die im Namen einer »nachhaltigen«, also umweltverträglichen Entwicklung veranstaltet wurde. Das Programm war jedoch in aller Stille von multinationalen Konzernen gestaltet worden, die unter dem Banner des *Business Council for Sustainable Development* vereint waren – ein Name von geradezu tragischer Ironie angesichts der Tatsache, dass einige der größten Umweltvergifter und Plünderer zu seinen Mitgliedern zählten. Der große Sieg des Buisiness Council in Rio bestand darin, dass es vermieden wurde, irgendwelche Regeln für die Tätigkeit der Konzerne auch nur zu erwähnen. Offiziell wird nun davon ausgegangen, dass die Konzerne in der Lage sind, sich selbst zu regulieren. Inzwischen nennen sie ihre Lobby *World Business Council for Sustainable Development,* und es sind viele neue Mitglieder hinzugekommen.

2004 reichten die USA gemeinsam mit Kanada und Argentinien eine Klage gegen die Europäische Union bei der Welthandelsorganisation ein, in der Hoffnung, dass das Schlichtungsgremium der WTO die Europäer zwingen würde, genetisch manipulierte Organismen zu importieren. Die Europäer halten dagegen, dass die WTO nicht befugt sei, »klinisch getrennt« von anderen Quellen des internationalen Rechts zu handeln. Die USA vertreten die Meinung, dass die Deklaration von Rio und das Cartagena-Protokoll über biologische Sicherheit kein internationales Recht darstellen, aus dem hervorragenden Grund, dass die USA sie nicht ratifiziert haben.

In der Rio-Deklaration wurde auch anerkannt, dass »Staaten das souveräne Recht haben, ihre eigenen Ressourcen auszubeuten«. Tatsächlich sind es jedoch die Konzerne, die befugt sind, innerhalb der Grenzen der Staaten zu agieren, die das Recht haben, die besagten Ressourcen auszubeuten und ihre Umwelt zu benutzen. Länder konkurrieren miteinander um transnationale Investitionen. Diejenigen, die die wenigsten Auflagen für den Umweltschutz und die niedrigsten sozialen Standards haben und gleichzeitig eine fügsame, schlecht bezahlte, aber dennoch produktive Arbeiterschaft anbieten können, haben die besten Chancen, den Preis zu gewinnen. So ist es nicht verwunderlich, dass China, was ausländische Investitionen anlangt, die oberste Sprosse der Leiter erreicht und ab 1995 direkte ausländische Investitionen in Höhe von 360 Milliarden US-Dollar zu verzeichnen hatte. 2003 waren es grandiose 500 Milliarden US-Dollar.

Die Logik, die hinter dem deregulierten Markt steht, besteht darin, so lange zu expandieren, bis alles – Güter, Dienstleistungen, die Natur selbst – zu seinem Wirkungsbereich gehört und ungehindert gekauft und verkauft werden kann. Die Umwelt ist in kapitalistischer Sicht eine Immobilie und ein potenzieller Bauplatz, eine Quelle von Rohmaterialien und ein Ort, an dem man seine Abfälle lagern kann. In einer Karikatur im *New Yorker* von William Hamilton, dem großen Satiriker, der die amerikanische Managerschicht aufs Korn nimmt, sind zwei Manager abgebildet, die aus dem Fenster des Privatjets ihres Konzerns auf die Erde hinunter blicken. »Wie wenig wir doch besitzen, Tom«, sagt einer von ihnen, »wenn du bedenkst, was es alles zu besitzen gibt.«

War schon das wirtschaftliche Verhalten der sozialistischen Staaten ebenso schlimm, wenn nicht noch schlimmer, wie das der kapitalistischen Länder, so scheinen Indien und China grimmig entschlossen zu sein, auf dem Umweg über das 19. Jahrhundert in das 21. zu gelangen. Sie *wollen* den törichten Entwicklungsweg des Westens nachahmen, statt die zerstörerischen Praktiken zu überspringen und direkt im 21. Jahrhundert zu beginnen. Jetzt stürzen sie sich Hals über Kopf in die Autoproduktion. Die Verkaufszahlen stiegen zunächst um erstaunliche 57 Prozent und dann, 2002 und 2003, um weitere 75 Prozent. Im Jahr 2004 hatten sie allerdings »nur noch« ein Wachstum von 15 Prozent zu verzeichnen.

Es ist naiv zu erwarten, dass die Konzerne die Umwelt respektieren werden, es sei denn, es ist einträglich, dies zu tun, oder per Gesetz vorgeschrieben, ohne dass ein Schlupfloch zu finden wäre, oder es ist so schädigend für ihr Ansehen, dass ihnen nichts anderes übrig bleibt. Sie stehen unter dem Zwang, ihren Marktanteil und ihren Profit in einer Arena zu halten und zu vergrößern, in der niemand einem anderen einen Gefallen tut.

Um zu überleben, *müssen* selbst die größten Firmen versuchen, dafür zu sorgen, dass andere die Rechnung für den der Umwelt und den Menschen zugefügten Schaden bezahlen. Wirtschaftsfachleute nennen das »Externalisieren der Produktionskosten«. Jemand außerhalb der Firma oder die Natur selbst müssen die Kosten tragen. Die Konzerne kämpfen mit allen Mitteln gegen das Internalisieren dieser Kosten. Sie behaupten, dass dann die Preise für ihre Produkte steigen müssten, dass die Verbraucher weniger verbrauchen würden, die Wirtschaft stagnieren, Firmen Bankrott machen und die Zahl der Arbeitslosen steigen würde. (Diese Schlussfolgerung ist falsch, wenn für alle die gleichen Regeln gelten, was in der neoliberalen Welt jedoch selten der Fall ist.)

Man kann dennoch ein wenig Hoffnung fassen, weil einige auf Umweltschutz bedachte Denker und Wirtschaftsexperten zeigen, dass eine ökologisch verträgliche Produktion auch am effizientesten und darum auch am profitabelsten ist, aber diese Erkenntnis verbreitet sich nur langsam. Wir werden später von einigen radikaleren Maßnahmen sprechen.

In einem globalisierten System, in dem man um einen Platz an der Sonne und einen Marktanteil kämpfen muss, besteht die Logik des Öko-nomos notwendigerweise darin, den Umweltschutz möglichst zu vernachlässigen, die Ressourcen auszuplündern und Abfälle so billig wie möglich loszuwerden. Das ist einer der Gründe, warum die Weltsicht des Nomos mit der des Logos unvereinbar ist. Aber es gibt noch weitere Gründe.

Wer entscheidet? Wer zahlt?

Es ist richtig, dass der Markt beängstigend und gnadenlos effizient sein und viele Dinge gut machen kann. Aber man sollte ihm nicht gestatten, soziale und ökologische Entscheidungen an unserer Stelle zu treffen. Die Gesellschaft muss dem Markt durch demokratische Diskussion Grenzen setzen und entscheiden, welche Güter und Dienstleistungen auf dem Markt gekauft und verkauft werden sollen und welche nicht, und wer die derzeit externalisierten Kosten tragen soll. Diese Fragen sind zutiefst politische Entscheidungen, weil es hier darum geht, wer die Macht haben soll, die Lebensumstände aller zu diktieren.

Bei der wirklichen Diskussion unserer Zeit, die fast niemals stattfindet, sollte es um diese Grenzen gehen, und vor allem darum, wer die Macht hat, die Regeln aufzustellen. Trotz wiederholter Katastrophen behaupten die meisten Wirtschaftsexperten immer noch, wir sollten den Markt einfach weitermachen lassen, da die Ressourcen durch ihn am besten verteilt würden, ob es sich nun um natürliche, von Menschen erzeugte oder menschliche Ressourcen handelt. Im Endeffekt, so behaupten sie, wird auch der Markt Verschwendung und Umweltzerstörung erkennen und unterbinden, indem er sie zu teuer macht.

Neoliberale Theoretiker weisen oft auf Adam Smith hin, den großen Begründer des Liberalismus im 18. Jahrhundert. Er sagte voraus, dass es zu unbeabsichtigten, aber segensreichen sozialen Ergebnissen führen würde, wenn auf dem Markt Millionen von Menschen ihre eigenen Interessen verfolgen würden. Heute fügen sie hinzu, dass der Markt, wenn man ihn sich selbst überlässt, auch im Umweltschutz zu segensreichen Ergebnissen führen kann.

Armer Adam Smith! Er sah sich selbst niemals in der Rolle als Wirtschaftswissenschaftler, sondern als Moralphilosoph. Er sah den Menschen als soziales Wesen, das etwas besitzt, das er »Gemeinsinn« nannte, und dem die gute Meinung anderer wichtig ist. Obwohl er der erste Theoretiker des Wettbewerbs war, war Smith überzeugt, dass ein Mann im Wettrennen um den besten Platz niemals »einen Konkurrenten behindern oder niederwerfen würde«, weil er zu sehr an die »Zuschauer« denken würde, die sein Betragen beobachten und beurteilen würden. Im heutigen Vokabular würde das heißen, dass er sich um die öffentliche Meinung Sorgen machen würde. In der globalisierten Welt des 21. Jahrhunderts versucht jedoch jedermann jeden Konkurrenten zu behindern und niederzuwerfen, der für seinen Marktanteil und seinen Profit gefährlich werden könnte. Und für die Neoliberalen, die sich ständig auf Adam Smith beziehen, ist das vollkommen normal.[13]

Smiths Überlegungen, dass das Verfolgen des eigenen Interesses zu segensreichen Ergebnissen führen würde, mögen für einen kleinen Inselstaat wie Großbritannien im Jahr 1776 zutreffend gewesen sein, aber er hat das menschliche Verhalten und die sozialen Folgen in einem globalisierten, weltweiten Wirtschaftsraum, in dem ein gnadenloser Wettbewerb herrscht, falsch beurteilt. Insbesondere können die berühmte »unsichtbare Hand« und die Selbstregulierung des kapitalistischen Marktes überall da nicht funktionieren, wo es sich um *ökologische* Folgen handelt. Wie Garret Hardin schon vor Jahrzehnten in seinem berühmten und einflussreichen Artikel »The Tragedy of the Commons« dargestellt hat, erfordert der Wettbewerb, dass ein Fischer so viele Fische fängt und ein Holzfäller so viele Bäume fällt, wie er in diesem Augenblick nur kann. Jedes Individuum, das seine eigenen Interessen verfolgt, muss die Interessen der Natur in katastrophaler Weise schädigen.[14]

Hardin hat jedoch nicht erkannt, dass die »Commons« – ob es sich nun um englisches Weideland, Wälder in Kamerun oder Hummerfanggründe in Maine handelt – unbegrenzt erhalten werden können, wenn sie gemeinschaftlich in Form einer Genossenschaft genutzt werden. Dazu ist es jedoch unerlässlich, dass nur die Mitglieder der betreffenden Gruppe die Regeln aufstellen und entscheiden dürfen, wer Mitglied ihrer Genossenschaft ist und wer nicht. Dann verhindert der soziale Druck der Gruppe, dass ein Mitglied versucht, der gemeinsam genutzten Ressource mehr als den ihm zustehenden Anteil zu entnehmen. Ein erfolgreiches Management von gemeinschaftlich genutzten Ressourcen hängt nicht davon ab, ob sie sich in öffentlichem oder privatem Besitz befinden, sondern ob sie sich im Besitz einer Gruppe oder eines Individuums befinden. Kapitalistischer Individualismus zwingt jeden zum Kampf gegen alle anderen und zwingt jedermann, seinen kurzfristigen Profit zu steigern und damit die gemeinschaftlich genutzten Ressourcen zu zerstören.[15]

Auch wenn es sich um Firmen handelt, ist das Bild das gleiche. In einer kapitalistischen Wirtschaft ist jeder Öl- und jeder Chemiekonzern gezwungen, seine Tanks so effektiv wie möglich zu reinigen und seine Abfälle so kostengünstig wie möglich los zu werden, notfalls im Mittelmeer, wenn das die billigste Lösung ist (es sei denn, er muss befürchten, bei einem Gesetzesverstoß erwischt zu werden und sein Ansehen zu ruinieren). Es ist im Interesse jedes einzelnen Bauern, Düngemittel zu verwenden, gleichgültig, ob sie ins Grundwasser gelangen oder nicht. Auf der Universität lernen Wirtschaftsstudenten sogar abzuwägen, ob es vorteilhafter ist, gegen das Gesetz zu verstoßen und dabei womöglich erwischt zu werden, oder die höheren Kosten für Gesetzestreue zu bezahlen.

Trittbrettfahrer

Vor einigen Jahren hatte ich das Glück, die Westküste der Türkei besuchen zu können. Das frenetische Tempo, in dem dort Hotels und Apartmenthochhäuser gebaut werden, überforderte die Fähigkeit der Anwohner, das Meer und die Strände sauber zu halten, ganz gewaltig, weil dies notwendigerweise eine kollektive Aufgabe gewesen wäre, ob sie nun von der öffentlichen Hand oder von Privatpersonen wahrgenommen worden wäre. Umweltschutz ist immer eine kollektive Aufgabe und muss von durchsetzbaren Gesetzen begleitet sein.

Anderenfalls tritt augenblicklich das wohlbekannte Paradox mit den Trittbrettfahrern ein. Jeder, der freiwillig anfängt, für sich alleine mit den Aufräumungsarbeiten zu beginnen, ist in wirtschaftlicher Hinsicht ein Narr, weil er die Kosten trägt und alle anderen den Vorteil davon haben.

Wenn keine kollektive Autorität, sei es die örtliche Gemeinde, eine mächtige wirtschaftliche Vereinigung oder der Staat, ausdrücklich den Entschluss fasst, die Schweinerei aufzuräumen, die das ungebremste kapitalistische Unternehmertum hinterlassen hat, oder die Unternehmer dazu zwingt, es selbst zu tun, müssen zwangsläufig die Umwelt und die öffentliche Gesundheit geschädigt werden.

Wenn das Kapital die Grenzen beliebig überschreiten, sich neue Standorte für Fabriken suchen, die Ressourcen ausbeuten, billige Arbeit nutzen und Abfälle lagern kann, ist es naturgemäß gegen jede Regulierung. Das ist kein moralisches Urteil, sondern liegt lediglich in der Natur der Sache. Nehmen wir um der Diskussion willen einmal an, dass jedermann die Notwendigkeit von internationalen Regeln anerkennt. Selbst dann könnte das System nicht funktionieren, wenn nicht alle Konzerne und alle Länder, seien sie arm oder reich, praktisch gleichzeitig die gleichen Standards akzeptieren würden. Sonst wären die ersten Länder oder Konzerne, die die Initiative ergreifen und die ökologischen Kosten *internalisieren* würden, die Dummen, denn sie würden sich selbst augenblicklich in eine wirtschaftlich nachteilige Lage bringen. Vielleicht würden sie auf die Dauer gewinnen, aber der Kapitalismus lässt einem nur selten so lange Zeit.

Wir verfügen über kein System, das Anreize schafft, um Länder und Firmen zu belohnen, die fair spielen und über ihre kurzfristigen Interessen hinaussehen. Manche Firmen behaupten, dass sie es dennoch tun. Wo diese Behauptung durch eine unabhängige Prüfung verifiziert werden kann, sollte man sie begrüßen und den betreffenden Firmen nach Möglichkeit helfen, damit sie mit dem Kostennachteil fertig werden können, den ihr anständiges Betragen, ganz besonders am Anfang, nach sich ziehen kann.

Kapitalistischer Raum, kapitalistische Zeit

Ebenso, wie die Natur für den Kapitalismus nichts als eine Rohstoffquelle und eine Müllkippe ist, so arbeitet der Markt auch in einem Zeitrahmen, der im Gegensatz zur Realität der natürlichen Zeit steht. Die Produktion (von Gütern) und die Reproduktion (von Arten und natürlichen Systemen) sind unterschiedliche Prozesse, die nicht den gleichen zeitlichen Gesetzen gehorchen. Die Natur kann man nicht beschleunigen. Sie braucht Ruhe und Erneuerung. Der Rhythmus der Natur steht in scharfem Gegensatz zum Tempo des Marktes, der ein Geschöpf der ewigen Gegenwart ist und stets auf den imaginären Punkt konzentriert ist, an dem Angebot und Nachfrage sich schneiden und der Preis festgesetzt wird. Und auf dem Markt werden die Langsamen von den Schnellen aufgefressen.

Die Akteure auf dem Markt müssen die natürliche Zeit nach besten Kräften komprimieren. Der erste Schritt zu schnellerer Produktion besteht oft darin, den Menschen aus dem Prozess zu eliminieren. Aber wenn sich das als unmöglich oder nicht wünschenswert erweist, gibt es Möglichkeiten, dafür zu sorgen, dass die Arbeitskräfte schneller arbeiten. Seit der industriellen Revolution und der Erfindung des *Scientific Management* durch Frederick W. Taylor (Arbeiter am Fließband, die wie Roboter täglich die gleichen »effizienten« Bewegungen machen), ist die Beschleunigung der Produktion einer der wichtigsten Streitpunkte zwischen Arbeiterschaft und Management gewesen. Um zu erreichen, dass weibliche Arbeiter schneller arbeiteten, haben die Besitzer einer thailändischen Fabrik dem Trinkwasser Amphetamine zugesetzt. Daraufhin haben einige der Frauen deformierte Babys zur Welt gebracht. Der Markt will, dass Pflanzen schneller wachsen und Tiere schneller erwachsen werden. Kein Wunder, dass die Artenvielfalt verloren geht und wir Herden von Rindern mit Rinderwahnsinn heranziehen.

Philosophisch gesehen ist der Gegensatz zwischen wirtschaftlicher und natürlicher Zeit ein erkenntnistheoretischer Unterschied – ein grundlegender Konflikt zwischen verschiedenen Arten, die Welt zu sehen und zu erklären. In diesem Fall lauten die Schlüsselworte *reversibel* und *irreversibel*. Seit den Zeiten von Adam Smith wurden wirtschaftliche Prozesse in den wirtschaftswissenschaftlichen Standardwerken als ihrer Natur nach reversibel, also umkehrbar, betrachtet. Man ist immer davon ausgegangen, dass ein endloser Austausch möglich sei, rückwärts, vorwärts und seitwärts, ein Austausch zwischen Land, Arbeiterschaft und Kapital, zwischen Investitionen, Zinsen, Löhnen, Profiten und anderen als unabhängig geltenden Variablen. Die Wirtschaftstheoretiker, einschließlich der Marxisten, lieben solche Prozesse, weil es so viel leichter ist, mit ihnen umzugehen. Von ihnen allen wird angenommen, dass sie zum »ursprünglichen Zustand« zurückgeführt werden können.

Leider funktioniert die Natur jedoch nicht nach Newtons mechanischen Gesetzen. Natürliche Systeme kehren nicht zum ursprünglichen Zustand zurück. Im Gegenteil, tief greifende Veränderungen, die sie durchmachen, sind gewöhnlich bleibend und irreversibel, jedenfalls innerhalb der kurzen Zeitspanne, die wir Menschen überblicken können. Wenn ein tropischer Regenwald erst einmal abgeholzt ist, dauert es nach Ansicht von Experten mindestens 400 Jahre, bis er wieder nachwächst, und selbst dann kann man nicht mit Sicherheit sagen, was dabei herauskommt.

Der Sommer des Jahres 2003 war einer der heißesten – wenn nicht der heißeste Sommer überhaupt –, den es in Europa seit Beginn der Aufzeichnungen gegeben hat. Die Leute hatten kein anderes Gesprächsthema. Während der Hitzewelle nahm die Todesrate in Frankreich fast epidemische Ausmaße an. Laut Statistik starben rund 10 000 Menschen mehr als gewöhnlich.

Die Krankenhäuser waren überfüllt, Atomreaktoren waren in Gefahr, überhitzt zu werden, Feuer wüteten, die Ernte verdorrte auf den Feldern. Aber niemand wurde dafür verantwortlich gemacht. Man fragt sich, was noch passieren muss, damit die Menschen und vor allem die Regierungen sich gezwungen sehen, den Ausstoß von Treibhausgasen zu reduzieren. Die Permafrostböden in Sibirien beginnen aufzutauen und werden Milliarden Tonnen Methan in die Atmosphäre entlassen, das, was den Treibhauseffekt betrifft, zwanzigmal so wirksam ist wie CO_2. Wir brauchen keine weiteren Beweise dafür, dass es unsere eigenen menschlichen Aktivitäten sind, die zu höheren Temperaturen und immer mehr Stürmen von noch nie da gewesener Heftigkeit führen.

Warum gehen wir nicht mit der ganzen Strenge des Gesetzes gegen die Verursacher der globalen Erwärmung vor? Man kann sie identifizieren. Wir müssen unsere von fossilen Brennstoffen abhängige Wirtschaft ändern, ebenso das Baurecht und die Transportindustrie. Privatpersonen alleine können es nicht schaffen, selbst wenn wir alle mit dem größtmöglichen Verantwortungsbewusstsein für die Umwelt handeln, weil »wir« in diesem Fall für weniger als ein Viertel der Treibhausgasemissionen verantwortlich sind. Die nötigen Kenntnisse sind vorhanden, technologisch gesehen könnten wir augenblicklich damit beginnen, den Schaden zu beheben, aber Untätigkeit und die Industrielobby geben den Ausschlag.

Vielleicht muss erst eine Katastrophe riesigen Ausmaßes eintreten, aber dann ist es vermutlich zu spät. So gesehen ist es vielleicht sogar eine gute Nachricht, dass ein Barrel Erdöl mehr als 60 US-Dollar kostet. Obwohl ich hoffe, dass ich mich irre, fürchte ich, dass es unmöglich sein wird, rechtzeitig zu handeln, nicht nur wegen der Interessen, die davon berührt werden, sondern aus Gründen der reinen Logik. Die globale Erwärmung hat bereits zu unkalkulierbaren wirtschaftlichen Folgen geführt. Aber die neoklassische Wirtschaftswissenschaft ist unfähig, die Ursachen zu sehen. Die wirtschaftlichen Indikatoren, auf die wir uns verlassen, können das Unglück nicht voraussagen. Der Markt wird uns niemals vor bevorstehenden ökologischen Katastrophen warnen, bis es zu spät ist. Genau das erwarten wir jedoch von ihm.

Weil wir uns so sehr daran gewöhnt haben, uns auf Marktsignale zu verlassen, insbesondere, wenn es um Veränderungen des Preisniveaus geht, erkennen wir nicht, dass der Markt auf so wichtige Dinge wie die Schädigung und schließlich den Zusammenbruch der Umwelt nur mit tödlicher Stille reagieren wird. Wir hören nicht auf, statische, mechanische und reversible Methodologien auf natürliche Phänomene anzuwenden, die von dynamischen, chaotischen und irreversiblen Kräften beherrscht werden. Hier ein weiteres Beispiel:

Nehmen Sie die in der orthodoxen Wirtschaftswissenschaft übliche Annahme, wonach zusätzliche Einheiten von irgendetwas – sagen wir CO_2 –, das in immer gleich bleibender Menge in die Biosphäre entlassen wird, 1+1+1 usw. ergeben und in der grafischen Darstellung als schöne, gerade, aufsteigende Linie zu sehen sind, wie man es von 1+1+1 usw. erwarten kann. Nach dieser idealen grafischen Darstellung kann der Prozess theoretisch unendlich fortgesetzt werden. In der Natur hingegen kann das Hinzukommen einer weiteren Einheit von CO_2 jederzeit der Strohhalm sein, der dem Kamel den Rücken bricht und dazu führt, dass die Kurve über die grafische Darstellung hinausschießt. Der Markt wird uns niemals im Voraus warnen. Er sendet nur das Signal »zu viel«, wenn es bereits zu spät ist.

Die natürliche Umwelt lässt sich nicht mit unseren Grundrechenarten berechnen, sondern neigt zu komplizierten Feedbackschleifen, scharfen Verschiebungen und vergleichsweise plötzlichem Wechsel von Systemzusammenbruch und Reorganisation. Nur wenige isolierte Wirtschaftstheoretiker beginnen, auf Wissenschaftler wie Per Bak zu hören; er hat gezeigt, dass große, komplexe, interaktive Systeme sich zu einem kritischen Zustand organisieren, in dem ein unvorhersehbares, unbedeutendes Ereignis eine Kettenreaktion auszulösen vermag, die zum Zusammenbruch führen kann. Bak bezeichnet diesen Zustand als »selbst organisierte Kritikalität«. Die Kettenreaktion wird manchmal auch als Sandhaufeneffekt bezeichnet, bei dem die letzte Schaufel Sand den Ausschlag gibt.

Marktpreise sagen uns nur selten etwas über Knappheit, die Grundlage, auf der die Standardregeln der Wirtschaftswissenschaft stehen. Knappheit bedeutet, dass etwas gekauft und verkauft werden kann. Wenn eine Ware nicht knapp ist, hat sie keinen Preis und damit auch keinen Markt. Ende der Geschichte. Deshalb ist es bisher auch noch niemandem gelungen, Luft zu verkaufen, obwohl die Vorstellung von einem Handel mit Luftverschmutzungsrechten nahe daran herankommt.

Je knapper eine Ware ist, desto höher ist theoretisch der Preis. Bedenken Sie jedoch auch, dass viele der ärmeren Mitspieler aus der südlichen Hemisphäre um Einnahmen aus Exporten miteinander konkurrieren und alle die gleiche kleine Auswahl von Rohstoffen exportieren. Diese Flut von Exporten bedeutet, dass die Preise niedrig sind, egal wie knapp der Rohstoff in Wirklichkeit ist. Solange der Vorrat reicht, reagiert der Markt überhaupt nicht auf den Raubbau an natürlichem Kapital wie Fisch, Wäldern und Ackerland. Gleichgültig wie selten eine Handelsware tatsächlich ist, die Exporte werden so lange fortgesetzt, wie physisch noch etwas vorhanden ist, das exportiert werden kann. Die Preise sagen uns nichts darüber, wie viel von einer Ware tatsächlich noch vorhanden ist oder wie fragil die natürlichen Systeme sind, von denen wir abhängen.

Raubbau ist kostspielig. Argentinien befindet sich immer noch mitten in einer seit langem andauernden, lähmenden und gesellschaftlich katastrophalen Finanzkrise. Die Schulden des Landes sind Schwindel erregend hoch, und es muss alles exportieren, was es nur exportieren kann, um die Zinsen bezahlen zu können. Nach Aussage des Leiters des *UN Environment Programme* (UNEP) hat Argentinien seit 1985 seine Fischfangquoten verfünffacht, und die Fischfangfirmen haben schätzungsweise 1,6 Milliarden US-Dollar verdient. Großartig? Nein, denn nach Aussage des UNEP hat der Raubbau an den Fischbeständen zu Nettokosten von etwa 500 Millionen US-Dollar für den angerichteten Schaden geführt. Zum Glück hat sich Argentinien dem Internationalen Währungsfonds widersetzt und sich geweigert, die Zinsen für drei Viertel seiner gesamten Schulden zu bezahlen. Das ist eine gewisse Entlastung, aber nicht genug.

Die Mehrheit der Wirtschaftsexperten hält Ansichten wie die meinen für Panikmache. Die meisten von ihnen leugnen nicht nur, dass es natürliche Grenzen gibt, sie sind auch überzeugt, dass der Markt alle menschlichen Probleme, einschließlich der ökologischen, lösen kann. Nehmen Sie zum Beispiel die Meinung von Mr. Larry Summers, des ehemaligen leitenden Wirtschaftsexperten der Weltbank und späteren Staatssekretärs für internationale Angelegenheiten im Finanzministerium der USA. Heute ist er Präsident der Harvard-Universität, der ältesten und vermutlich angesehensten Universität der USA, aber das ändert nichts an der Tatsache, dass er in ökologischer Hinsicht Analphabet ist. Summers wurde bekannt, als ruchbar wurde, dass er geäußert hatte, Afrika sei »ernstlich unterverschmutzt und sollte gegen Geld Giftmüll aus anderen Kontinenten importieren«. Später sagte er, er habe das nicht wörtlich gemeint, sondern absichtlich übertrieben, um seine Ansichten zu unterstreichen. Die folgende anti-ökologische Aussage kann jedoch auch mit einer solchen Begründung nicht unkritisiert bleiben:

Es gibt für das, was die Erde verkraften kann, keine Grenzen, die zu irgendeiner Zeit in der vorhersehbaren Zukunft Einschränkungen erforderlich machen könnten. Es gibt kein Risiko einer Apokalypse durch globale Erwärmung oder sonst etwas. Die Idee, dass die Erde sich einem Abgrund nähert, ist grundfalsch. Die Idee, dass wir das Wachstum wegen irgendwelcher natürlicher Grenzen einschränken müssten, ist ein schwer wiegender Irrtum, der, wenn er sich jemals als einflussreich erweisen würde, verheerende soziale Folgen haben würde.[16]

Der britische Wirtschaftler, Berater der Weltbank und Emeritus Fellow des Balliol College in Oxford, Wilfred Beckerman, wiederholt Summers' Schlussfolgerungen in seinem anti-ökologischen Traktat *Small is Stupid: Blowing the Whistle on the Greens* (Klein ist dumm: Warnung vor den Grünen). Beckerman wirft den Umweltschützern vor, »melodramatische Katastrophenszenarios« zu erfinden. Wie andere anerkannte Wirtschaftsexperten, einschließlich Summers, behauptet er, dass die Antwort auf ökologische Probleme mehr wirtschaftliches Wachstum sein müsse.[17]

Je reicher wir werden, lautet seine Theorie, desto mehr Geld können wir für die Wiederherstellung und Entgiftung der Umwelt ausgeben. Selbst wenn wir heute die dafür notwendige Technologie noch nicht besitzen, werden künftige Generationen sie entwickeln. Außerdem führt, so Beckermann, Wirtschaftswachstum in sich selbst zu größerer Sensibilität für Umweltprobleme. »Das Wirtschaftswachstum hat eine Verlagerung der Prioritäten der Menschen von der Befriedigung der grundlegendsten Bedürfnisse zum Verantwortungsbewusstsein für die Umwelt und zur Bereitschaft, Geld für den Umweltschutz auszugeben, erst möglich gemacht.« So lautete auch die wichtigste Botschaft der Industrie bei der Konferenz für »nachhaltige Entwicklung« in Rio im Jahr 1992.

Welches System setzt sich durch?

Summers und Beckerman sind perfekte Beispiele für eine Weltsicht, nach der die Wirtschaft das totale System ist, dem alles andere, einschließlich der Natur, untergeordnet werden muss. Dabei genügt es, einen Blick aus dem Fenster zu werfen, um zu erkennen, dass die von Menschen gemachte Wirtschaft innerhalb der Grenzen der natürlichen Welt operiert, von der die Menschen nur ein Teil sind.

Diese Tatsache ist so einfach und so offensichtlich, dass sie fast immer übersehen wird. Einige Wirtschaftsexperten propagieren jedoch eine weitaus realistischere und gesündere Art, die Weltwirtschaft zu betrachten.*

Leider ist sie noch nicht bis in die Berechnungen der Wirtschaftswissenschaftler und die Projekte der Politiker vorgedrungen.

Stellen Sie sich einen Würfel vor, der die Wirtschaft repräsentiert. Er befindet sich innerhalb der Biosphäre, einem großen, aber begrenzten kugelförmigen Raum. Demnach ist der Produktionsprozess in die Natur eingebettet. Die Kugel ist notwendigerweise geschlossen, denn selbst wenn wir mit unseren Ressourcen pfleglich umgehen und unsere Giftstoffe und Abfälle intelligenter unter Kontrolle halten, können wir die gegebene Kapazität der Biosphäre nicht vergrößern, gleichgültig, was für Technologien uns heute oder in Zukunft zur Verfügung stehen.

Die von Menschen gemachte Wirtschaft »importiert« hochwertige Energie und Materie aus der Biosphäre (das ist die Funktion der Biosphäre als »Rohstoffquelle«), verwendet sie zur Produktion und »exportiert« ihre Abfälle und ihre ver-

---

* Diese Sichtweise wurde zuerst in den frühen 1970er Jahren von Nicholas Georgescu-Roegen vertreten und wurde seither von umweltbewussten Wirtschaftsexperten wie Herman Daly oder in Frankreich René Passet populär gemacht.

brauchte Energie (Hitze) in die Biosphäre (das ist die Funktion der Biosphäre als Müllschlucker). Die Natur kann nur begrenzte Mengen liefern und assimilieren. Ihre Kapazität sowohl als Rohstoffquelle als auch als Müllschlucker ist begrenzt. Und, was am wichtigsten ist, wir können die Kugel niemals in den Würfel hineinquetschen.

Diese alternative Sicht der Wirtschaft basiert auf den Gesetzen der Thermodynamik oder der Entropie, auf dem Kreislauf von Materie und Energie und der Erzeugung von Abfällen und ungenutzter Hitze. Wenn man erst einmal beginnt, auf diese Weise zu denken, erscheinen einem die Argumente unausweichlich wahr, aber es ist unglaublich schwer, die Wirtschaftler von diesen Wahrheiten zu überzeugen.

Jeder, der sich schon einmal mit Systemanalyse beschäftigt hat, wird bestätigen, dass die Gesetze eines Untersystems niemals die Gesetze des ganzen Systems beherrschen können. Vielleicht ist das der Grund, warum es so schwer ist, die Wirtschaftler – mit ein paar bemerkens- und lobenswerten Ausnahmen – dazu zu bewegen, den Kreis der Biosphäre um das Quadrat der Wirtschaft herumzuzeichnen. Dann müssten sie nämlich zugeben, dass die Biosphäre das ganze System ist, und die Wirtschaft nur ein zunehmend Raubbau betreibendes Untersystem.

Diese Feststellung hat gigantische praktische Konsequenzen. Eine davon ist, dass die Frage der Größenordnung eine ausschlaggebende Bedeutung annimmt. Wenn der Würfel der Wirtschaft im Verhältnis zur Gesamtkapazität der Biosphäre klein ist, wie es im 18. und 19. Jahrhundert der Fall war, gibt es kein Problem. Heute jedoch produzieren wir in weniger als zwei Wochen so viel wie die gesamte Weltproduktion des Jahres 1900. Bei dem gegenwärtigen Wachstumstempo wird sich die Weltwirtschaft in weniger als fünfundzwanzig Jahren verdoppeln.

Einige Biologen schätzen, dass die Menschen schon jetzt rund 40 Prozent des Nettoprimärprodukts oder Nettophotosyntheseprodukts (NPP) für ihre eigenen Zwecke verbrauchen. Das ist praktisch alles, was die Sonnenenergie derzeit produziert oder bisher produziert hat. Das NPP zeigt an, welche Wirkung der menschliche Verbrauch von Nahrung, Treibstoff, Fasern und anderen pflanzlichen Produkten plus der Zerstörung am Potenzial des Ökosystems durch Abholzung, Überfischung, Wüstenbildung und dergleichen haben. Man rechnet damit, dass auch diese Aneignung von NPP durch den Menschen sich rund alle fünfundzwanzig Jahre verdoppelt. Wenn diese Zahlen stimmen – der wissenschaftliche Artikel, in dem sie detailliert dargestellt waren, wurde 1986 veröffentlicht und 2001 bestätigt –, dann werden wir bei den gegenwärtigen Wachstumsraten noch vor dem Jahr 2015 bei einem 80-prozentigen Verbrauch des NPP angekommen sein und noch vor dem Jahr 2040 160 Prozent erreicht haben, aber bis zu diesem Zeitpunkt werden wir uns schon von unserem Planeten verabschiedet haben.[18]

Aus Arbeiten von William Rees und Mathis Wackernagel von der Universität Vancouver in Kanada geht ferner hervor, dass die reichsten 1,5 Milliarden Menschen der Welt bereits jetzt den gesamten biophysikalischen Output des Planeten für sich alleine beanspruchen. Was Larry Summers fälschlicherweise als das bezeichnet, was die Erde verkraften kann, wird schon jetzt gewaltig überbeansprucht. Unter diesen Umständen kann die Umweltzerstörung nur exponential ansteigen.

Das Forscherteam in Vancouver nennt dieses Phänomen den »ökologischen Fußabdruck«, eine neue Maßeinheit, mit der die Auswirkung eines Menschen auf die Biosphäre entsprechend seinem Einkommen gemessen wird. Demnach muss die Natur nicht nur mehr, sondern auch größere Menschen verkraften. Reiche Menschen »wiegen« mehr und nehmen mehr Raum ein, weil sie so viel mehr konsumieren als die Armen.[19]

Rees definiert seine Maßeinheit folgendermaßen:

Der ökologische Footprint ist die entsprechende Fläche von produktivem Land und aquatischen Ökosystemen, die benötigt werden, um die Ressourcen zu produzieren und die Abfälle zu assimilieren, die eine fest umrissene Anzahl von Menschen bei einem bestimmten Lebensstandard verbraucht bzw. produziert, wo immer auf der Erde das betreffende Land liegen mag.

Mit Hilfe der gleichen Methodologie hat der Ökologe Herbert Girardet berechnet, dass die Stadt London, in der 12 Prozent der Einwohner Großbritanniens leben, einen Footprint hat, der 125-mal so groß ist wie ihre eigene Fläche, und für ihren Unterhalt das Äquivalent des Ertrages der gesamten produktiven Landfläche Großbritanniens benötigt. Rees' eigene Heimatstadt Vancouver braucht 174-mal ihre eigene Fläche. Holland braucht das Fünf- bis Siebenfache seiner eigenen Grundfläche, und so weiter.[20] Wenn die Weltbevölkerung mit dem gegenwärtigen Tempo weiter wächst, werden wir bald 10 bis 11 Milliarden Menschen auf der Erde haben und fünf bis sechs zusätzliche Planeten brauchen, selbst wenn man davon ausgeht, dass keine weitere Umweltzerstörung mehr stattfindet.

Wachstum und logisch Unmögliches

Selbst wenn die Zahlen, die diese Biologen und Ökologen errechnet haben, weit von der Wirklichkeit entfernt sein sollten, sind sie dennoch eine gute Illustration des ökologischen Dilemmas, in dem wir uns befinden. Menschen hängen von anderen Spezies ab. Wir können nicht einfach das gesamte Nettophotosyntheseprodukt für uns alleine beanspruchen und nichts für andere Lebewesen übrig lassen, selbst wenn es dafür keinen anderen Grund gäbe, als dass es Selbstmord wäre. Hinzu kommt, dass das NPP selbst bei verbesserter Technologie nicht nennenswert wachsen wird. Es unterliegt nicht der Kontrolle des Weltwirtschaftsforums von Davos und gehorcht weder Bill Gates noch sonst jemandem. Zum ersten Mal in der Geschichte sehen sich die Menschen nicht nur mit einer natürlichen, sondern auch mit einer mathematischen und logischen Unmöglichkeit konfrontiert – eine Tatsache, die sie anscheinend nicht akzeptieren können.

Da die Wirtschaftler überzeugt sind, dass ununterbrochenes Wachstum die Lösung aller unserer Probleme ist, ist es nicht verwunderlich, dass sie die ökologische Weltsicht ablehnen und abzublocken versuchen. Aber, wie der verstorbene Experte für ökologische Wirtschaft, Kenneth Boulding es ausdrückte, »wenn etwas wächst, wird es größer«. Wachstum ist nicht die Lösung, sondern das Problem. Für die meisten Vertreter der Wirtschaft ist das die schlimmste Ketzerei – zu schockierend, um auch nur darüber nachzudenken oder zu diskutieren. Das Leugnen physikalischer und biologischer Realitäten kann zu einer Denk- und Lebensweise werden.

Manche Wirtschaftler versuchen, sich aus der Klemme zu ziehen, indem sie behaupten, dass von Menschen erzeugtes Kapital das natürliche Kapital ersetzen kann. Wir brauchen nur zu investieren und unsere Technologie so weit zu verbessern, dass es keine Rolle mehr spielt, wie viel natürliches Kapital wir dem Planeten entziehen. Auch dieses Argument trügt. Das meiste von Menschen erzeugte Kapital hängt immer noch direkt von den natürlichen Ressourcen ab, auf die es aufgebaut ist. Um es anhand eines von Herman Daly verwendeten Beispiels zu erklären: Es macht keinen Unterschied, wie viele Sägemühlen jemand besitzt, wenn es keine Bäume mehr gibt. Und es spielt auch keine Rolle, wie viele Fischkutter und Fischkonservenfabriken vorhanden sind, wenn es keine Fische mehr gibt. Und was die Müllschluckerfunktion der Natur betrifft, wie zum Beispiel im Fall des Entlassens von CO_2 in die Atmosphäre, welches von Menschen erzeugte Kapital kann uns vor den Folgen einer tief greifenden Klimaveränderung schützen?

Was ist, wenn wir am Ende gezwungen sind, die alternative Logik, die unkonventionelle Sicht der Befürworter einer ökologischen Wirtschaft zu akzeptieren, und anerkennen müssen, dass die Natur das übergeordnete System ist und unsere von Menschen gemachte Wirtschaft nur ein Untersystem, das ihren Gesetzen unterworfen ist? Würde das das Ende des guten Lebens bedeuten? Ganz gewiss nicht. Tatsächlich haben wir unendlich viel zu gewinnen von einer unromantischen und realistischen Sicht der Biosphäre als übergeordnetes System und der Wirtschaft als Untersystem, nicht nur, weil unser Leben und unsere Zukunft davon abhängen, sondern auch, weil unser Leben tatsächlich besser werden würde.

Wenn wir alternative Voraussetzungen und eine veränderte Weltsicht akzeptieren, muss die erste Frage praktisch lauten, wie viel größer *kann* die Wirtschaft werden, und die zweite müsste heißen, wie viel größer *sollte* sie werden? Es ist offensichtlich, dass sie sich nicht weiter alle fünfundzwanzig Jahre verdoppeln kann, und das kann uns nur nützlich sein. Vieles von dem, was als Wachstum bezeichnet wird, ist nichts als die Zerstörung von natürlichem Kapital, die als Einkommen gezählt wird.

Vieles von dem so genannten Wachstum macht uns ärmer oder ist ein fruchtloser Versuch, wirtschaftliche und soziale Fehlschläge der Vergangenheit zu kompensieren. Der Bau von Gefängnissen, plastische Chirurgie, Behandlungsmethoden für Krebs, Alarmanlagen gegen Diebstahl in Autos, der Wiederaufbau nach Terrorangriffen und Kriegen, das alles trägt zum Wachstum bei. Es wäre aber absurd, daraus zu schließen, dass mehr Häftlinge, Diebstähle, Krebserkrankungen usw. wünschenswert wären.

Es ist richtig, dass Wirtschaftswachstum früher einmal sehr eng mit dem Anwachsen des allgemeinen Wohlstands verbunden war, aber das ist seit mindestens zwei Jahrzehnten nicht mehr der Fall. Wachstum ist in zunehmendem Maß mit Phänomenen verbunden, auf die die meisten Menschen lieber verzichten würden. Schritte zur Sanierung einer verschmutzten Umwelt werden in den kommenden Jahren sicher einen Platz weit oben auf der Liste der wachstumsfördernden Projekte einnehmen. Aber warum verzichtet man nicht gleich darauf, die Umwelt zu verschmutzen? Das wäre besser für das Gemeinwohl, obwohl es das Wirtschaftswachstum nicht fördern würde.

Unsere Statistiker wissen nicht einmal, wie sie den Anteil des gegenwärtigen Wachstums messen sollen, der eine Folge der Versuche ist, Versäumnisse der Vergangenheit wieder gutzumachen (und wenn sie es wissen, dann dürfen sie es nicht tun). Im Budget der Staaten wird nicht zwischen echtem, positivem Wohlstand und Allgemeinwohl förderndem Wachstum und einem Wachstum unterschieden, das uns ärmer macht. Soweit ich weiß, sind nur in Norwegen und den Niederlanden Versuche unternommen worden, zu unterscheiden, welches Wachstum in welche Kategorie gehört. In Frankreich leistet Patrick Viveret Pionierarbeit zur Klärung der Frage, was echten Wohlstand darstellt und wie man ihn messen kann. Meistens versuchen wir jedoch, mit außerordentlich primitivem Werkzeug unsere komplexe Wirtschaft zu verstehen.[21]

Eine andere Umwelt ist möglich

Wie könnten wir in unserer Weltanschauung etwas gescheiter oder wenigstens weniger primitiv werden? Das Wissen um die ökologischen Probleme allein, selbst wenn es weit verbreitet ist, wird niemals ausreichen, um Veränderungen in der Politik zu garantieren. »Bewusstseinshebung« ist kein Ersatz für die Entwicklung eines neuen Kräfteverhältnisses, eines neuen

Gleichgewichts der Macht. Wenn wir eine Änderung herbeiführen wollen, müssen wir nicht nur gegen Untätigkeit und
Gleichgültigkeit – selbst innerhalb der Bewegung für globale
Gerechtigkeit – kämpfen, sondern auch gegen viele eingeführ-
te Interessengruppen, für die aus bereits geschilderten Gründen ihre eigenen, kurzfristigen Gewinne an erster Stelle stehen.
Wir werden später noch einmal auf dieses Problem zu sprechen kommen.

Im Jahr 2002 trat in Johannesburg der Weltgipfel für »nachhaltige Entwicklung« zusammen, ein Jahrzehnt nach der ersten Umweltkonferenz in Rio (wobei die bahnbrechende Konferenz in Stockholm im Jahr 1972 nicht mitgezählt wird). Das
Gipfeltreffen in Johannesburg sollte sich sowohl mit der Umwelt als auch mit der Armut befassen, aber, wie das progressive Lager befürchtet hatte, wurde es zu einem betrüblichen
Fehlschlag, weil die USA jeden möglichen Fortschritt blockierten.

Wir können nicht alle Menschen auf der Erde von der Armut befreien und für jedermann einen menschenwürdigen Lebensstandard sichern, wenn die offiziell als »Entwicklungsländer« bezeichneten Länder sich nicht augenblicklich auf
saubere Energien und saubere Produktion umstellen. Aber,
wie sowohl China als auch Indien zeigen, werden diese Länder
diesen Weg nicht freiwillig wählen, weil er gegenwärtig noch
der teurere ist. Wenn China und Indien – 2 Milliarden Menschen – auf dem Weg der fossilen Brennstoffe weitergehen,
wie sie es offenbar vorhaben, ist eine bleibende und zweifellos
katastrophale Klimaveränderung eine absolute Gewissheit.
Dieser Teufelskreis kann nur mit Hilfe öffentlicher Ausgaben
durchbrochen werden.

Für uns in den industrialisierten Ländern ist es unerlässlich, unsere Produktionsmethoden zu ändern, obwohl dies
vermutlich ebenso schwer zu erreichen ist, wie eine Veränderung unserer Konsumgewohnheiten. Dennoch ist der Über-
gang zu einer umweltverträglichen Wirtschaft möglich, ohne

dass wir deshalb auf das gute Leben verzichten müssten. Eine Arbeit von Ernst Ulrich von Weizsäcker vom Wuppertal Institut mit dem Titel *Faktor vier. Doppelter Wohlstand, halbierter Naturverbrauch* enthält zahlreiche Beispiele für Möglichkeiten, unseren Lebensstandard zu verbessern und gleichzeitig die Erde weniger stark zu belasten.

Eine Globalisierung im Sinne des Öko-nomos und der Befürworter der kapitalistischen Marktwirtschaft, nämlich durch Wettbewerb und Krieg aller gegen alle, kann nur zu kollektivem Desaster führen. Die gegenteilige Ansicht, die des Öko-logos, macht Kooperation zwischen den Menschen und zwischen Mensch und Natur zum zentralen Punkt unserer Entscheidungen. Die reduktionistische Weltsicht mit ihrem primitiven Darwinismus wird zum Glück zunehmend kritisch betrachtet. Mehr und mehr Menschen erkennen, dass menschlicher Erfolg nicht auf dem Prinzip des »Überlebens der Tüchtigsten« beruht. Erst durch Kooperation und Zusammenarbeit wurden die Menschen überhaupt fähig, wirtschaftlichen Überschuss zu produzieren und die dadurch mögliche Kultur und Kunst zu schaffen.

Um diese Ausführungen mit einem dem Zen-Buddhismus entlehnten Gedanken zu beenden: Wenn man in Leipzig ist und nach Berlin will, aber plötzlich feststellt, dass man sich auf der Autobahn nach München befindet, besteht die Lösung des Problems nicht darin, mit noch höherer Geschwindigkeit in Richtung München weiterzufahren, sondern darin, anzuhalten, umzukehren und sich auf den Weg nach Berlin zu begeben.

3
... WENN WIR DIE AKTEURE IDENTIFIZIEREN

In diesem Kapitel wenden wir uns den wichtigsten Akteuren der Globalisierung zu, sowohl auf öffentlichem als auch auf privatem Gebiet. Mit einigen von ihnen haben wir bereits flüchtig Bekanntschaft gemacht, und in Kürze werden wir ihnen noch einmal in ihrer Rolle als Widersacher begegnen.

Öffentliche Institutionen

1. Die schrecklichen Zwillinge: die Weltbank und der Internationale Währungsfonds

Gemessen an ihrer Größe, ihrer Komplexität und ihrem Einfluss kann ich der Weltbank und dem Währungsfonds an dieser Stelle leider nur sehr wenig Platz einräumen. 1995 erschien zum Beispiel ein ganzes Buch über die Weltbank, dessen Koautor ich war.[22] Der Internationale Währungsfonds ist nicht nur der Schuldenmeister des Universums, sondern hat noch viele andere Pfeile in seinem Köcher.

Die schrecklichen Zwillinge wurden im Jahr 1944 bei der berühmten Konferenz in Bretton Woods in New Hampshire geboren. Die Pläne für ihre Schaffung wurden von dem britischen Wirtschaftswissenschaftler John Maynard Keynes und seinem amerikanischen Kollegen Harry Dexter White ausgearbeitet. Darum werden die Weltbank und der Währungsfonds manchmal auch als »Bretton-Woods-Institutionen« (BWI) oder als die »Keynesischen Zwillinge« bezeichnet.

In jener Zeit hatten diese beiden Institutionen noch nichts Schreckliches an sich; sie waren sogar ausgesprochen fortschrittlich. Die Weltbank, deren vollständiger Name »International Bank for Reconstruction and Development« (Internationale Bank für Wiederaufbau und Entwicklung) lautet, wurde gegründet, um das kriegszerstörte Europa so schnell wie möglich wieder auf die Beine zu stellen. Sie bot Kredite für den Wiederaufbau der europäischen Infrastruktur an. Aber Keynes dachte nicht nur an die Nachkriegszeit, sondern auch an die postkoloniale Welt. Das ist der Grund für das Wort »Development« im Namen der Bank.

Der IMF sollte Länder, die sich vorübergehend in Zahlungsschwierigkeiten befanden, mit Krediten versorgen, nämlich immer dann, wenn kein Geld mehr vorhanden war und sie in Gefahr waren, aus dem Welthandelssystem herauszufallen. Keine der beiden Institutionen sollte als Schiedsrichter für die inneren Angelegenheiten der betreffenden Länder fungieren oder die Kredite davon abhängig machen, dass sie bestimmte politische Anweisungen befolgten.

Das Geld stammte aus Beiträgen, die fast ausschließlich von den reichen Ländern geleistet wurden. Dieses Ungleichgewicht spiegelte sich in der Stimmenverteilung auf der Basis »ein US-Dollar, eine Stimme« wider. So war zum Beispiel der Anteil der USA groß genug, um jede wichtige Entscheidung des IMF zu blockieren, die eine Mehrheit von 85 Prozent erforderte.

Sowohl der IMF als auch die Weltbank erfüllten ihre Aufgaben als internationale Behörden mit minuziöser Genauigkeit. Zwanzig oder dreißig Jahre lang waren sie ziemlich unauffällige, um nicht zu sagen langweilige Institutionen. Die Weltbank beendete ihre Rolle in Europa und vergab Kredite an die neu geschaffenen Länder der Dritten Welt, wiederum vorwiegend für die Infrastruktur wie Straßen, Häfen und Elektrizität. Der IWF vergab, wie vorgesehen, Anleihen zum Überwinden momentaner Zahlungsschwierigkeiten und erhielt sein Geld zurück, sowie die betreffenden Regierungen wieder solvent waren.

Dann traten drei Ereignisse ein, die das Bild veränderten. Das erste war die Ernennung von Robert McNamara zum Präsidenten der Weltbank im Jahr 1968. McNamara war erst Präsident der Ford Motor Company und dann Verteidigungsminister der USA während des Vietnamkriegs gewesen. Er machte sich sofort daran, sein neues Unternehmen umzustrukturieren. Um mehr Geld für Kredite flüssig zu machen, warf er Weltbankobligationen auf die internationalen Kapitalmärkte. Da die Statuten der Weltbank, ebenso wie die des IWF, besagten, dass sie bei Rückzahlungen durch die Regierungen immer an erster Stelle berücksichtigt werden mussten, galten ihre Obligationen als ausgezeichnete Wertpapiere für »Witwen und Waisen« und nicht professionelle Anleger. Der Verkauf der Obligationen brachte riesige Mengen von zusätzlichem Geld in die Tresore der Bank.

Wie die Belegschaft sehr schnell erfuhr, hatte McNamara den Ehrgeiz, »das Geld schleunigst wieder zur Tür hinaus zu kehren«. Die Mitarbeiter wurden nun nicht mehr nach der Qualität der Projekte beurteilt, die mit ihren Krediten finanziert wurden, sondern nach der Höhe der Summen, die sie den Regierungen der Länder der Dritten Welt aufdrängen konnten. Die Regierungen nahmen diese Gelder nur zu gerne entgegen und kauften fröhlich betriebsfertige Fabriken, die nach kurzer Zeit Pleite machten oder veraltet waren, und tätigten noch andere ruinöse Akquisitionen.

Das zweite Ereignis war die Ölkrise des Jahres 1973, als die OPEC-Länder den Ölpreis mit Erfolg vervierfachten. Länder, die selbst kein Öl produzierten, saßen in der Falle. Statt sich nach alternativen Energiequellen umzusehen, die sich damals auch noch kaum anboten, importierten sie das Öl zu den neuen OPEC-Preisen und verschuldeten sich, um diese Preise bezahlen zu können. Die Mitglieder der OPEC hingegen taten, was gute Kapitalisten überall in der Welt tun: Sie legten ihre riesigen Gewinne bei westlichen Banken an, die ihnen Zinsen zahlen mussten – das ist der Sinn von Kapitaleinlagen. Also mussten die privaten Banken selbst neue Geschäfte machen und begannen, den Entwicklungsländern Kredite anzubieten, weil das die einzigen Märkte waren, die noch nicht gesättigt waren, und sie brachten die Kapitaleinlagen der OPEC erfolgreich wieder in Umlauf.

Die Regierungen nahmen Kredite aus öffentlichen und privaten Quellen an, nicht nur um Öl zu kaufen, sondern auch für Waffen (was niemals eine produktive Investition, sondern reiner Konsum ist) und teure Importwaren für die oberen Zehntausend und die Mittelklasse.

Die Länder der Dritten Welt mögen unklug, korrupt und schlecht regiert gewesen sein, aber an dem dritten Ereignis, das 1981 eintrat, trifft sie keine Schuld, und sie hatten auch keinen Einfluss darauf. Erinnern Sie sich daran, dass eines der wichtigsten Prinzipien des Washington Consensus darin besteht, die Inflation strikt unter Kontrolle zu halten. Obwohl die ersten Schritte in diese Richtung bereits unter Jimmy Carter unternommen worden waren, verfolgte die Reagan-Administration bei der Übernahme der Regierungsgeschäfte die erklärte Absicht, diese Regel durchzusetzen. Das Finanzministerium trieb die Zinsen plötzlich in schwindelnde Höhen, ohne auch nur einen Augenblick daran zu denken, was für Folgen das für die Länder der Dritten Welt haben würde.

Tatsächlich hatten die Schuldner-Länder bislang negative Zinsen bezahlt; sie wurden also praktisch dafür bezahlt, dass sie Schulden machten, weil die Inflationsraten höher waren als die Zinsen. Auf diese Weise zahlten sie ihre Kredite in einer abgewerteten Währung zurück. Da in ihren Verträgen keine festen sondern variable Zinsen vereinbart waren, sollten sie ab 1981 plötzlich echte Zinsen von 8 bis 10 Prozent zahlen.

Es dauerte nicht lange, bis die erste Schuldenkrise ausbrach, wobei Mexiko das bedauernswerte Opfer war. Viele andere folgten. Sie hatten einfach keinen roten Heller mehr in der Tasche. Der IMF begann, bald gefolgt von der Weltbank, Programme auszuarbeiten, mit deren Hilfe die verschuldeten Länder genug erwirtschaften sollten, um mit der Rückzahlung zu beginnen. Diese Programme wiesen alle Kennzeichen des Washington Consensus auf und wurden *Structural Adjustment Programs* (SAPs – Strukturangleichungsprogramme) genannt.

Ich muss oft daran denken, wie radikal anders die Geschichte des 20. Jahrhunderts hätte verlaufen können, wenn die zumeist muslimischen OPEC-Länder ihre Religion ernst genommen und darauf verzichtet hätten, ihr Geld bei westlichen Banken anzulegen. Sie hätten es stattdessen direkt und zinsfrei an die Regierungen der Dritten Welt ausleihen können – im Islam gilt das Fordern von Zinsen für Kredite als unanständig –, aber das haben sie nicht getan. Indirekt haben sie dadurch die schrecklichen Zwillinge und damit den Westen, insbesondere die USA, in den Sattel gehoben.

Infolge der Schuldenkrise konnten die Zwillinge in enger Zusammenarbeit mit dem Finanzministerium der USA den weniger entwickelten und schwer verschuldeten Ländern die neoliberalen Regeln aufzwingen und ihre Wirtschaft auf die Produktion von Exportwaren ausrichten. Sie haben ihnen jede Möglichkeit genommen, ihre junge Wirtschaft zu schützen, haben sie gezwungen, ihre ohnehin schon unzureichenden öffentlichen Dienstleistungen zu privatisieren und ihnen jede Entscheidung diktiert, die den Staatshaushalt betraf.

Die Büros der Weltbank oder des Währungsfonds gehen mit ihren »Empfehlungen« manchmal unglaublich ins Detail. Ein großes, verschuldetes Land wie Brasilien hat vielleicht ein bisschen mehr politische Bewegungsfreiheit, ein kleiner, schwacher afrikanischer Staat dafür umso weniger. Ein afrikanischer Teilnehmer an solchen Verhandlungen hat berichtet, dass der Minister bei der Überprüfung des Budgets des Gesundheitsministeriums seine Absicht angekündigt habe, vierzehn neue

Krankenschwestern für die öffentliche Gesundheitsfürsorge einzustellen. Der Repräsentant der Weltbank schimpfte zurück: »Wir haben Ihnen doch gesagt, dass Sie nur neun einstellen dürfen.«

Wie bereits beschrieben, funktioniert der Washington Consensus nicht. Er schadet den Armen, die von den riesigen Krediten keinen Vorteil hatten, nun jedoch Opfer bringen müssen, um sie zurückzuzahlen. Er untergräbt lebenswichtige Funktionen der Regierungen, einschließlich der Bildung und der Gesundheitsfürsorge, und hält eine Befehlsstruktur aufrecht, die um vieles effektiver ist als der Kolonialismus.

Die Schulden der Dritte-Welt-Länder sind seit zwanzig Jahren eine eiternde Wunde und haben nur wenig mit Geld und Finanzen zutun, umso mehr hingegen mit der andauernden wirtschaftlichen und politischen Kontrolle dieser Länder durch den Westen. Denken Sie nur an die Vorteile: Keine Armee, keine kostspielige Kolonialverwaltung, Niedrigstpreise für Rohstoffe, weil alle versuchen, die gleiche begrenzte Anzahl von Produkten zu exportieren – man bekommt sogar noch etwas dafür bezahlt. Es ist eine traumhafte Regelung, und die westlichen Mächte werden nicht darauf verzichten, solange nicht ihre eigenen entrüsteten Bürger – oder ein sehr viel größerer Zusammenschluss der Schuldnerländer selbst – sie dazu zwingen.

2. Die Welthandelsorganisation

Die Welthandelsorganisation *(World Trade Organization,* WTO) ist die jüngste der internationalen Institutionen, die die Gesetze machen. In ihrer offiziellen Geburtsurkunde ist der 1. Januar 1995 als ihr Geburtstag verzeichnet, aber sie war die Frucht einer langen Schwangerschaft. Keynes hatte gehofft, eine Troika gründen und der Weltbank und dem Währungsfonds auch noch eine internationale Handelsorganisation

(ITO) an die Seite stellen zu können. Obwohl nach Keynes Tod in Havanna darüber verhandelt wurde, wurde diese Organisation niemals Wirklichkeit. Den Amerikanern, die sich weigerten, die Charta von Havanna zu ratifizieren, war sie zu progressiv, weil darin nicht nur Maßnahmen vorgesehen waren, um mit Hilfe des Handels Vollbeschäftigung zu erreichen, sondern auch Abkommen, durch die fairere und stabilere Preise für die Rohstoffe aus der Dritten Welt sichergestellt werden sollten. Deshalb wurde die Charta der ITO auf einen einzigen Artikel reduziert, der den Handel mit Industrieerzeugnissen betrifft. Im Jahr 1947 wurde daraus das *General Agreement on Tariffs and Trade* (GATT – Allgemeines Zoll- und Handelsabkommen).

In einer Serie von Verhandlungsrunden reduzierten die GATT-Länder die Zölle schrittweise von durchschnittlich 40 bis 50 auf 4 bis 5 Prozent, obwohl sie vierzig Jahre dazu brauchten. 1986 begann eine neue Verhandlungsrunde in Punta del Este in Uruguay, aber diesmal war es anders. Nach acht Jahren endete die »Uruguay-Runde« mit dem »Marrakesch-Abkommen« (1994), einem Dokument, das annähernd die Dicke des Londoner Telefonbuchs hat und die Charta der WTO darstellt.

Die WTO ist nicht die gleiche Art von Organisation wie die Weltbank und der Währungsfonds, sondern eher eine Dachorganisation, die die Durchführung der mehr als zwei Dutzend verschiedenen Abkommen überwacht, die in Marrakesch unterzeichnet wurden. Diese Abkommen enthalten nicht nur Bestimmungen über Industrieerzeugnisse, sondern auch über Landwirtschaft, Dienstleistungen, geistiges Eigentum (einschließlich der Patentierung von Genen), technische Standards und ein Gremium zur Schlichtung von Streitigkeiten, dessen Entscheidungen bindend sind.

Die WTO unterscheidet sich von den anderen beiden Organisationen auch dadurch, dass die internationalen Großkonzerne sie wollten, bei den Regierungen darauf drängten und intensiv an der Ausarbeitung ihrer Bestimmungen beteiligt waren. Wie der ehemalige Direktor des *General Agreement on Trade in Services* (GATS) sagte:

> Ohne den enormen Druck durch die amerikanischen Finanzinstitute, insbesondere durch Unternehmen wie American Express und Citicorp, hätte es kein GATS und deshalb vermutlich auch keine Uruguay-Runde und keine WTO gegeben. Die USA haben darum gekämpft, dass auch Dienstleistungen in die Agenda aufgenommen wurden ...[23]

Pharmazeutische und biotechnische Unternehmen, Softwarehersteller und die Unterhaltungsindustrie wachten insbesondere über das Abkommen über den Handel mit geistigem Eigentum *(Trade-Related Intellectual Property;* TRIPs), dessen Bestimmungen genau ihren Interessen entsprechend zugeschnitten wurden. So dehnten sie den Patentschutz zum Beispiel weltweit auf zwanzig Jahre aus. Diese Bestimmung trägt dazu bei zu verhindern, dass Entwicklungsländer neue Technologien in die Hand bekommen, und hält sie auf ihrem Platz fest.

Man kann zwar nicht behaupten, dass die WTO heimlich ausgehandelt worden sei, aber die Bürger und ihre gewählten Repräsentanten hatten keine Ahnung, was da vor sich ging. Während der langen Verhandlungsjahre war ich, ebenso wie die meisten Menschen, die ich damals kannte, mit den Schulden und den Strukturangleichungen in den Dritte-Welt-Ländern und dem aufkommenden Neoliberalismus in den großen Industriestaaten beschäftigt. Gegen Ende der Uruguay-Runde nahm ich an einer Demonstration von Greenpeace gegen das Abkommen für den Handel mit geistigem Eigentum und die Patentierung von Genen teil, aber ich hatte keine Vorstellung von den Schrecknissen des ganzen WTO-Pakets. Außer den internationalen Großkonzernen und den Technokraten selbst nahm kaum jemand Notiz von diesen scheinbar langweiligen, technischen Verhandlungen über den Handel. Wie sehr wir uns doch irrten!

Und wie Recht hatten auch diesmal wieder die internationalen Großkonzerne. Sie wussten, was sie wollten, und sie bekamen es. Man könnte sagen, dass das normal sei, weil wenigstens ein Drittel des Welthandels kein Handel im eigentlichen Sinn ist, sondern ein Austausch innerhalb der Konzerne (IBM handelt mit IBM, Ford mit Ford, usw.) Ein weiteres Drittel des Welthandels spielt sich zwischen den Tochtergesellschaften der verschiedenen Großkonzerne ab. Nach den Bestimmungen der WTO haben die Marktgesetze den Vorrang vor allem anderen internationalen Recht (zum Beispiel Menschenrechtsbestimmungen oder Abkommen zum Umweltschutz), und im Gegensatz zum GATT ist die WTO in vielen Fällen auch befugt, nationales Recht außer Kraft zu setzen.

Derzeit hat die WTO 148 Mitglieder (auch China gehört dazu, Russland jedoch noch nicht). Offiziell gilt die Regel, ein Land, eine Stimme, in der Praxis wird jedoch niemals abgestimmt, und Entscheidungen werden durch »Konsens« erreicht. Das bedeutet gewöhnlich, dass das »Quartett« – die USA, Kanada, Japan und die Europäische Union – sich einigen und die anderen nolens, volens zuzustimmen. Die Europäische Kommission repräsentiert alle 25 (anfangs 15) EU-Länder. Bei der Ministerkonferenz in Cancún in Mexiko im September 2003 musste das Quartett jedoch eine Niederlage gegen die Entwicklungsländer hinnehmen, die sich in der »Group of Twenty« zusammengeschlossen hatten.

Viele von den armen Ländern haben nicht einmal einen ständigen Botschafter bei der WTO in Genf, und keines von ihnen verfügt über das nötige Personal, um die vielen, gleichzeitig stattfindenden komplexen Verhandlungen und Sitzungen verfolgen zu können. Wie ein Vertreter der Dritten Welt bemerkte: »Die WTO ist wie ein Mehrfachkino. Man muss sich den Film aussuchen, den man sehen will, weil man nicht alle sehen kann.«

Das Schlimmste zuerst: das Allgemeine Abkommen über den Handel mit Dienstleistungen (GATS)

Obwohl viele unter dem Schirmdach der WTO geschlossene Abkommen Anlass genug sind, sich ernste Sorgen zu machen, möchte ich das GATS für den ersten Preis nominieren, dicht gefolgt vom Abkommen über die Landwirtschaft und dem TRIPs für geistiges Eigentum. Ebenso wie die anderen Texte der WTO ist das GATS nicht gerade eine leichte Urlaubslektüre, aber wenn man sich durch den Fachjargon durchgearbeitet hat, stellt man fest, dass es eine tickende Zeitbombe ist, eine gigantische Bedrohung für die Bürger im Allgemeinen und für die öffentlichen Dienstleistungen im Besonderen.

Der weltweite Handel mit Dienstleistungen ist schneller gewachsen als der Handel mit Waren und stellte 2003 mit 1,8 Billionen US-Dollar fast ein Viertel des gesamten Welthandels (7,3 Billionen US-Dollar) dar. Der größte Teil dieses Geldes geht an amerikanische und europäische Dienstleistungsgesellschaften. Aber was genau ist eine Dienstleistung? Die Zeitschrift *Economist* meint, es sei »alles, was einem nicht auf die Füße fallen kann«. GATS hat die Dienstleistungen in 12 Hauptrubriken (und derzeit 165 Unterrubriken) unterteilt: Dienstleistungen für Firmen, Kommunikation, Bau und Technik, Vertrieb, Erziehung, Umwelt, Finanzen, Gesundheit und Soziales, Tourismus, Transport, Unterhaltung, Kultur und Sport und, für den Fall, dass sie etwas vergessen haben, anderes. Die Energie, die früher eine Ware war, wurde jetzt in die Rubrik »Anderes« gesteckt.

GATS ist kein fertiger Vertrag, sondern ein Rahmenabkommen, das eine Serie von Verhandlungen vorsieht, mit dem Ziel, »ein zunehmend höheres Liberalisierungsniveau zu erreichen … und ungehinderten Zugang zu den Märkten zu sichern« (Artikel XIX). Niemand weiß oder kann voraussehen, wo dieser Prozess enden soll. Die Verhandlungsserie kann theoretisch ad infinitum fortgesetzt werden. Im Gegensatz zum GATT hat das GATS auch Bestimmungen, die es Dienstleistungsgesellschaften ermöglichen, in anderen Mitgliedsländern zu investieren und auf temporärer Basis Personal dorthin zu entsenden.

Das GATS definiert den Begriff öffentliche Dienstleistungen oder »Dienstleistungen, die in Ausübung der Regierungsautorität zur Verfügung gestellt werden« so eng, dass nur die Zentralbank, die Armee, die Polizei und das Rechtssystem ausgenommen sind. Alle anderen Dienstleistungen – wie Post, Eisenbahnen, Schulen und Krankenhäuser – unterliegen den Bestimmungen des GATS, »wenn sie auf kommerzieller Basis oder im Wettbewerb mit einer oder mehreren Dienstleistungsgesellschaften angeboten werden«. Die Befürworter des GATS versichern uns, wir bräuchten uns keine Sorgen zu machen, weil kein Land verpflichtet sei, irgendeinen Sektor freizugeben, das heißt, auf eine Liste der Sektoren und Untersektoren zu setzen, die es für den wirtschaftlichen Wettbewerb aus dem Ausland öffnen möchte. Das mag theoretisch zutreffen, aber die Länder stehen unter starkem Druck, sich zu öffnen, wie die so genannte »Doha Development Round« der GATS-Verhandlungen zeigt. Wenn ein Land etwas in einer Gesprächsrunde noch nicht freigeben will, wird es bei der nächsten Runde energisch dazu aufgefordert, es zu tun. Der beste Rat, der in dieser Hinsicht gegeben wurde, stammt von Nancy Reagan: »Sagen Sie einfach Nein.« Nein zu sagen wird jedoch zunehmend schwieriger. Der Handelskommissar der EU, Peter Mandelson, will die Grundregeln ändern und alle Länder dazu zwingen, mindestens 100 von 165 Handelslsunterabteilungen freizugeben.

Die Bestimmungen der WTO verpflichten alle Länder, die anderen WTO-Mitglieder gleich zu behandeln (das Meistbegünstigungsprinzip). So wurde zum Beispiel die EU, die vorher den ehemaligen Kolonien ihrer Mitgliedsstaaten eine bevorzugte Behandlung hatte zukommen lassen (den »ACP« oder afrikanischen, karibischen und Pazifikländern), in dem berühmten »Bananenfall« vom Schlichtungsgremium der WTO überstimmt und verlor den Streitfall gegen die USA. Falls Sie einwenden sollten, dass die USA kein nennenswerter Bananenproduzent sind, liegen Sie richtig, aber die Firma Chiquita, vormals United Fruit, ist es, und der Fall wurde von den USA gemeinsam mit Ecuador im Namen von Chiquita vor das Schlichtungsgremium gebracht. Sicher ist es reiner Zufall, dass die Firma Chiquita zu den wichtigsten Geldgebern sowohl der Republikaner als auch der Demokraten zählt.

So kann sich die WTO auf dem Umweg über die Schlichtung von Streitigkeiten in die inneren Angelegenheiten eines Landes einmischen. Im »Bananenfall« setzte sie einen wichtigen Aspekt der Außen- und Entwicklungspolitik außer Kraft. Das Gleiche kann sie im Fall von Regierungsmaßnahmen tun, die als »unnötige Barrieren für den Handel mit Dienstleistungen« eingestuft werden, oder im Fall von Maßnahmen, die »mehr lästig als notwendig« sind. Im Fall einer Klage entscheidet das Schlichtungsgremium der WTO und nicht das betroffene Land, was als »unnötige Barriere« oder als »mehr lästig als notwendig« eingestuft wird. Im Streitfall sind auch die Mitgliedsstaaten des GATS gehalten, ein besonderes Tribunal einzusetzen, das »auf Antrag einer betroffenen Dienstleistungsfirma« den Fall anhört und »angemessene Schritte« einleitet, wenn eine Firma mit »administrativen Entscheidungen, die den Handel mit Dienstleistungen betreffen«, unzufrieden ist.

Stellen wir uns einmal vor, dass ein GATS-Mitgliedsland einen Sektor freigegeben oder geöffnet hat, dass jedoch einige Jahre später eine neu gewählte Regierung zu dem Schluss kommt, dass diese Entscheidung katastrophale Folgen hatte. Kann die neue Regierung die Unterschrift des Landes zurückziehen?

Theoretisch kann sie das nach drei Jahren. Aber dann muss sie zur Kompensation einen anderen Sektor freigeben, den die anderen Mitglieder für gleichwertig erklären. Damit gerät sie in ein solches Gewirr gesetzlicher Fallstricke, dass das Frei-

geben irgendeines Sektors gleichbedeutend mit einer lebens-
länglichen Haftstrafe ist.

Im Jahr 1998 fasste der damalige Direktor der WTO, Renato Ruggiero, die Situation folgendermaßen zusammen:

> Das GATS enthält Garantien für ein sehr viel weiteres Feld
> von Bestimmungen und Gesetzen als das GATT ... und [dehnt]
> den Geltungsbereich des Abkommens auf Gebiete [aus], die
> noch nie als Teil der Handelspolitik betrachtet wurden. Ich
> habe den Verdacht, dass weder die Regierungen, noch die
> Wirtschaftsunternehmen den vollen Wert der bestehenden
> Verpflichtungen richtig einschätzen können.[24]

Was die Regierungen betrifft, mag Ruggiero Recht haben, aber
was die Wirtschaftsunternehmen betrifft, die eine erstaunliche
Fähigkeit besitzen, »den vollen Wert der bestehenden Verpflichtungen« für ihre Aktivitäten und ihren Profit richtig einzuschätzen, hat er sich geirrt. Wann immer ein Mann wie
der ehemalige Handelskommissar der EU, Pascal Lamy, uns
sagt, wir sollten uns keine Sorgen um die öffentlichen Dienstleistungen machen, kann er uns nur sagen, was er *hofft*, was
passieren wird. Mehr kann er uns nicht versprechen, weil es
bisher noch keine Rechtsprechung der WTO für das GATS
gibt. Weder der Kommissar noch sonst jemand weiß, wie das
Schlichtungsgremium der WTO in Zukunft urteilen wird.

Lauernde Gefahren

Im Kleingedruckten der WTO-Texte lauern noch viele andere
Gefahren, die wir hier nicht alle behandeln können. So ist es
zum Beispiel den Mitgliedern untersagt, Produkte auf der Basis
»der Produktionsprozesse und -methoden« zu beurteilen. Wenn
ein Fußball von Kindern unter schlimmen Umweltbedingungen

hergestellt wird, muss er genauso beurteilt werden wie ein Fußball, der von gewerkschaftlich organisierten Arbeitern produziert wird. Rindfleisch mit Hormonen und Rindfleisch ohne Hormone sollen ebenfalls das Gleiche sein. In dem noch unentschiedenen Fall der genmanipulierten Organismen behaupten die USA, dass genmanipulierte Pflanzen das Gleiche seien wie Pflanzen, die nicht modifiziert wurden. Das Landwirtschaftsabkommen wird zum Ruin von noch mehr kleinen Bauern führen. Das TRIPs wird eine Verlangsamung des Technologietransfers in die Entwicklungsländer zur Folge haben und gleichzeitig die führende Stellung der internationalen Großkonzerne durch Patente und Investitionen noch weiter ausbauen.

Ferner versucht die WTO, der Fülle von Gebieten, die sie bereits beherrscht, noch weitere Kompetenzen hinzuzufügen. Dazu gehören ein neues Abkommen über Investitionen, eines über staatliche Erwerbungen, eines über »Handelserleichterungen« (vorwiegend über die Abschaffung von Zollformalitäten) und schließlich noch eines über die Wettbewerbspolitik.

Die meisten Entwicklungsländer finden, dass die WTO ihnen bereits genügend Bestimmungen auferlegt hat, und sie kämpfen mit aller Kraft gegen diese neuen Versuche. Aber die internationalen Großkonzerne und besonders die EU üben immer noch Druck auf sie aus. 2003 nahm ich an einer Konferenz für interessierte Bürger teil, die vom französischen Handelsministerium organisiert worden war. Der Repräsentant der französischen und europäischen Arbeitgebervereinigung (MEDEF und UNICE) sagte zu dem Minister:

> Wir glauben, dass Sie zu viele Prioritäten haben. Die Landwirtschaft zum Beispiel trägt vergleichsweise wenig zu unserem Bruttosozialprodukt bei. Was wir uns von der nächsten Ministerkonferenz [in Cancún in Mexiko im September 2003] wünschen, ist ein Fortschritt für das GATS und ein neues Abkommen über Investitionen.

Das wünschen sie sich noch immer, und die Erklärung dieses Herrn sollte genügen, um allen Fortschrittlichen einen Hinweis für ihre eigene Marschroute zu geben.

Ein großer Teil des Kuhhandels findet geheim statt, oder so gut wie geheim, weil die Einzelheiten der Konferenzen gewöhnlich erst Monate nach dem Ereignis bekannt gegeben werden. Kleinere Länder werden oft von den wichtigeren »Green Room«-Entscheidungen (so genannt nach dem Grünen Zimmer im Weißen Haus) ausgeschlossen, die nur den Glücklichen und Mächtigen vorbehalten sind. In Europa trifft das schattenhafte »Komitee 133« (so genannt nach dem Artikel des Vertrags von Nizza, der sich mit dem Handel befasst), das aus Beamten der einzelnen Länder besteht, die Entscheidungen über die Dienstleistungen und veröffentlicht die Einzelheiten seiner Beschlüsse nicht.

Wir von der Bewegung für globale Gerechtigkeit hatten das Glück, dass ein paar Informationen durchgesickert sind. Durch die Zusammenarbeit mit progressiven Abgeordneten des Europaparlaments konnten wir dafür sorgen, dass die Europäische Kommission so weit das Gesicht verlor, dass sie ihre Wünsche an das GATS (Gebiete, von denen sie wollte, dass andere Länder sie öffnen sollten) und ihre Angebote (Gebiete, die sie selbst öffnen wollte) veröffentlichte. Vorher hatte sie sich geweigert, dies zu tun. Das ist wenigstens etwas, und natürlich ist schon der kleinste Sieg wichtig, obwohl Kommissar Mandelson versucht, das Zugeständnis zurückzunehmen. Aber wenn es um eine Organisation geht, die ihrer ganzen Natur nach undemokratisch ist und das Ziel hat, die neoliberale Agenda voranzutreiben, ist das nicht genug. Die WTO muss von Grund auf ganz und gar umorganisiert werden.

Bevor wir die Liste der wichtigsten öffentlichen Akteure vervollständigen, ist es nützlich, einen kurzen Blick auf die OECD und die G8 zu werfen.

3. Die OECD und die G8

Die Organisation für wirtschaftliche Zusammenarbeit und Entwicklung

Die OECD ist ein Club der reichen Länder. Wenn man nicht dazugehörte und eingeladen wurde, sich anzuschließen – wie Mexiko, Korea und Ungarn –, dann bedeutete das, dass man angekommen war oder als politisch nützlich betrachtet wurde. Die OECD war ursprünglich zu dem Zweck gegründet worden, den Marshall-Plan in Europa durchzuführen, später verwandelte sie sich jedoch in eine Statistiken und Studien ausspuckende Gesprächsrunde. Sie war auch der Rahmen für die Verhandlungen für das *Multilateral Agreement on Investment* (MAI). Dieses Abkommen wurde 1998 von der Bürgerbewegung torpediert, aber es hätte den internationalen Großkonzernen riesige Machtbefugnisse gegeben und die Staaten gezwungen, sich ihren Forderungen zu beugen.

Die OECD nimmt aber auch an der Gestaltung der Politik teil. So hat sie zum Beispiel seit Jahren »Flexibilität« auf dem Arbeitsmarkt angemahnt. Sie hat einen nicht bindenden Verhaltenskodex für multinationale Großkonzerne entwickelt, veröffentlicht eine nützliche Liste von Ministaaten, die als Steuerparadiese und Geldwäscher fungieren, und hat dadurch einige von ihnen gezwungen, ihre Aktivitäten bis zu einem gewissen Grad etwas weniger schmutzig zu gestalten. Für bestimmte Arten von Informationen lohnt es sich, die Website der OECD zurate zu ziehen. Man muss jedoch bedenken, dass Mitglieder, denen der Inhalt nicht passt, eingreifen und die gewöhnlich vorzüglichen Studien, die die Mitarbeiter verfassen, zensieren können.

Die G8

Die reichsten und mächtigsten Länder der Welt waren zuerst in der G5, dann in der G7 und, seit dem Beitritt Russlands, in der

G8 zusammengeschlossen. Die anderen Mitglieder sind Kanada, Deutschland, Frankreich, Italien, Japan, Großbritannien und die USA. Valéry Giscard d'Estaing begründete sie im Jahr 1975 zunächst als relativ simple Angelegenheit, eine Gesprächsrunde am Kamin im Château de Rambouillet, bei der gemeinsame Probleme und innerwestliche Arrangements besprochen wurden, wie Währungsprobleme und der Aufruhr, den die OPEC-Länder durch die Ölpreiserhöhung ausgelöst hatten.

Nachdem Frankreich die Gespräche ins Leben gerufen hatte, übernahmen die anderen Mitglieder abwechselnd die Rolle des Gastgebers. Allmählich nahmen die Tagesordnung und das Treffen selbst monströse Ausmaße an – die Fünf (Sieben, Acht) maßten sich nicht nur das Recht an, die Angelegenheiten des gesamten Planeten zu regeln, das ganze Ereignis begann, Ähnlichkeit mit einem Potlach anzunehmen.

Potlachs sind Rituale der Indianerstämme im Nordwesten Amerikas, die ihren Reichtum demonstrieren, indem sie ihre Verachtung für materielle Besitztümer zeigen. In regelmäßigen Abständen versucht jeder Clan, die anderen durch ostentative Zerstörung von Reichtümern zu übertreffen, insbesondere die Clans, die bei vorangegangenen Gelegenheiten als Sieger hervorgegangen waren. Anthropologen haben diese Rituale genau beschrieben. Der erste war Franz Boas, dessen Beschreibung aus dem Jahr 1897 stammt:

Die Rivalität zwischen Häuptlingen und Clans findet ihren stärksten Ausdruck in der Zerstörung von Eigentum. Ein Häuptling verbrennt Decken oder ein Kanu oder zerbricht eine Kupferplatte [geformte Kupferplatten, die als Geld fungierten]. Auf diese Weise zeigt er seine Missachtung des zerstörten Geldes und demonstriert, dass sein Geist stärker und seine Macht größer ist als die seines Rivalen. Wenn der Letztere nicht in der Lage ist, unverzüglich eine ebenso große Menge von Besitz zu zerstören, ist sein Name entehrt.[25]

Soviel ich weiß, ist noch kein Anthropologe auf die Idee gekommen, die seltsamen Riten der G8 zu studieren, obwohl sie mit Sicherheit ein lohnendes Forschungsgebiet wären. Wie die Stämme der Kwakiutl, Tlingit und Haida versucht jeder Gastgeber der G8 die Pracht, die komplexe Organisation und die Kosten des Treffens im vergangenen Jahr zu übertreffen.

All das dient als Bühne für die Verkündigung eines kümmerlichen Kommuniqués, das alljährlich fast vollständig im Voraus von Beamten und Diplomaten der einzelnen Länder ausgearbeitet wird, die fast das ganze Jahr mit der Vorbereitung des ein- oder zweitägigen Treffens zubringen. Die darin in pompöser Form ausgedrückten Allgemeinplätze und die ernsthaft vorgetragenen Empfehlungen sind eine wenig überraschende Neuauflage der neoliberalen Doktrin, und den Versprechungen, einen wohlwollenden Blick auf das Los der Armen zu werfen (Schulden, AIDS und dergleichen), folgen praktisch niemals irgendwelche Taten.

Die Vorbereitungen für die G8-Treffen sind zu einer ziemlich schwierigen Aufgabe geworden, seit die Bewegung für globale Gerechtigkeit sie zur Plattform für Proteste gegen die Anmaßung der mächtigen Regierungschefs gemacht hat, die niemand dazu gewählt hat, die Angelegenheiten der ganzen Welt zu regeln. Nach dem Tobsuchtsanfall der italienischen Polizei beim G8-Gipfel in Genua im Jahr 2001 verlegten die Kanadier das von ihnen organisierte Treffen von 2002 in ein unzugängliches Dorf in den Rocky Mountains. Die Franzosen suchten sich 2003 den leicht zu schützenden Kurort Evian aus, der auf einer Seite von Bergen gesäumt ist und auf der anderen an einen See grenzt, während die Amerikaner 2004 Sea Island wählten, eine luxuriöse Ferieninsel vor der Küste von Georgia. Tony Blair hielt sich an dieses Verhaltensmuster und verlegte seinen G8-Gipfel von 2005 in das abgelegene Gleneagles in Schottland. Die Ergebnisse fielen genau so mager aus wie üblich.

Die Demonstranten haben instinktiv begriffen, dass dieser Club ohne rechtliche Grundlage ein anthropologisches Phänomen ist (oder ein Rückfall in tierisches Verhalten): Die Botschaft der G8 hat mit Zurschaustellung, Dominanz und Unterwerfung zu tun. Die Botschaft der Bewegung lautet: Die G8 hat keine Legitimation und erfüllt keinen Zweck. Wir wollen eine G-Welt, und wir wollen daran teilhaben.

Private Akteure

1. Die Auswirkungen der multinationalen Großkonzerne

Der globale Kapitalismus in seiner neuesten Inkarnation behandelt die Menschen und den Planeten in keiner Hinsicht freundlich, aber diese Aussage allein ist eine gigantische Unterschätzung des Problems. Tatsächlich stehen die neoliberale Globalisierung und die Wohlfahrt der Menschen per definitionem in krassem Gegensatz zueinander. Ebenso wie im Fall der Umwelt sind sie sowohl aus theoretischen wie auch aus praktischen Gründen nicht miteinander vereinbar.

Auf nationaler Ebene kann das, was die Wirtschaftler als »Fordismus« bezeichnen, funktionieren. Henry Ford war ohne Zweifel ein rücksichtsloser Industrieller, aber er hatte wenigstens das Erfolgsgeheimnis des Systems begriffen. Nach Jahrzehnten des industriellen Kapitalismus im Stil des 19. Jahrhunderts, dessen Ziel es war, die Profite zu vergrößern, indem man die Arbeiter bis aufs Blut ausbeutete, verkündete Ford: »Ich bezahle meine Arbeiter so, dass sie meine Autos kaufen können.« Fords Arbeiter waren für die damalige Zeit gut bezahlt, welche Demütigungen sie auch immer dafür hinzunehmen hatten. (Ford pflegte Sozialarbeiter überraschend in die Wohnungen seiner Angestellten zu schicken, um sich davon zu überzeugen, dass sie ein »anständiges Leben« führten.)

Auf globaler Ebene hält Fords Logik jedoch nicht stand.

Multinationale Konzerne zahlen ihre Angestellten oft besser als die meisten einheimischen Betriebe, aber sie stellen auch so wenig Menschen wie nur irgend möglich direkt ein. Sie haben die Zahl ihrer Arbeiter beständig reduziert, obwohl ihr Absatz und ihr Profit gleichzeitig in die Höhe geschossen sind. Die international anerkannt beste Quelle auf diesem Gebiet ist der *World Investment Report* der Vereinten Nationen, von dem bereits die Rede war. Jahr für Jahr sind darin die Veränderungen der Praktiken der multinationalen Konzerne verzeichnet, und er enthält das genaueste zur Verfügung stehende Bild der grenzüberschreitenden »*Mergers & Acquisitions*« (M&A – Fusionen und Firmenaufkäufe oder Übernahmen), die den Globalisierungsprozess der Konzerne vorantreiben.

Ich habe die Verkaufs- und Angestelltenzahlen der 100 größten Konzerne für die Jahre 1993 und 1997 miteinander verglichen und festgestellt, dass sie in den dazwischen liegenden Jahren geringfügig weniger Leute beschäftigt haben (minus 0,7 Prozent), obwohl ihre Verkaufszahlen um mehr als 19 Prozent angestiegen waren. Da die Konzerne auf der Liste der 100 größten Unternehmen nicht immer in jedem Jahr die gleichen waren, sah ich mir auch diejenigen Firmen, die auf beiden Listen verzeichnet waren, im Hinblick auf Industriezweig und Aktivitäten an. Das war sogar noch aufschlussreicher:

Sektor oder Industriezweig	Anzahl der Firmen auf beiden Listen	Verkaufszahl in Prozent 1993–1997	Arbeitsplätze in Prozent 1993–1997
Elektronik und Computer	20	+16,5	−4,3
Autos/Reifen	11	+25	−6,8
Öl	11	+18,8	−24,4
Lebensmittel, Getränke, Tabak	6	+8	+1
Chemie	9	+16,5	−15,4
Pharmazie	5	+5,2	−14,8

In allen Sektoren sind die Verkaufszahlen, vielfach spektakulär, angestiegen. Gleichzeitig haben die Firmen scharenweise Leute entlassen, besonders die Ölfirmen, die chemische und die pharmazeutische Industrie. Der einzige Grund, warum auf dem Lebensmittelsektor ein geringfügiger Anstieg der Angestelltenzahlen von 1 Prozent zu verzeichnen war, war der, dass McDonald's und Pepsi Leute für Fast-Food-Restaurants eingestellt haben.

Die Zahlen von verschiedenen *World Investment Reports* zeigen, dass die 100 größten Konzerne der Welt, deren Zusammensetzung sich im Lauf der Zeit bis zu einem gewissen Grad verändert hat, im Jahr 1993 Waren im Wert von 3,34 Billionen US-Dollar verkauft und 11896000 Arbeitskräfte beschäftigt haben. Sieben Jahre später, 2000, nach hunderten von Fusionen und Firmenaufkäufen (M&As), haben sie Waren im Wert von 4,80 Billionen US-Dollar verkauft und 14257000 Arbeitskräfte beschäftigt. Das bedeutet scheinbar, dass sie ihre Verkaufszahlen um 40 Prozent und die Zahl ihrer Arbeitskräfte um 20 Prozent vergrößert haben.

Tatsächlich ist es aber möglich, dass sie ihre Angestelltenzahlen überhaupt nicht gesteigert haben. Es ist unmöglich festzustellen, wie viele Angestellte sie nach einem Firmenaufkauf oder einer Fusion mit einer Firma behalten haben, bei der diese Leute bereits arbeiteten. Außerdem hat es seit 2000 gigantische Firmenzusammenbrüche, Finanzkrisen und Massenentlassungen gegeben, die in den offiziellen Zahlen noch nicht aufgetaucht sind.[26]

Ich bin immer wieder überrascht, wenn andere über solche Massenentlassungen erstaunt sind. Eine verblüffende Anzahl von sonst intelligenten Leuten scheint der Meinung zu sein, dass der Zweck der kapitalistischen Wirtschaft darin besteht, Arbeitsplätze zu schaffen. Der Zweck der kapitalistischen Wirtschaft besteht darin, Profite zu machen und den Shareholder Value zu vergrößern, und in nichts anderem. Wenn sie zufällig auch noch einige menschliche Bedürfnisse befriedigt, einschließlich des Bedürfnisses nach Arbeit, dann ist das nichts als eine Nebenwirkung.

So wie Bäume Blätter abwerfen, werfen Konzerne Arbeiter ab. Selbst wenn die Firmen ausreichende Profite machen, greifen sie oft auf Massenentlassungen zurück, weil die Arbeiter für den Markt keine menschlichen Wesen mit Namen und Familien sind, sondern »Arbeitskräfte« oder »menschliche Ressourcen«, die in den Geschäftsbüchern nicht als Wert, sondern als Kosten verzeichnet werden. Trotz riesiger Investitionen in die Technologie stellen die Kosten für die Arbeiter immer noch den höchsten Einzelposten in den Ausgaben der Firmen dar und sind darum logischerweise das erste Ziel für Ausgabenkürzungen.

Hier ist ein Beispiel für ein bekanntes, alltägliches Produkt: Nike hat die USA im Jahr 1980 verlassen und seine Produktion nach Korea verlegt. Als die koreanischen Arbeiter streikten und höhere Löhne forderten, zog Nike nach Indonesien um, wo die landesüblichen Löhne kaum das Existenzminimum deckten. Dann streikten auch die indonesischen Arbeiter für eine bessere Bezahlung, und als die Löhne auf 2,50 US-Dollar pro Tag stiegen, verlagerte Nike einen Teil seiner Produktion nach Vietnam. Wie viele andere multinationale Großkonzerne vergibt Nike Teile der Produktion an Subunternehmer, die ebenfalls mit Zulieferfirmen zusammenarbeiten können. Deshalb ist es für Außenstehende nur schwer festzustellen, wo die Produktion tatsächlich stattfindet.

Dem *Wold Investment Report 2002* ist zu entnehmen, dass »ein Kapazitätsüberschuss von 25 Prozent in Nordamerika und 30 Prozent in Westeuropa die Automobilindustrie nicht davon abhält, die Produktionskapazitäten im Inland wie auch im Ausland weiterhin auszubauen«.[27] Anders ausgedrückt bedeutet das, dass die Automobilindustrie nicht in der Lage ist, auch nur annähernd die Anzahl von Fahrzeugen zu verkaufen, die sie produzieren kann und auch tatsächlich produziert. Dennoch hört sie nicht auf, in Fertigungsanlagen zu investieren und noch mehr unverkäufliche Fahrzeuge zu produzieren. Auch in anderen Industriezweigen gibt es beachtliche Überkapazitäten.

Haben diese Leute den Verstand verloren? Müsste der Markt – dessen Weisheit zu preisen unsere neoliberalen Freunde niemals müde werden – eine derart idiotische und verschwenderische Überkapazität und ein solches Überangebot nicht augenblicklich korrigieren? Theoretisch sollte er das. Aber die Autohersteller (und andere Produzenten) befinden sich in einem Wettrennen miteinander, die Lohnkosten zu verringern, und das bedeutet, Leute loszuwerden. Also investieren sie in immer noch teurere und modernere Fertigungsanlagen, um mit den Besten Schritt halten zu können. Wie zum Beispiel mit Toyota. 1997 konnte der Konzern eine Luxuskarosse mit einem Aufwand von nur 18 Arbeitsstunden bauen. Die letzte Zahl, die ich aus der Autoindustrie gehört habe, ist etwas mehr als 15 Stunden.*

Der Kampf um Marktanteile ist erbittert, und im privaten Gespräch geben Spitzenmanager zu, dass in zehn Jahren vermutlich nur noch fünf oder sechs multinationale Automobilhersteller existieren werden.

Verglichen mit den Besten ist eine Fabrik, in der vielleicht 20 Arbeitsstunden erforderlich sind, um einen ähnlichen Wagen zu bauen, bereits veraltet, selbst wenn sie erst vorgestern gebaut worden ist. Riesige Überkapazitäten sind die Folge, denn unter diesen Umständen ist es logisch, eine Fabrik zu schließen, die *fast* ebenso Kosten sparend produziert, und eine neue zu bauen.

»Fast« ist eben nicht gut genug. Darum wurde Renaults »Kostenkiller« Carlos Ghosn aus Frankreich nach Japan ge-

---

* Die Arbeitszeit für den Bau eines Lastwagens im Navistar-Fertigungswerk in Springfield, Ohio, wurde innerhalb von zwei Jahren von 102 Stunden auf 58 Stunden reduziert. Gleichzeitig sank die Zahl der Arbeitskräfte von 4800 gegen Ende 1990 auf 1100 im Jahr 2004.

schickt, als Renault Nissan aufkaufte. Und er betätigte sich als Kostenkiller, hauptsächlich dadurch, dass er überflüssige Arbeiter entließ, die das japanische Sozialsystem niemals als überflüssig hatte betrachten wollen. Lokale Kultur darf der Globalisierung und dem Profit niemals im Weg stehen. Inzwischen ist er als Chef von Renault nach Frankreich zurückgekehrt, und die dortigen Arbeiter müssen sich auf das Schlimmste gefasst machen.

Mehr Arbeitslosigkeit und niedrigere Löhne bedeuten auch, dass weniger Leute sich ein Auto leisten können. Selbst in den USA, der Bastion des Kapitalismus, ist das so. Früher musste eine amerikanische Durchschnittsfamilie 18 Wochen lang arbeiten, um sich einen amerikanischen Durchschnittswagen zu kaufen. Heute muss sie 28 Wochen lang arbeiten, um ein gleichwertiges Fahrzeug erwerben zu können.[28] Vielleicht sollten wir uns aus ökologischen Gründen freuen, wenn weniger Autos auf der Straße sind, aber für die tausende Arbeiter, die ihre Jobs verloren haben, ist das ein schwacher Trost.

Hohe Produktivität, d. h. der höchstmögliche Ausstoß pro Person und pro Stunde, ist das, was die Firmen anstreben, und auf diesem Gebiet sind die multinationalen Konzerne die Champions. Nehmen Sie die weltweiten Verkaufszahlen der 100 größten Konzerne im Jahr 2000, teilen Sie sie durch die Gesamtzahl ihrer Angestellten, dann werden Sie feststellen, dass jeder Angestellte dieser 100 Firmen, vom Spitzenmanager bis zum Hausmeister, nunmehr für Verkäufe im Wert von 330 000 US-Dollar verantwortlich ist. 1993 waren es noch 280 000 US-Dollar. Selbst wenn diesen Zahlen kein konstanter US-Dollar-Wert zugrunde liegt, ist die Produktivität beträchtlich höher geworden.

Für kleinere, nationale Firmen ist es praktisch unmöglich, eine ebensolche Effizienz zu erreichen, gleichgültig um welchen Industriezweig es sich handelt. So ist es nicht überraschend, im World Investment Report 2002 zu lesen, dass

»das Niveau der Einstiegsvoraussetzungen für wettbewerbsorientierte Produktion zunehmend höher« wird.[29] Das bedeutet, dass eine kleinere Firma kaum jemals genügend Investitionskapital haben wird, um ihren technologischen Rückstand aufholen zu können. Sie wird nicht einmal auf dem gleichen Feld spielen können, wie die großen Spieler der Oberliga, jedenfalls nicht in technisch hoch entwickelten Industriezweigen.

In ihrem 2004 veröffentlichten Bericht (mit den Zahlen für 2003) schätzt die UNO die Zahl der internationalen Großkonzerne weltweit auf etwa 61 000 und die ihrer Tochterfirmen auf 900 000. Zusammen verkaufen sie Waren im Wert von 18,5 Billionen US-Dollar oder rund die Hälfte des Bruttosozialprodukts der Welt. Auf die 100 größten Konzerne allein entfällt mehr als ein Viertel dieser Verkaufszahl, mehr als 4,7 Billionen US-Dollar. Das ist eine fast unvorstellbare Macht.

Abgesehen von einigen sehr kleinen Nationalstaaten wie Singapur und Hongkong entfällt nur ein relativ kleiner Prozentsatz der örtlichen Arbeitsplätze auf internationale Großkonzerne.*

Die Zahl der Arbeitsplätze, die die Großkonzerne schaffen, lassen sich wenigstens grob schätzen, für die Zahl der Arbeitsplätze, die sie zerstören, gibt es hingegen keine zuverlässigen Zahlen, obwohl diese Zahl nach allgemeiner Einschätzung sehr hoch sein muss.

Was wir jedoch wissen, ist, dass diese Firmen wie verrückt fusionieren und kleinere, schwächere Firmen aufkaufen. Wir

---

* Nach dem »*Transnationality Index*« der Vereinten Nationen, der auf Direktinvestitionen aus dem Ausland beruht, betragen der Wertzuwachs und die Zahl der Arbeitsplätze, die von Tochtergesellschaften der internationalen Großkonzerne angeboten werden, in Deutschland, Frankreich, den USA und Japan 10 Prozent oder weniger. Die europäischen Länder, die am stärksten von internationalen Großkonzernen abhängen, sind Belgien, Luxemburg, Irland und Schweden.

wissen auch, dass Fusionen und Übernahmen fast immer zum Verlust von Arbeitsplätzen führen. *Mergers & Acquisitions* (M&As) stellen mehr als 80 Prozent dessen dar, was irreführender Weise als *»Foreign Direct Investment«* bezeichnet wird. Dabei handelt es sich keineswegs um Investitionen im üblichen Sinn, oder jedenfalls nicht um neue Arbeitsplätze schaffende Investitionen. Ihren Höhepunkt hatte die Fusionsmanie im Jahr 2000 erreicht, danach ließ sie wieder nach.

Wenn man nur die grenzüberschreitenden M&As (keine nationalen) im Wert von mehr als 1 Milliarde US-Dollar zählt, wurden im Jahr 2000 175 solcher Geschäfte im Wert von 866 Milliarden US-Dollar abgeschlossen. (Die Zahl fiel im Jahr 2001 auf »nur« 113 Geschäfte dieser Art. 2003 waren es nur noch 56.) Für das Jahrzehnt zwischen 1992 und 2001 betrug die Zahl der grenzüberschreitenden M&As 679, und die Geldsumme, die dafür ausgegeben wurde, betrug 2,5 Billionen US-Dollar. Stellen Sie sich vor, dass für diese Geschäfte eine Steuer von nur 1 Prozent erhoben worden und in die sozialen Sicherheitssysteme gesteckt worden wäre ...[30] Vermutlich wird die Zahl der Fusionen und Übernahmen auch weiterhin abnehmen, teilweise deshalb, weil nur noch so wenige staatliche Unternehmen übrig sind, die privatisiert werden können.

M&As schaffen zwar keine Arbeitsplätze, aber sie ändern die Profitaussichten der fusionierenden Firmen, weil sie die Konzentration erhöhen, was gleichbedeutend mit einer Reduzierung des Wettbewerbs ist. Manchmal ist dies der einzige Grund, warum eine Firma eine andere kauft. Wo immer eine Finanzkrise droht, zu massiven Firmenzusammenbrüchen zu führen, sieht man die Aasgeier kreisen, um die ihrer Bargeldreserven beraubten, aber immer noch lebensfähigen Firmen aufzukaufen. Nach der Krise in Asien von 1997/98 berichtete die *International Herald Tribune,* dass amerikanische und japanische Großkonzerne in der gesamten Region Firmen zu »Schnäppchenpreisen« aufkauften. Arbeiter, die der Axt entkamen und ihre Jobs behalten konnten, waren bei jedem Lohn dankbar, überhaupt noch Arbeit zu haben.

Im Gegensatz zu den Arbeitern fuhren die Großkonzerne während der Jahre der Finanzkrisen in Asien, Russland und Lateinamerika ausgesprochen gut. In jenen glücklichen Zeiten kannten die Aktienmärkte nur eine Richtung: aufwärts. Die gleiche Art von Leuten machten die gleichen Vorhersagen, wie man sie im Jahr 1929 hören konnte, als der Wirtschaftswissenschaftler Irving Fisher an der Universität Yale verkündete, dass »die Aktienmärkte ein dauerhaft hohes Niveau« erreicht hätten.

Anfang dieses Jahrhunderts trug die Gier der Menschen den Marktballon noch einmal in Schwindel erregende Höhen, bis er platzte. Zu den Problemen des Marktes kamen Enthüllungen über schmutziges Verhalten der Konzerne hinzu. Das Wort »Enron« wurde zum Symbol solcher Machenschaften, aber viele andere Firmen waren in ähnliche Skandale verwickelt, besonders in den USA, und Europa hatte Parmalat und andere aufzuweisen.

2. Die Macht der Finanzinstitute

Warum kommt es eigentlich immer wieder zu Finanzkrisen? Die Schwergewichte des Finanzwesens – Pensionsfonds, Handelbanken, Versicherungsgesellschaften und Maklerbüros kontrollierten im Jahr 1995 im Namen ihrer Klienten etwa 28 Billionen US-Dollar in Fonds. Zum Vergleich: Das gesamte Bruttosozialprodukt der USA betrug zu Beginn des 21. Jahrhunderts zwischen 10 und 11 Billionen US-Dollar, das der europäischen Länder etwa 9,5. Ich würde gerne neuere Zahlen für die Summen angeben, die sich in der Hand von Banken, Maklerfirmen, Versicherungsgesellschaften und Pensionsfonds befinden – die oben genannten Zahlen stammen von der *Bank for International Settlement* (BIS), der Zentralbank aller Zentralbanken –, aber ich habe schon seit einiger Zeit keine mehr zu sehen bekommen. Trotz der finanziellen Erdbeben, die die Finanzwelt in der Zeit seit dem Ende der 1990er Jahre bis in die Gegenwart erschüttert haben, kann man wohl davon ausgehen, dass diese astronomische Zahl inzwischen noch angewachsen ist.

Die BIS spricht in ihren Berichten über die zahlreichen Finanzkrisen zwischen 1997 und 1999 vom Herdenverhalten der Akteure auf dem Finanzmarkt. Die wirklich bedeutenden Mitspieler auf diesem Markt sind höchstens ein paar hundert, und es ist eine gnadenlose Gesellschaft, in der jeder alle anderen scharf im Auge behält. Wenn eine besonders angesehene Bank oder ein Investitionshaus beschließt, sich beispielsweise aus Thailand zurückzuziehen, rennen alle anderen ebenfalls zum Ausgang.

Obwohl nur ein relativ geringer Prozentsatz ihres gesamten Geldes in den Märkten der so genannten »Schwellenländer« investiert ist, ist es gut zu wissen, dass nur 1 Prozent der Gelder, die sich in der Hand dieser Megaakteure befinden, einem Viertel des Kapitalwerts sämtlicher auf den Aktienmärkten Asiens aufgelisteter Firmen entspricht (ohne Japan), oder zwei Dritteln des Kapitalwerts aller auf den Aktienmärkten Lateinamerikas aufgelisteten Firmen. In anderen Worten, wenn diese Leute sich bewegen, machen sie gigantische Wellen, und unter diesen Umständen ist es verblüffend, dass es nicht noch mehr Finanzkrisen gibt.

Auch so ist die Zahl der Krisen riesig. Allein in Lateinamerika und der Karibik gab es zwischen 1990 und 1998 mehr als 40 Finanzkrisen, durch die das Bruttosozialprodukt pro Kopf um mehr als 4 Prozent fiel. Die *International Labour Organization* hat mehr als 90 Länder gezählt, von Algerien bis zur Zentralafrikanischen Republik, die zwischen 1990 und 2001 eine »schwere« Finanzkrise durchgemacht haben. Eine schwere Finanzkrise ist technisch als Absturz der nationalen Währung um mindestens 25 Prozent innerhalb eines Monats definiert, wobei der Wertverlust um mindestens 10 Prozent höher ausfällt als der des vorangegangenen Monats. Für die unglücklichen Einwohner der betroffenen Länder bedeutet das einen gewaltigen Einkommensverlust.*

Bis Mitte der 1990er Jahre hatte es den Anschein, dass mit dem transnationalen Kapital nichts schief gehen kann – jedenfalls nicht aus der Perspektive wohlhabender Investoren. Eine Finanzkrise, die ein Desaster für das betroffene Land war, war für die großen Mitspieler keine Krise: Sie machten sich entweder beizeiten aus dem Staub, oder der IMF half ihnen aus der Klemme. Seit 1995 hat der IMF Steuergelder dazu benutzt, im Notfall Anleihen zur Krisenbewältigung zu vergeben. Mexiko, Thailand, Indonesien, Südkorea, Russland, Brasilien, die Türkei und Argentinien erhielten zusammen 312 Milliarden US-Dollar. Der größte Teil dieses Geldes rettete die größeren Investoren, aber nicht die Regierungen und am wenigsten die normalen Menschen, die ihre Ersparnisse und ihre Arbeitsplätze verloren.

Der ehemalige führende Wirtschaftsexperte und Vizepräsident der Weltbank, Joseph Stiglitz, hat ein sehr informatives Buch darüber geschrieben, wie der IMF, eine »öffentliche« Institution, immer wieder privaten Investoren aus den großen Industrienationen in Krisensituationen geholfen hat.[31]

Das Geld, das ganze Serien von Finanzkrisen hervorruft, wird *Portfolio Equity Investment* oder PEI genannt (im Gegensatz zu *Foreign Direct Investment* oder FDI). PEI – das sind im Wesentlichen Papiere. Den Leuten, die diese Papiere kaufen, ist es egal, ob die Firma Autos, Särge oder Käse herstellt, solange sie zufrieden stellende, oder, noch besser, spektakuläre finanzielle Ergebnisse erzielt. Wie diese Ergebnisse erzielt werden, ist nicht das Problem des Investors. Vermögen in dieser Form ist natürlich sehr unsicher. Seit den 1990er Jahren haben die Firmen ihr Augenmerk mehr dem finanziellen

---

* *International Labour Office*, Economic Security for a Better World, ILO Genf, Liste der Länder S. 40.

Gesichtspunkt zugewendet – dem ewigen »Shareholder Value« – als irgendeinem anderen geschäftlichen Aspekt, einschließlich der Produktion.

Ein weiterer Aspekt des komplexen Spiels mit den Finanzmärkten ist der Handel mit Währungen. Die bekannte »Tobin-Steuer« war ein Vorschlag zur Besteuerung dieses Handels – bei dem US-Dollar gegen Yen bzw. Euro, Pfund oder Schweizer Franken getauscht werden, immer im Kreis herum. In den 1970er Jahren, als James Tobin seine Steuer erfand, wurden auf den Währungsmärkten täglich rund 80 Milliarden US-Dollar umgesetzt. Wenn das schon nach ziemlich viel klingt, ist es nichts im Vergleich zu den heutigen Zahlen, die bei 1,5 Billionen täglich liegen. Währungshändler verdienen oder verlieren Geld, indem sie versuchen, die relative Bewertung der Währungen durch den Markt im Voraus einzuschätzen.

Der Währungsmarkt ist ein nützliches Werkzeug. Stellen Sie sich vor, Sie möchten im Ausland eine Maschine kaufen, die in sechs Monaten ausgeliefert werden soll. Sie möchten heute schon wissen, wie viel sie kosten wird. Also kaufen Sie eine »Position« in der Währung, in der Sie die Rechnung bezahlen wollen. Diese Summe wird Ihnen zum vereinbarten Zeitpunkt ausgehändigt; Sie bezahlen Ihre Lieferfirma, und damit ist die Sache erledigt. Sie brauchen sich keine Sorgen zu machen, ob der Wert des Euro zwischen heute und dem Lieferdatum um 15 Prozent steigt oder fällt.

Aber in der Praxis stellt diese Art von Transaktion heute nur noch einen winzigen Bruchteil des gesamten Handels mit Währungen dar (2 bis 4 Prozent). Der Rest ist reine Spekulation. Wie Keynes es formuliert hat, ist der finanzielle Schaum erheblich wichtiger geworden, als der Strom tatsächlicher wirtschaftlicher Aktivität. Die Leute verdienen Geld mit Geld, ohne den Umweg über Produktion und Vertrieb. Aus diesem Grund schlägt die Bewegung für globale Gerechtigkeit eine zweistufige Steuer auf finanzielle Transaktionen vor und verfolgt dabei einen doppelten Zweck. Diese, von Professor Bernd

Spahn erfundene Steuer würde erstens die Spekulation eindämmen und zweitens eine neue Geldquelle darstellen, mit deren Hilfe, wie Attac es nennt, »den Menschen geholfen werden könnte« – und die uns helfen würde, eine andere Welt zu schaffen.

Unter normalen Umständen würde nur die erste Stufe der Steuer erhoben – ein sehr niedriger Steuersatz von vielleicht einem zehntel Prozent. In Krisenzeiten, wenn der Wert der Währungen heftig schwankt, würde ein sehr viel höherer Steuersatz erhoben, um die Händler an weiteren Spekulationen zu hindern. Bei der New Yorker Börse gibt es einen ganz ähnlichen Mechanismus. Wenn der Preis für eine Aktie zu weit abstürzt, wird der Handel mit dem betreffenden Papier automatisch eingestellt. Technisch ist die Spahn-Steuer problemlos durchführbar.[*]

3. Lobbys für die Globalisierung

Obwohl diese multinationalen Großkonzerne und Finanzinstitute vom IMF, der WTO und den Regierungen der G8-Länder häufig spontane Unterstützung erhalten, sind sie auch gut organisiert, um sicherzustellen, dass ihre Stimmen in den Fluren der politischen Macht deutlich genug zu hören sind. In dieser Hinsicht waren sie den Bürgern schon immer weit voraus.

So arbeitet zum Beispiel eine bedeutende europäische Lobby mit dem Namen *European Round Table of Industrialists* (ERT) seit 1982 mit einem kleinen Büro in Brüssel. Die Macht des ERT beruht jedoch nicht auf dem ständigen Personal, das seine Arbeit koordiniert, sondern auf den Mitgliedern, zu denen rund vier Dutzend Präsidenten von Großkonzernen aus der Eurozone gehören, darunter British Petroleum, Shell,

[*] Ich habe Dominique Plihon und Bruno Jetin vom Attac-Wissenschaftsrat für ihre verständliche Erklärung dieser verbesserten Devisenumsatzsteuer zu danken.

DaimlerChrysler, Renault, Fiat und Siemens. Der ERT hat Brüssel als Standort gewählt, um einen direkten Draht zur Europäischen Kommission zu haben.

Tatsächlich hat der ERT die Entscheidungen der Kommission in vielen Fällen beeinflusst. Die Mitarbeiter des *Corporate Europe Observatory* (CEO) haben detailliert beschrieben, wie es dem ERT gelungen ist, das *Trans-European Road Network* (TERN), die Maastrichter Verträge, die Entscheidungen zur Einheitswährung und verschiedene »White Papers«, die unter der Präsidentschaft von Jacques Delors verfasst wurden, entscheidend mitzugestalten.[32] Zusammen mit anderen europäischen Organisationen, die sich über diese Vorgänge Sorgen machen, kämpft das *Corporate Europe Observatory* nun darum, eine offizielle Registrierung der europäischen Lobbyisten zu erzwingen, wie es für die Lobbyisten in den USA vorgeschrieben ist. Aber die Kommission wehrt sich selbst gegen dieses minimale Maß an Transparenz.

Wie das ERT-Mitglied und Oberhaupt des riesigen belgischen Chemiekonzerns Solvay, Baron Daniel Janssen, bei einer Sitzung der *Trilateral Commission* in Tokio sagte:

> Die Kommission spielt auf vielen, wirtschaftlich wichtigen Gebieten eine führende Rolle, und sie ist außerordentlich offen für die Bedürfnisse der Geschäftswelt. Wenn Geschäftsleute wie ich vor einem Problem stehen, das nur mit Hilfe der Politik gelöst werden kann, haben wir Zugang zu ausgezeichneten Mitgliedern der Kommission, wie Monti für den Wettbewerb, Lamy für den Welthandel und Liikanen für die elektronische Industrie.[33]

Die Lobbys der amerikanischen Konzerne haben die Tendenz, sich nach Industriezweigen zu organisieren (Bündnisse für die pharmazeutische oder die chemische Industrie, für

Weizen, Sojabohnen usw.) und jeder dieser Zusammenschlüsse unterhält einen Kader von professionellen Lobbyisten in Washington. Niemand denkt sich etwas dabei, wenn hochrangige Regierungsmitglieder Lobbyisten werden, wenn sie nicht mehr im Amt sind, und umgekehrt. Charlene Barshevsky, Bill Clintons *US Trade Representative* (USTR, Kabinettsmitglied im Ministerrang für den Außenhandel), war vorher Lobbyist für die kanadische Holz- und Papierindustrie gewesen. Mickey Cantor, Barshevskys Vorgänger als USTR, nahm anschließend die Interessen der amerikanischen Weizenerzeuger wahr. Aber zumindest zwei Lobbys brauchen keine zusätzlichen Lobbyisten, weil sie mittlerweile bis ins Herz des amerikanischen Staates vorgedrungen sind: die Öl- und die Waffenindustrie.

Es ist nichts Ungewöhnliches für die Vereinigungen der einzelnen Industriezweige, sich vorübergehend oder auch auf Dauer zusammenzutun, um gemeinsame Ziele zu verfolgen. So haben Banken, Versicherungen, Gesundheitswesen usw. in den USA alle ihre eigene Lobby, sind jedoch zusätzlich in der *US Coalition of Services Industries* (USCSI) zusammengeschlossen, die ein wichtiger Mitspieler bei den Verhandlungen für das GATS unter der Schirmherrschaft der WTO ist. Die USCSI hat seit 1982 daran gearbeitet, günstige Handelsbedingungen für ihre Mitglieder durchzusetzen. Vor allem ist sie daran interessiert, sämtliche Dienstleistungen, einschließlich der öffentlichen Dienstleistungen wie des Gesundheits- und Erziehungswesens für den Wettbewerb zu öffnen. Sie betrachtet beispielsweise das Gesundheitswesen in Europa mit Recht als ungeheuer viel versprechenden Markt und versucht Druck auf den USTR auszuüben, damit er auf Privatisierung und das Eindringen amerikanischer transnationaler Dienstleistungskonzerne hinarbeitet.[34]

Die Lobbys, die gegen den Umweltschutz kämpfen, sind zahlreich, besonders in den USA, wo die Umweltschützer die Kommunisten in der Rolle als liebste Prügelknaben der Industrie abgelöst haben. Wie ein amerikanischer Geschäftsmann es formuliert hat, sind »Umweltschützer wie Wassermelonen, außen grün und innen rot«.

Im 1993 erstmalig veröffentlichten *Greenpeace Guide to Anti-Environmental Organizations* sind 54 professionelle Vereinigungen und Stiftungen aufgelistet, die gewöhnlich ausgesprochen ökologisch klingende Namen haben, die jedoch alle frenetisch gegen jede Veränderung zugunsten der Umwelt ankämpfen. Eine der wichtigsten trägt den Namen *Global Climate Coalition* und wurde 1989 von 46 Großkonzernen gegründet, zu denen alle größeren Ölkonzerne zählten. Diese Koalition hat unermüdlich daran gearbeitet, alle Schritte zur Reduzierung des CO_2-Ausstoßes in den USA zu verhindern. Wie ein Kongressabgeordneter sich ausdrückte, hat die *Global Climate Coalition* nur ein einziges Ziel, nämlich »die ungehinderte Produktion von Öl, Gas und Kohle«.

Im Jahr 2003 sah ich mir wieder einmal ihre Website an. Darauf war zu lesen: »Die *Gobal Climate Coalition* wurde deaktiviert. Die Stimme der Industrie zum Thema Klimaveränderung hat ihren Zweck erfüllt, indem sie einen Beitrag zu einer neuen Einstellung der Nation zur globalen Erwärmung geleistet hat.« Sie kann sich tatsächlich als Sieger betrachten. Die Bush-Administration wird auch weiterhin eine »uneingeschränkte Produktion« befürworten und das Kyoto-Protokoll ablehnen.

Eine weitere Koalition von Koalitionen ist der riesige Zusammenschluss von landwirtschaftlichen, chemischen, pharmazeutischen und bäuerlichen Lobbys, die sich zur Durchsetzung ihres gemeinsamen Ziels zusammengetan haben, die Europäer zu zwingen, gentechnisch manipulierte Organismen (GMOs) zu akzeptieren. Dieser Kampf war so wichtig, dass er zu einer größeren Debatte in der amerikanischen Regierung führte, wobei Präsident Bush schließlich den Schiedsrichter spielte. Das Ergebnis war die Anklage der USA gegen Europa beim Schlichtungsgremium der WTO, durch die dieser potenzielle Markt gewaltsam geöffnet werden soll. Die Amerikaner behaupten, dass ihnen jährlich mindestens 300 Millionen US-Dollar an Exporten von GMO-Nahrungsmitteln entgehen. Angesichts der Regeln der WTO werden sie sich mit ihrer Klage vermutlich durchsetzen.[35] Eine Entscheidung wird Anfang 2006 erwartet. In voller Absicht wurde ein Zeitpunkt nach der Ministerkonferenz der WTO in Hongkong im Dezember 2005 gewählt, um den Umweltschützern und ihren Verbündeten nicht noch zusätzliche Munition zu liefern.

Einige internationale PR-Firmen wie Hill & Knolton oder Burson-Marstellar haben sich auf weltweite Anti-Umweltschutz-Kampagnen spezialisiert.[36] Burson-Marstellar steht außerdem als Werbefirma für genetisch manipulierte Pflanzen unter Vertrag.

Als zwischen 1986 und 1994 über das GATS verhandelt wurde, hatten die Europäer keine der *US Coalition of Service Industries* entsprechende Organisation. Um die europäischen internationalen Konzerne nicht im Regen stehen zu lassen, ohne eine Möglichkeit, ihren Bedürfnissen Gehör zu verschaffen, gründete der europäische Handelskommissar Sir Leon Britton mit Hilfe des Präsidenten der Barclays Bank das *European Services Forum*. Inzwischen zählt es über 80 Mitglieder und verfügt über privilegierten Zugang zur Kommission.[37]

Eine weitere aufschlussreiche Quelle für Fans der Industrielobby ist die internationale Handelskammer (ICC), deren Chefin, Maria Livanos Cattaui, zuvor ein Pfeiler des Weltwirtschaftsforums in Davos war. Die ICC bezeichnet sich selbst als »die Stimme des Welthandels, die eine globale Wirtschaft als Kraft für wirtschaftliches Wachstum, die Entstehung von Arbeitsplätzen und Wohlstand fördert«. Es muss nicht erst gesagt werden, dass freier Handel bei der ICC den Status einer heiligen Kuh hat.

Das Mindeste, das man sagen kann, ist, dass die ICC und der damalige Handelskommissar Brittan die gleichen Ansichten über den freien Handel haben. Ihre Entente cordiale war so perfekt, dass man unmöglich feststellen kann, wer von wem abgeschrieben hat. Von der Kommission herausgegebene Papiere, in denen die europäische Position gegenüber der WTO umrissen ist, und die Erklärungen der ICC zu den Zielen der Geschäftswelt sind sich geradezu unheimlich ähnlich. Sie behandeln nicht nur die gleichen Themen in der gleichen Reihenfolge, sie tun es auch noch in der gleichen Sprache. Manchmal stimmen ganze Abschnitte über die Liberalisierung der europäischen Landwirtschaft, über Patente auf Gene und den Handel mit Dienstleistungen wörtlich überein.[38]

Eine weitere internationale Industrielobby, die für eine weitergehende Liberalisierung des Handels arbeitet, ist der *Trans-Atlantic Business Dialogue* (TABD), der sich aus Industriellen von beiden Seiten des Atlantiks zusammensetzt. Der TABD hat die englische Sprache um ein neues Wort bereichert: »Deliverables«, Dinge, von denen die Geschäftswelt erwartet, dass die Regierungen sie »abliefern« oder, genauer gesagt, in die Tat umsetzen sollen.

Ebenso wie die internationale Handelskammer macht der TABD den Unterhändlern, die über Abkommen verhandeln, die gerade bei der WTO diskutiert werden, konkrete Vorschläge. Er veranstaltet jedes Jahr eine große Konferenz, die abwechselnd in Städten in den USA und in Europa abgehalten und zu denen bedeutende Politiker eingeladen werden. Der ehemalige Handelskommissar der EU, Pascal Lamy, war der wichtigste politische Gast bei der TABD-Konferenz in Berlin, einen Monat vor dem Ministertreffen der WTO in Seattle. Auch bei der Konferenz in Chicago 2002 war er der Hauptredner.

Gleich nach seiner Gründung im Jahr 1995 rief der TABD »Expertengruppen« (inzwischen etwa sechzehn) zu so unterschiedlichen Themen wie Luftraum, Biotechnologie, Chemie, Klimaveränderung und Steuerpolitik ins Leben. Die betreffenden Konzerne kommen zusammen, um gemeinsame gleiche

Standards für alle ihre Produkte zu vereinbaren, von schweren landwirtschaftlichen Maschinen bis zu Segelbooten. Der Slogan des TABD lautet: »Einmal gebilligt [vom TABD, wem sonst?], überall akzeptiert.« Dann wird von den Regierungen erwartet, dass sie die Liste der »Deliverables« unterschreiben.

Der TABD hat sich diese maßgeschneiderte Methode ausgedacht, um teure Regulierungen zu vermeiden und zu erreichen, dass die gleichen Produkte auf beiden Seiten des Atlantiks ohne weitere Fragen oder Restriktionen verkauft werden dürfen. Das ist keine Kleinigkeit, da der Handel zwischen den USA und Europa einen Umfang von rund 4 Billionen US-Dollar im Jahr hat.

Niemand – oder zumindest kein Regierungsvertreter – scheint etwas gegen diese konzertierten und gewöhnlich erfolgreichen Bemühungen der Lobbys der multinationalen Großkonzerne einzuwenden zu haben, von den Unterhändlern gehört zu werden und an ihren Aktivitäten teilzunehmen. Das ist nicht weiter erstaunlich, weil die transnationalen Geschäfte die Priorität der Regierungsvertreter *sind*, und weil sie ihr Äußerstes tun, um die Wunschliste der Konzerne in ihre Verhandlungsziele zu integrieren.

Selbst die Vereinten Nationen sind auf den Wagen der Lobbys gesprungen – was für uns alle ein schwerer Schlag ist, die wir zu sagen pflegten: »Nun ja, A, B und C sind übel, aber wenigstens haben wir immer noch die Vereinten Nationen.« Nein, Freunde, die Vereinten Nationen sind nicht mehr neutral. Der Generalsekretär der UNO, Kofi Annan, hat zusammen mit Helmut Maucher, der damals Aufsichtsratsvorsitzender von Nestlé und zugleich Präsident der internationalen Handelskammer war, beim *Business Dialogue* von 1998 in Genf begonnen, einen gemeinsamen Plan auszubrüten. Dieser erste Schritt hat ein paar respektlose Individuen dazu inspiriert, den Generalsekretär als NesKofi zu betiteln. Jedenfalls hat er Spitzenleute von verschiedenen Zweigen der UNO zum Dialog mitgebracht, während Maucher die Spitzenleute der

Wirtschaft auswählte. Sie alle trafen sich unter der Schirmherrschaft und mit dem Segen des Generalsekretariats der UNO.

Der Dialog war nur ein Vorspiel. Beim Weltwirtschaftsforum in Davos im Januar 1999 rief Annan die transnationalen Großkonzerne in einer flammenden Rede dazu auf, sich am *Global Compact* zu beteiligen, der die Konzerne und die UNO in ihrem Streben nach Entwicklung vereinen sollte. Um Mitglied des *Global Compact* zu werden, braucht eine Firma lediglich die neun Prinzipien der UNO zu Arbeit, Sozialrechten und Umweltschutz zu unterschreiben. Der globale Pakt, wie er auch manchmal genannt wird, ist ein Zwischending zwischen Lobby und Waschanlage für die Reputation der Firmen. Die UNO gibt zu, dass sie keine Kompetenzen hat, das allgemeine Verhalten der Firmen zu überwachen, die sich dem globalen Pakt anschließen. Dennoch können sie sich mit der Fahne der UNO schmücken. Ein Rückschlag für den globalen Pakt war es, als ein schwedischer Manager mit angeblich ultraweißer Weste, der in eine Spitzenfunktion gewählt worden war, unter beschämenden Umständen zurücktreten musste, weil durchgesickert war, dass er seine frühere Firma um mehrere Millionen US-Dollar für seine private Altersversorgung erleichtert hatte. Im Ganzen hat es den Anschein, dass für die Konzerne bei dem Geschäft mehr herausspringt als für die UNO.

Der seltsame Fall von Nestlé ist außerordentlich lehrreich. Das *International Baby Foods Action Network* (IBFAN) hat drei Jahrzehnte lang gegen Nestlé gekämpft, weil die Firma Frauen zu überreden versucht, ihre Babys nicht zu stillen, sondern stattdessen Nestlé-Milchpulver zu kaufen. Diese Praktiken haben in den Entwicklungsländern zu entsetzlichen Gesundheitsproblemen bei Säuglingen geführt (schmutziges Wasser, zu starke Verdünnung, unsterilisierte Flaschen usw.). Berühmt geworden ist ein Beleidigungsprozess, der von Nestlé in den späten 1970er Jahren geführt wurde, und bei dem es um den Vorwurf ging, Nestlé sei ein »Babykiller«.[39]

Im Jahr 2000 schrieb IBFAN an den Direktor des *Global Compact,* ob das Gerücht zutreffend sei, dass Nestlé sich dem Pakt anschließen würde. Seine Antwort lautete: »Nein und tausendmal nein.« 2002 stellte sich heraus, dass Nestlé inzwischen Mitglied ist, und IBFAN möchte wissen, warum. Helmut Maucher muss sehr erfreut sein.

Der neueste Schrei in Industriekreisen ist ein Konzept mit dem Namen *Corporate Social Responsibility* (CSR; Soziale Verantwortung der Konzerne). Dutzende von Konferenzen wurden zu diesem Thema abgehalten – an einigen davon habe ich selbst teilgenommen – und der Stapel von CSR-Veröffentlichungen wird von Monat zu Monat höher. Tatsächlich ist es im Interesse vieler Firmen mitzuspielen, besonders dann, wenn sie Markenprodukte zu verteidigen haben, deren Ruf von unschätzbarem Wert ist. Deshalb bemühen sich einige von ihnen zweifellos darum, »sich als Firmen wie gute Bürger zu betragen«. Dennoch behaupte ich, dass CSR eher die Abkürzung für *Corporate Self-Regulation* (Selbstregulierung der Firmen) ist.

Der TABD ist ein gutes Beispiel dafür. Er bestimmt seine Regeln selbst, und die wichtigste Regel heißt, die Regierungen aus allem herauszuhalten; sie sollen nur die »Deliverables« abliefern. Dabei geht es nicht nur darum, die Regierungen aus dem Spiel herauszuhalten, sondern auch darum, den wachsenden Forderungen nach *internationaler* Regulierung der Aktivitäten der Großkonzerne entgegenzuwirken. Die Bewegung für globale Gerechtigkeit ist eine der wichtigsten Stimmen in dem Chor, der diese Forderung erhebt, während der TABD sich präventiv bei den Politikern darum bemüht, jeden Schritt in diese Richtung zu vereiteln.

Wenn die Firmenrepräsentanten bei einer CSR-Konferenz gerade zwei Stunden damit zugebracht haben, Sie mit Vorträgen über ihr tugendhaftes Betragen zu langweilen, und Sie endlich eine Gelegenheit finden, zu fragen: »Ist es nicht die erste Pflicht einer Firma, die sich wie ein guter Bürger betragen will, einen fairen Anteil an den Steuern zu bezahlen?«, dann sind alle entrüstet, dass jemand taktlos genug sein kann, ein solches Thema anzusprechen. Bei einer dieser Konferenzen in Österreich erklärte mir ein hoch bezahlter Steuerspezialist, als ob er es mit einem kleinen, nicht sehr intelligenten Kind zu tun hätte, dass es seine Aufgabe sei, für seine Klienten Möglichkeiten zu finden, um Steuern zu vermeiden, und dass die meisten Steuersysteme solche Möglichkeiten auch böten, wenn man nur wüsste, was für Schätze in den mehreren tausend Seiten starken Steuergesetzbüchern verborgen lägen.

Amerikanische Zeitungen bringen manchmal Geschichten über große, profitable Konzerne, die seit Jahren keine Steuern mehr bezahlt haben. Einige von ihnen haben sogar Geld von der Regierung erhalten. Ein mir bekannter Steuerprüfer in Frankreich sagt, dass seine Behörde angesichts der verwickelten Firmenstrukturen und kreuz und quer laufenden Investitionen ganz einfach nicht genug Personal hat, um durchblicken zu können. Der Präsident eines multinationalen Konzerns in Frankreich, der von der Verwaltung aufgefordert wurde, seine Firma zu erklären, wusste tatsächlich nicht, wie viele Tochtergesellschaften sein Konzern allein in Frankreich hatte. Was folgt daraus? »Sie zahlen etwas«, sagt mein Freund, »aber sie entscheiden selbst, wie viel sie zahlen wollen.« Für Privatvermögen, die von Rechtsanwälten und Banken mit Durchblick betreut werden, wird ebenfalls verhältnismäßig wenig bezahlt, was zur Folge hat, dass wir anderen umso mehr zahlen müssen.

Es gibt noch viele andere Lobbys, die unsere Aufmerksamkeit verdienen. Manche davon sind ganz offen Arbeitgeberorganisationen, wie die CBI in England, UNICE auf Europaebene, *Keidanren* in Japan oder die *Association of Manufacturers* in den USA. Manche sind auf bestimmte Gebiete spezialisiert, wie z.B. der *US Council for International Business* (Handel) oder der *World Business Council for Sustainable Development* (Umweltschutz) – aber sie alle arbeiten nicht nur daran, für ihre eigenen Mitlieder alles zu erreichen, was diese sich wünschen, sie kämpfen auch gegen jede Einmischung in das, was sie für ihr spezielles Territorium halten. Vertraut uns, wir sind verantwortlich. Wir können Ihre Angelegenheiten alleine und ohne Ihre Mitwirkung regeln. Die Einmischung von Bürgern und Regierungen ist nicht erwünscht.

Das Weltwirtschaftsforum in Davos

Das Weltwirtschaftsforum ist allgemein unter dem Namen seines Tagungsortes bekannt, dem schweizerischen Skiort und Schauplatz von Thomas Manns Zauberberg – Davos. Während der Tage im Januar, an denen es zusammentritt, ähnelt der Ort mehr dem Money Mountain. Die Spitzenmanager der wichtigsten Konzerne und Finanzinstitute, hochrangige Regierungsvertreter und prominente Angehörige internationaler Organisationen treten Seite an Seite mit vereinzelten Gewerkschaftsfunktionären, Vertretern von *Non-Governmental Organization* (NGOs) und Geistlichen auf.

Davos ist wie der Triumph einer Gastgeberin der feinen Gesellschaft – es wird dort nichts wirklich entschieden, aber auf die Kontakte, die man macht, und die Visitenkarten, die man sammelt, kommt es an. Ich gehe hin, weil du hingehst, und du gehst, weil du hoffst, X zu treffen, der dort ist, weil Y ihm gesagt hat, er sollte hingehen, und Y sollte es wissen, weil er letztes Jahr dort war und Z kennen gelernt hat – allmählich bekommen Sie die richtige Vorstellung. Es kostet eine Menge Geld, an den Treffen in Davos teilzunehmen und Mitglied des Weltwirtschaftsforums zu sein, also kann man auch in dieser Hinsicht genügend angeben. Davos ist eindeutig ein Teil des Konsensbildungsprozesses im konventionellen Sinn, aber es wird dort niemals etwas geplant, und obwohl ich noch nie persönlich dabei war, glaube ich, dass es in einem langsamen

Niedergang begriffen ist und allmählich in Bedeutungslosigkeit versinkt.

Ganz im Gegensatz zur Bilderberg-Gruppe, die *wirklich* exklusiv ist. Keine Publikationen, keine Publicity, keine Lecks, und die wichtigsten Entscheidungsträger aus Politik und Industrie nehmen teil, weil sie dort absolut frei miteinander reden können. Ein Teilnehmer formulierte es so: »In Davos bezahlt man dafür, zu sehen und gesehen zu werden. Nach Bilderberg geht man, um zu hören, ohne gesehen zu werden.« Ein anderer bemerkte, auf Englisch natürlich: »Das ist very white, very WASP *(White, Anglo-Saxon, Protestant)* ... in solchen Dingen sind die Latins (Franzosen, Italiener, Spanier) nicht gut.«[40]

Teilweise wegen des Weltwirtschaftsforums hat die Bewegung für globale Gerechtigkeit beschlossen, zur gleichen Zeit ein Weltsozialforum abzuhalten. So hat Davos, wenigstens von unserem Standpunkt aus gesehen, auch einen nützlichen Zweck erfüllt.

Die Bürgerbewegung sieht all diese öffentlichen und privaten Akteure in einer anderen Rolle, die wir nun untersuchen wollen: in der Rolle des Widersachers.

4
... WENN WIR DIE RICHTIGEN WIDERSACHER AUFS KORN NEHMEN

Wenn es offensichtlich ist, dass die Dinge sich ändern müssen, und sie ändern sich trotzdem nicht, kann man davon ausgehen, dass jemand oder etwas eine Veränderung verhindert. Wenn Arbeitslosigkeit, Ungerechtigkeit und Umweltzerstörung herrschen, sind vermutlich Kräfte am Werk, die ein Interesse daran haben, diesen Zustand auf Dauer zu erhalten. Alle, die schon seit Jahren für eine Veränderung kämpfen, wissen, dass sie nicht von alleine eintreten wird, sondern nur als Ergebnis eines anhaltenden Drucks auf die Menschen, die Institutionen und die Ideen, die der Veränderung im Weg stehen.

Bevor irgendetwas zur Verbesserung der Zustände getan werden kann, muss man feststellen, gegen wen man kämpfen muss. Manchmal ist das nur durch kollektive Anstrengungen und demokratische Diskussion möglich, aber meistens ist der Widersacher, der die Veränderung blockiert und/oder vom Status quo profitiert, für jedermann deutlich zu erkennen.

Die Bewegung für globale Gerechtigkeit ist teilweise deswegen zusammengewachsen, weil sie gemeinschaftlich festgestellt hat, gegen wen und was sie kämpfen muss. Niemand sollte der Bewegung beitreten, der bezüglich der bereits für die Massenmobilisierung gewählten Ziele anderer Meinung ist. Diese sind die Weltbank, der Internationale Währungsfonds, die Welthandelsorganisation und die G8 – sie sind nicht die einzigen möglichen Ziele, aber einige von denen, die bisher identifiziert worden sind. Ich habe an dieser Stelle nicht die Absicht zu demonstrieren, dass diese Institutionen tatsächlich unsere Widersacher sind, weil ich der Meinung bin, dass diese Arbeit bereits geschehen ist.

Warum »Widersacher« und nicht »Gegner« oder »Feind«? Weil das Wort »Gegner« zu sehr nach Sport klingt, zu sehr nach Wimbledon. Die Bewegung spielt nicht Tennis. Sie muss sich die Freiheit nehmen, einige der Regeln und Taktiken des Spiels im Laufe der Auseinandersetzung selbst zu bestimmen, und manche davon sind vielleicht nicht besonders fein.*

Das Wort »Feind« hingegen erweckt den Eindruck, dass nur ein totaler Sieg ausreicht, um unseren Zweck zu erreichen, während doch fast alle politischen Siege oder Niederlagen nur Teilsiege oder Teilniederlagen sind. In einigen seltenen Fällen kann man sich eines Feindes ein für alle Mal entledigen, aber man sollte nicht damit rechnen. Mit einem Widersacher dagegen wird man es vermutlich über einen langen Zeitraum in der einen oder anderen Form zu tun haben, und der Krieg wird, zumindest teilweise, ein Zermürbungskrieg sein. Einen Gegner kann man schlagen und gleich wieder vergessen. Einen Feind kann man vernichten und braucht dann nie wieder an ihn zu denken. Aber um gegen einen Widersacher zu kämpfen, sind Wissen, politische Judotricks und langfristiges Engagement erforderlich.

Drei Fallstricke

Bevor ich eine rasche Methode zur Identifizierung von Widersachern vorschlage, möchte ich zwei weit verbreitete Fehleinschätzungen aus dem Weg räumen und auf eine tödliche Gefahr hinweisen. Mit den beiden Fehleinschätzungen werde ich nach jedem Vortrag konfrontiert, den ich halte. Irgendein wohlmeinender Gutmensch steht auf und verkündet, dass die

* Obwohl sie immer gewaltlos bleiben sollte. Siehe Kapitel 9.

Widersacher in Wirklichkeit ... wir selbst sind. Wenn die Welt sich ändern soll, müssen wir uns zuerst selbst ändern. »Wir« müssen nicht nur unsere Konsumgewohnheiten, sondern auch unser Denken, unser ganzes Sein, unseren Charakter ändern. Wenn das nicht geschieht, kann sich auch im weiteren Umfeld nichts verändern. Dann wendet häufig eine andere Person am anderen Ende des Spektrums und des Saales ein, die kürzeste und beste Antwort auf die Frage, wer (oder was) der Widersacher sei, müsse lauten: »Der Kapitalismus.« Selbst wenn einzelne Menschen sich ändern möchten, sei ihnen das nicht möglich, solange nicht eine revolutionäre Veränderung sie in ihrem unerbittlichen Strom mit sich reißen und ihnen ein Leben in einer postkapitalistischen Gesellschaft ermöglichen würde. Dies ist eine sehr grobe Darstellung der beiden Argumente, aber an dieser Stelle muss sie genügen. Beide erscheinen mir wenig hilfreich.

Persönliche Veränderung

In meiner Jugend, die ich in den USA verlebte, gab es einen beliebten Zeichentrickfilm namens *Pogo,* in dem die Taten eines Opossums beschrieben wurden, das zusammen mit vielen anderen, sehr menschenähnlichen Tieren in einem Sumpf lebte. Sie waren großartige Geschöpfe, die sich Sorgen um die Umweltverschmutzung und um die Hexenjagden des Senators Joseph McCarthy machten, und manchmal veranstalteten sie Demonstrationen. Auf einem der Spruchbänder der Sumpfbewohner war zu lesen: »Wir haben den Feind getroffen, und er ist – wir selbst.« Das ist eine lustige Verdrehung der Nachricht, die der amerikanische Seeheld, Admiral Perry, während des Krieges von 1812 nach Hause schickte: »Wir haben den Feind getroffen, und er ist unser.« Aber für unsere gegenwärtige Aufgabe ist dieser Scherz nicht besonders hilfreich.[41]

Als Pogo und seine Freunde den Slogan prägten, besichtigten sie gerade eine Müllgrube, die mit fortgeworfenem Gerümpel angefüllt war. Sie wollten etwas über die Umweltverschmutzung aussagen, nicht über die menschliche Natur. Andere Arten von Tieren, in diesem Fall echte Tiere, können uns ebenfalls helfen, uns selbst zu verstehen, und zum Glück sind Darwinsche Realitäten für die meisten Menschen nicht mehr schockierend. Wir können die Tatsache akzeptieren, dass wir viele Charakterzüge mit unseren pelzigen Freunden aus der Familie der Säugetiere gemein haben und dass manche unserer Eigenschaften auch von wesentlich älteren Spezies stammen, teilweise sogar von den Reptilien. Verhaltensforschung, Primatenforschung und andere zoologische Untersuchungen haben ergeben, dass Tiere der unterschiedlichsten Spezies ständig miteinander kooperieren, weil das ihre beste Überlebensstrategie ist.[42] Aber sie können auch miteinander rivalisieren, aggressiv und blutrünstig sein, wenn es um wichtige Dinge wie Nahrung, Fortpflanzung oder Territorium geht.

Auch für die Menschen ist Kooperation sicher die beste Überlebensstrategie, aber manchmal gehen sie noch einen Schritt weiter als die Tiere und sind ganz einfach böse, und zwar nicht nur, wenn es um Nahrung und Fortpflanzung geht. Das Adjektiv »bestialisch« erschien mir immer ausgesprochen unfair gegen die Tiere, denn kein Tier würde das tun, was Menschen einander antun können. Was ist Zivilisation, wenn nicht der Versuch, diese niedrigen Aspekte unseres Wesens einzudämmen und Wege zu finden, um anständig und wenigstens mit einer dünnen Tünche von Kultur und einem Mindestmaß an Freude zusammenzuleben?

Obwohl Religionen in unserer unruhigen Zeit nur zu oft Selbstgerechtigkeit und Fanatismus predigen, sollen sie uns in ihrer besten Form doch eigentlich helfen, weniger gewalttätig zu sein, die Schöpfung mehr zu respektieren und mehr Mitgefühl mit unseren Mitmenschen zu haben. Einzelne Personen können in der Tat bemerkenswerte Veränderungen durchmachen. Wenn das in religiösem Zusammenhang passiert, spricht man von Konversionen. Die Heiligenlegende ist voll von solchen spektakulären Konversionen. Die berühmteste ist vermutlich die des Paulus, der durch eine Vision von Christus an der Straße nach Damaskus niedergestreckt wurde. George Bush beschreibt oft, wie seine Konversion sein liederliches Leben verändert hat. Aber wenn der mächtigste Mann der Welt diplomatischen Besuchern erzählt, dass »Gott ihm befohlen hat«, den Irak anzugreifen, wie er es angeblich getan haben soll, dann stehen einem die Haare zu Berge. Was wäre, wenn Gott ihm befehlen würde, auf den roten Knopf zu drücken, der einen Atomschlag auslöst?

Selbst wenn wir großzügig davon ausgehen wollen, dass Konversionen eine ausschließlich wohltätige Wirkung auf den Konvertiten, seine Umgebung und die Welt im Allgemeinen haben, werden wir, statistisch gesehen, niemals eine kritische Masse von »transformierten Menschen« erreichen – jedenfalls nicht schnell genug, um in einer Zeit in der Geschichte, in der es auf schnelles Handeln ankommt, etwas zu bewirken.

Außerdem ist eine auf Wettbewerb beruhende, kapitalistische Gesellschaft nicht besonders empfänglich für positive persönliche Veränderungen, und die Menschen können sich auch nicht in totaler Isolierung von der Gesellschaft verändern – in dieser Hinsicht muss ich den Befürwortern eines revolutionären Umsturzes Recht geben. Der chinesische Weise Lao Tse hat gesagt: »Vor allen Dingen meidet Konkurrenzkämpfe«, womit er vermutlich meinte, dass Konkurrenzkampf notwendigerweise zur Einschüchterung und Unterdrückung anderer führen müsse, zum Sieg der Starken über die Schwachen und der damit verbundenen Fragmentierung der Gesellschaft. In unserer Welt, in unserer Gesellschaft ist fast jeder dem Konkurrenzkampf ausgesetzt – es genügt bereits, in die Schule zu gehen, einen Arbeitsplatz zu haben oder ein kleines Geschäft zu führen, um sich in einer Situation zu befinden, in der man mit anderen konkurrieren muss. Sprichworte wie »Nette Kerle kommen zuletzt an« und andere Merksprüche aus dem Kulturschatz des freien Marktes sind in dieser Hinsicht sehr aufschlussreich.

So sind wir, fürchte ich, auf Kant und sein »krummes Holz der Menschheit« angewiesen, »aus dem noch nie etwas Gerades gemacht werden konnte«. Wenn wir eine andere Welt bauen wollen, müssen wir sie aus diesem krummen Holz bauen, weil wir nichts anderes haben, und wir tun gut daran, uns die dazu notwendige Geschicklichkeit im Schreinerhandwerk zu erwerben.

Die einzige Lösung ist eine Revolution

Diejenigen, die behaupten, der eigentliche Widersacher sei das ganze Wirtschaftssystem, mögen Recht haben. Dennoch ist es nicht gerade ermutigend, wenn man aufgefordert wird, den Kapitalismus zu bekämpfen. Wie soll man gegen ein Konzept oder eine vielköpfige Hydra kämpfen? Vermutlich ist es nicht einmal besonders nützlich, so etwas zu empfehlen, denn fast jede fortschrittliche Bewegung kämpft gegen den Kapitalismus (oder seine Folgen, was ungefähr auf das Gleiche herauskommt), ob sie ihre Sicht der Welt nun in diese Worte fasst oder nicht. Je mehr man sich mit den Folgen herumschlagen muss, desto mehr Ursachen werden erkennbar.

Es ist schwer genug, überhaupt irgendeine Verbesserung zu erzielen, auch ohne den Leuten zu sagen, dass sie, am besten schon morgen, das mächtigste und umfassendste Wirtschaftssystem zu Fall bringen müssen, das die Welt je gekannt hat, ein Wirtschaftssystem, dessen Geltungsbereich seit fünfhundert Jahren ununterbrochen vertieft und ausgeweitet wurde. Das genügt, um selbst die beherztesten Gemüter zu entmutigen. Es kann aber nicht das Ziel der Bewegung sein, die Leute zu demoralisieren.

Die Chance auf eine revolutionäre Veränderung, die mit einem Schlag alles vernichten und den Kapitalismus irgendwie zerstören könnte, erscheint mir sehr dünn. Eine »Revolution«

des 21. Jahrhunderts könnte vielleicht sehr unterschiedliche Formen annehmen, aber der Sturm auf den Winterpalast ist sicher keine praktikable Möglichkeit.

Wo befindet sich das geografische Zentrum? Nicht einmal die Wall Street kommt als einziges kapitalistisches Gravitationszentrum in Frage. Zerschmettere das World Trade Center, und innerhalb weniger Tage arbeiten die Finanzmärkte weiter, als sei nichts geschehen. Wo soll die treibende Kraft sein? Ich sehe nichts im Hintergrund bereitstehen, was man als »internationale Arbeiterklasse« bezeichnen könnte; eine solche Vorstellung erscheint mir als Wunschdenken und nicht als Realität. Die riesige »chinesische Arbeiterklasse« bezeichnet sich nicht einmal selbst mit diesem Namen. Die Menschen, die dieser Klasse angehören, nennen sich selbst und einander »Wanderarbeiter«. Aber ich sehe auch keine andere internationale, vereinigte Klasse, die die Rolle des Vorreiters spielen könnte, mit Ausnahme der nomadischen Elite von Industrie und Finanz, die nicht gerade eine potenzielle revolutionäre Elite ist, außer vielleicht für eine Revolution in die falsche Richtung. Die Bewegung für globale Gerechtigkeit könnte sich wohl einmal zu einer solchen international wirkenden Kraft entwickeln, und das wäre von ganzem Herzen zu wünschen, aber so weit ist sie noch nicht.

Nennen Sie mich fantasielos, aber ich kann mir kaum vorstellen, wie ein solches gigantisches Ereignis, das alles mit einem Streich lösen würde, aussehen oder sich anfühlen würde. Aber die historische Erfahrung lässt vermuten, dass so etwas nur nach einer Serie entsetzlicher Krisen eintreten könnte, bei denen Millionen Menschen leiden und tausende sterben würden – und das wären nicht gerade die Reichen und Mächtigen. Ich hoffe, ehrlich gesagt, dass solche traumatischen Ereignisse vermieden werden können.

Aber wir sollten wenigstens ernsthaft über die Möglichkeit nachdenken, wenn auch nur deshalb, weil so viele idealistische Leute in der Hoffnung auf eine Revolution leben. Kann man erwarten, dass das ganze, verrottete kapitalistische Gerüst unter seinem eigenen korrupten Gewicht zusammenbricht? Wir hatten bereits viele schwer wiegende Skandale, für die Enron ein symbolkräftiges Beispiel ist. Aber Enron ist damit nicht alleine. Die Aufdeckung von Betrügereien der multinationalen Konzerne ist längst alltäglich geworden, und manche davon sind sogar »legal«. Enron zum Beispiel hat über 700 Tochterfirmen auf den Kayman-Inseln und in anderen Steuerparadiesen installiert.

Alle Mitspieler in dem System scheinen mitzumachen – Banker spielen Kunden Kredite zu, mit denen sie eigentlich nichts zu tun haben sollten, »Analysten« streichen Bestechungsgelder ein und preisen öffentlich die Aktien von Firmen, die sie privat nicht anrühren würden, Bilanzprüfer unterschreiben Manipulationen aller Art, Wirtschaftsjournalisten lügen und machen sich übertriebener Werbung schuldig, und die Kontrollorgane der Regierungen schnarchen friedlich, während normale Menschen ihre Pensionen und ihre Ersparnisse verlieren. Was dabei herauskommt? Gelegentlich wird vielleicht jemand abgemahnt, aber es kommt zu keinen fundamentalen Veränderungen.

Nehmen Sie noch die Haltung der großen Industrienationen gegenüber den Entwicklungsländern hinzu, die vom Festhalten an unbezahlbaren Schulden charakterisiert ist, von den niedrigsten Preisen für Rohstoffe, die die Welt je gesehen hat (dank der exportorientierten, Überangebot erzeugenden Washington-Consensus-Politik des IMF und der Weltbank), von dem Elend der halben Welt und einem Krieg, von dem viele annehmen, dass es dabei, zumindest teilweise, um die Kontrolle einer Supermacht über das Öl ging. Dieser Krieg hat weltweite Opposition hervorgerufen, die einem »internationalen Aufstand der Massen« näher kam als alles, was wir bisher erlebt haben – dennoch ist nichts Erkennbares oder Dauerhaftes passiert.

Die USA scheinen sich ständig am Rande des internationalen Bankrotts zu bewegen, und doch werden sie immer im letzen Augenblick vom Abgrund zurückgerissen. Wenn sich das kapitalistische System schon in Zeiten der Krisen und der Rezession als derart belastbar erweist, wie stark wird es erst in Zeiten des wirtschaftlichen Booms sein?

Man beginnt sich zu fragen, wie schlimm die Dinge werden müssen, bevor es zu echten, epochemachenden Veränderungen kommt. »Wirklich schlimm« könnte vielleicht das sein, was der französische Philosoph Paul Virilio als den »globalen Unfall« bezeichnet. Er beschreibt nicht genauer, was damit gemeint sein könnte, aber er weist auf die Verletzbarkeit aller von Menschen gemachten Schöpfungen und Institutionen hin. Die Erfindung des Flugzeugs ist auch die Erfindung des Flugzeugabsturzes. Der Computer bringt die Gewissheit eines katastrophalen Informationsverlusts mit sich. Die Zähmung der Atomkraft birgt Hiroschima und Tschernobyl in sich, usw.

Ein globaler Unfall des Kapitalismus könnte vielleicht ein gleichzeitiger Crash sämtlicher Finanzmärkte sein, ausgelöst durch die ins Gigantische anwachsenden Defizite des Staatshaushalts und der Wirtschaft der USA, die eines Tages doch in den Abgrund stürzen könnten. Das würde panische Dollarverkäufe auslösen, gefolgt von unkontrollierbarem Kursverlust und frenetischen und fruchtlosen Versuchen, die Schulden der USA abzuzahlen. Das wiederum könnte eine weltweite Inflation auslösen, gefolgt von einem monumentalen Zusammenbruch sämtlicher Banken.

Fragen Sie mich nicht, ob es plausibel ist, eine solche Kette von Ereignissen zu erwarten – Ihre Vermutung ist ebenso viel wert wie die meine. Über ein solches oder ähnliches Szenario kann man jedoch nicht mit Optimismus nachdenken, mit und ohne revolutionäre Hoffnung. Eine globale Katastrophe dieser Art hätte Massenarbeitslosigkeit zur Folge, würde Ersparnisse, Pensionen und Versicherungsprämien hinweggraffen und hätte einen Zusammenbruch der Gesellschaft, Plünderungen, Verbrechen, Elend, die Suche nach Sündenböcken und Unterdrückung im Gefolge. Mit fast an Sicherheit grenzender Wahrscheinlichkeit würden zuletzt faschistische Regierungen an die Macht kommen oder zumindest das Militär die Macht ergreifen.

Außerdem scheuen die Menschen heute vor Revolutionen und anderen so genannten heroischen Großtaten zurück, und das mit gutem Grund, wenn man an die totalitären Systeme denkt, die in der Vergangenheit dabei herausgekommen sind, auch wenn die Revolutionen mit den besten Absichten begonnen wurden. Ich war niemals ein Freund der Sowjetunion, der Maoisten oder irgendeines angeblich fortschrittlichen Regimes in der Dritten Welt. Darum kann ich jetzt, wo die Gulags, die Killing Fields und die Geheimpolizei, die sie mit sich brachten, ans Tageslicht gebracht worden sind, auch guten Gewissens über sie reden.

Solange man nicht wirklich sicher sein kann, dass all diese Schrecknisse vermieden werden können – und ich kann mir nicht vorstellen, wer oder was so etwas garantieren sollte –, ist Sozialismus plus Demokratie (das ist nicht das Gleiche wie Sozialdemokratie) für mich die einzig mögliche Antwort, obwohl einige abenteuerlustige und risikofreudige Geister das langweilig finden könnten.

Einige Menschen, die hoffen, ein universales Trauma wie das oben beschriebene vermeiden zu können, haben noch ein paar andere Szenarios im Kopf. Ich glaube, dass sie auf falscher Analyse beruhen, aber ich werde sie wenigstens kurz erwähnen.

Nostalgische Sehnsucht nach dem Mai 1968 – vorwiegend bei Menschen, die nicht dabei waren – verleitet einige Romantiker zu der Hoffnung, dass solche Unruhen noch einmal und diesmal weltweit ausbrechen könnten. Der Mai 1968 verlief, zumindest in Europa, fast vollständig gewaltlos. Es ist nicht zu leugnen, dass er weitreichende kulturelle Folgen hatte und einige temporäre Verbesserungen für die Arbeiterschaft mit sich brachte, aber politisch gesehen war er ein Fehlschlag, und

125

unter den neoliberalen Schlägen der Reagan-Thatcher-Jahre lief sich das Ganze tot.

Damit der Humor nicht ganz zu kurz kommt, erwähne ich noch eine weitere Möglichkeit, wie es zu einer fundamentalen Veränderung kommen könnte: Die Reichen und Mächtigen kommen zu dem Schluss, dass sie nun genügend Reichtum und Macht angehäuft haben, vielen Dank auch, und dass sie diesen Reichtum in Zukunft mit den Menschen teilen wollen, die weniger glücklich sind als sie selbst. Manche Leute scheinen dieses Szenario nicht für Fantasterei zu halten und betragen sich, als ob sie tatsächlich glauben würden, dass so etwas passieren könnte. In Kapitel 9 wollen wir diese extrem unwahrscheinliche Lösung etwas näher betrachten.

Das kreisförmige Exekutionskommando

Wenn man weder mit massenhafter Läuterung der Menschen, noch mit einem einmaligen revolutionären Schlag rechnen kann, um eine andere Welt zu schaffen, müssen wir wohl ein bisschen bescheidener sein. Wenn der Kapitalismus eines Tages besiegt werden sollte, wird das, wie ich glaube, auf Grund der Gesamtwirkung von hunderten von Kämpfen passieren und nicht als Folge einer globalen Apokalypse. Darum schlage ich mit aller Bescheidenheit vor, dass wir ganz einfach auf möglichst fantasievolle und gewaltlose Weise fortfahren, daran zu arbeiten, das Gleichgewicht der Kräfte zu verändern. Gleichzeitig müssen wir weiter im Auge behalten, was die Geschichte anzubieten hat. Aber lasst uns um Gottes willen pragmatisch sein und uns bemühen zu verstehen, wie unsere Realität aussieht, ohne zu versuchen, sie künstlich den Modellen der Vergangenheit anzugleichen. Vor allen Dingen dürfen wir uns nicht gegeneinander wenden, wie das so oft geschieht, nur weil wir über den Endzustand der Geschichte, auf den wir überhaupt keinen Einfluss haben, unterschiedlicher Meinung sind.

Die tödlichste Gefahr, das Schlimmste, das einer Bewegung passieren kann, ist, dass ihre Mitglieder bei der Wahl ihrer Widersacher auf andere Mitglieder verfallen. Die schlimmste Versuchung besteht darin, mehr Energie für den Kampf gegen die eigenen Mitglieder zu verwenden als für den Kampf gegen die Schurken außerhalb der Bewegung. Freud sprach vom »Narzissmus der kleinen Unterschiede«. Lori Wallach gebraucht eine zeitgemäßere und weniger psychoanalytische Metapher, »das kreisförmige Exekutionskommando«, und es ist eine wirklich tödliche Gefahr.

Jeder, der mit der Politik innerhalb einer Bewegung zu tun gehabt hat, ist irgendwann schon einmal in Versuchung geraten, alles hinzuschmeißen und selbst die beste Sache aufzugeben, weil die internen Kämpfe einfach unerträglich wurden. Persönliche Rivalitäten, Eigennutz und Machtpolitik zwischen verschiedenen Fraktionen spielen oft eine Rolle, ebenso wie die Weigerung oder Unfähigkeit, Kompromisse zu schließen. Frustration, Bitterkeit und Misstrauen sind die Folge, und riesige Mengen von Energie werden verschwendet. Wem außer dem Widersacher kann so etwas nützen?

Eine Möglichkeit, solche Streitereien zu vermeiden, besteht darin, die Motive der anderen nicht in Frage zu stellen. Was spielt es für eine Rolle, warum der und der das und das tut, solange seine Taten für die Ziele der Gruppe gut sind? Innerhalb der Bewegung sollte es zur festen Regel werden, jedem den Vorteil des Zweifels einzuräumen. Bis zum Beweis des Gegenteils sollte man davon ausgehen, dass alle den Erfolg der Bewegung wünschen und dass es nur Meinungsverschiedenheiten darüber gibt, wie man dieses Ziel am besten erreichen kann. Ein weiteres Heilmittel für innere Streitigkeiten ist mehr und nicht weniger Demokratie, aber auch das funktioniert nicht in allen Fällen. Ein Schiedsrichter von außen wird meiner Erfahrung nach nur selten zu Hilfe geholt, obwohl dies zur internen Konfliktlösung durchaus hilfreich sein könnte.

In den langen Jahren meiner Arbeit hatte ich nur ein einziges Mal die Nase so voll, dass ich eine Gruppe ganz verließ und mich auf etwas anderes konzentrierte (worauf die Gruppe, vielleicht ganz unabhängig von meinem Weggang, nicht mehr funktionsfähig war – was kein Unglück war, weil sie ihren Zweck weitgehend erfüllt hatte). Manchmal ist das krumme Holz wirklich sehr krumm. Aber zuweilen geht es bei den Streitigkeiten auch um echte Fragen des Prinzips oder der Strategie. Vielleicht täusche ich mich, aber die Krankheit scheint vorwiegend eine Krankheit der Progressiven zu sein. Die Rechte scheint sich eher darauf zu verstehen, Einigkeit herzustellen. Aber vielleicht haben sie auch nur weniger Skrupel, Streithähne zu eliminieren und Spaltungen zu unterbinden.

Jedenfalls erscheinen mir lange und hitzige Debatten darüber, ob es besser sei, den Kapitalismus zu beseitigen oder ob man ihn durch Regeln einschränken und reformieren sollte, als unzeitgemäß und reine Zeitverschwendung – erstens, weil wir die Ereignisse nicht kontrollieren können, und zweitens, weil jeder Sieg, den ich je erlebt habe, ein Teilsieg war und außerdem auch noch jederzeit revidiert werden konnte. Vom Standpunkt eines effizienten Einsatzes der Energie aus gesehen, ist Politik, besonders eine Politik, bei der es um den Kampf gegen etwas geht, eine ungeheuer teure Maschine, die einen enormen Input erfordert, um auch nur einen winzigen Output an Veränderung hervorzubringen. Und was noch schlimmer ist, der Input muss ständig in gleicher Höhe fortgesetzt werden, nur um den geringen Output zu erhalten.

Die klassischen Debatten über Revolution contra Reform und alles, was dazwischen liegt, sind nicht wichtig, solange wir uns dahingehend einigen können, den Kampf aller anderen zu respektieren und als Beitrag zu einer weltweiten Veränderung zu sehen, die zu einer gerechteren Verteilung von Wohlstand, Ressourcen und Macht führt, sowohl innerhalb als auch zwischen den Nationen. Im Endeffekt wird der Kapitalismus von tausend verschiedenen Schlägen bis in seine Grundfesten erschüttert werden. Aber wir können nicht sagen, wann das geschehen wird, und wir dürfen keine Bemühungen missachten, die zu diesem Ziel führen, selbst wenn es nur indirekte Bemühungen sind.

Mir gefällt die Aussage von Kevin Danaher, dem Mitbegründer der Menschenrechtsorganisation *Global Exchange*: »Ob innen oder außen, wir sind alle auf der gleichen Seite.« Damit will er sagen, dass wir Leute in Anzug und Krawatte in öffentlichen Gebäuden haben, die mit Parlamentariern, Ministern und Beamten sprechen. Wir haben Leute in Jeans und Anoraks, die draußen auf der Straße den Zugang zu einer Weltbankkonferenz oder dem Ministertreffen der WTO blockieren. Wir haben Vielfalt, und darauf sollten wir stolz sein.

Die Bewegung braucht jeden Einzelnen von uns, alle unsere Talente und Fähigkeiten, weil der Kampf, der vor uns liegt, viele Facetten hat und todernst ist. Ich glaube nicht, dass der Kapitalismus ein menschliches Gesicht hat oder haben kann. Wenn man überhaupt mit diesem System leben kann, dann deshalb, weil die Errungenschaften, die die Menschen in langen Jahren des Kampfes gewonnen haben, seine Brutalität bis zu einem gewissen Grad gedämpft haben. Das gegenwärtige kapitalistische Programm, das als Globalisierung bekannt ist, besteht teilweise darin, so viele dieser hart erkämpften Errungenschaften wie möglich wieder zurückzunehmen. Und wir sollten keinen Zweifel daran haben, dass die wichtigsten Akteure in diesem System wie wilde Tiere reagieren werden, wenn sie sich in die Enge getrieben fühlen.

Deshalb ist der Kampf gegen den Kapitalismus nicht sosehr eine rhetorische Haltung, sondern besteht in der Unterstützung des Kampfes der Arbeiter um die Erhaltung und wenn möglich Erweiterung der Errungenschaften der Vergangenheit. Dies kann finanzielle Opfer und die Solidarität mit streikenden Menschen erfordern, auch unter Aufopferung einiger persönlicher Bequemlichkeiten. Die Gewerkschaften mögen nicht immer Recht haben, aber sie haben sehr viel häufiger Recht als die Arbeitgeber und die Regierungen. In manchen Ländern, einschließlich der USA, werden die Gewerkschaften immer noch bekämpft, und Gewerkschaftsmitglieder werden systematisch belästigt und eingeschüchtert. Die *International Labour Organization* führt eine Liste von Gewerkschaftsmitgliedern, die wegen ihrer Aktivitäten ermordet oder eingesperrt wurden. Für die Rechte der Arbeiterschaft setzen Jahr für Jahr hunderte ihr Leben und ihre Freiheit aufs Spiel.

Der Sinn dessen, was wir alle tun, wo immer wir es tun und ob wir unsere Aktionen im gleichen Rahmen sehen oder nicht, ist es, Freiräume zu schaffen, in denen Mensch und Natur gedeihen können, Forderungen an das gegenwärtige System zu stellen und es zu zwingen, zu reagieren, die Widersprüche darin zu finden und sichtbar zu machen, es zu biegen, bis es entweder nachgibt oder bricht. So sehen unsere konkreten, realistischen, täglichen Kämpfe aus, aber es gibt auch visionäre Kämpfe, sofern man sie als Teil des großen Gebäudes betrachtet, das Stein für Stein, Balken für Balken, von tausenden von unsichtbaren Händen in gemeinsamer Arbeit errichtet wird.

Eine andere Welt ist möglich: Wer oder was verhindert, dass sie Wirklichkeit wird?

Ich setze nun also voraus, dass wir klug genug sind, nicht gegen unsere eigene Natur, gegen abstrakte Begriffe und vor allen Dingen nicht gegeneinander zu kämpfen. Jetzt können wir den Widersacher etwas genauer unter die Lupe nehmen.

Der Einfachheit halber stelle ich Ihnen hier eine Tabelle vor, mit deren Hilfe wir das Problem in Kategorien aufteilen können (die sich gelegentlich überschneiden).

Geografische Ebene	Öffentlich	Privat
Lokal		
National		
Europäisch		
International		
Global		

Es könnte ein interessanter Versuch sein, alle Mitglieder einer bestimmten Gruppe zu bitten, die Tabelle auszufüllen, und dann die Ergebnisse zu vergleichen. Ein Widersacher in der Rubrik Lokal/Privat könnte eine Firma sein, die heimlich unterbezahlte Arbeiter für Schwerarbeit einstellt, oder eine Fabrik, gegen die ein Streik geplant ist. In der Rubrik Lokal/Öffentlich könnte es ein Plan der Stadtverwaltung sein, ein Giftmülllager in einer armen Wohngegend anzulegen oder eine öffentliche Verkehrsverbindung zu reduzieren, zu privatisieren oder ganz einzustellen. Logischerweise wissen die Bewohner einer Gegend am besten, was in die Rubrik Lokales gehört. Nun ein paar Vorschläge zum Ausfüllen der anderen Rubriken:

Geografische Ebene	Öffentlich	Privat
Lokal	(...)	(...)
National	Der Staat? Eine besondere Politik der Regierung, Gesetze, eine politische Partei + Parteienfinanzierung	Arbeitgebervereinigungen, Industriezusammenschlüsse, große landwirtschaftliche Lobbys, Teile der Medien
Regional/ Europäisch	Teile der Europäischen Kommission (Handel, Wettbewerb, Landwirtschaft)	UNICE, ESE, ERT, Lobbys der Landwirtschaft auf europäischer Ebene, Firmenzusammenschlüsse auf europäischer Ebene

Geografische Ebene	Öffentlich	Privat
International	IMF, WTO, insb. GATS, Weltbank, Regierung und Armee der USA, G8, OECD, Steuerparadiese	TABD, Multinationale Großkonzerne, Landwirtschaftliche Großbetriebe, Finanzmakler, »Davos«
Global (Umwelt)	WTO, IMF, Weltbank	Öl-, Auto-, Chemische Industrie, Holzindustrie, Bergwerke, Atomindustrie

Obwohl ich die Rubriken National und International mit meinen eigenen Vorschlägen ausgefüllt habe, behaupte ich nicht, dass die Liste vollständig ist und dass immer Einigkeit darüber bestehen muss, was in diese Rubriken hineingehört, auch nicht unter progressiv denkenden Leuten und nicht einmal innerhalb der gleichen Organisation.

Die nationale Ebene

Da ich annehme, dass die lokale Rubrik nicht von Außenstehenden ausgefüllt werden kann, beginnen wir mit der nationalen Ebene. Ich habe ein Fragezeichen hinter die Worte »Der Staat« gesetzt, weil die Anarchisten, wenn ich ihren Standpunkt richtig verstanden habe, vermutlich meine Meinung nicht teilen, dass wir den Staat brauchen – wenn auch einen sehr viel demokratischeren Staat –, um viele unserer Ziele zu erreichen. Ist der Staat als solches also wirklich unser Widersacher? Das hängt von verschiedenen Dingen ab.

Der Nachkriegsstaat war meiner Ansicht nach nicht der natürliche Widersacher der Europäer, aber er entwickelt sich in zunehmendem Maß in diese Richtung. Leider ist er – jedenfalls im Augenblick – eines der wenigen Ziele, die wir treffen können. Nehmen wir zum Beispiel die Einführung einer Steuer auf Finanztransaktionen. Wo sollte sie herkommen? Soll sie von den Vereinten Nationen beschlossen werden? Das klingt wie ein schlechter Witz. Eine spontane Entscheidung der Europäischen Kommission? Dito. Ein plötzlicher Ausbruch von Großmut und Menschlichkeit auf Seiten der USA und ihrer Finanzmakler? Darauf fällt mir nur eine sehr unanständige Antwort ein.

Die einzige Hoffnung, die ich sehe, besteht darin, dass die europäischen Regierungen infolge eines gut koordinierten Drucks von Seiten der Bürger Europas beschließen könnten, Europa zur ersten Region zu machen, in der eine solche Steuer erhoben wird. Ein Druck auf die europäischen Staaten ist möglich – schwer zu erreichen, aber möglich. Jedenfalls ist es unmöglich, direkt auf internationaler Ebene zu handeln oder die Banken und Finanzmakler zu bitten, sich selbst zu besteuern.

Ein weiteres Beispiel: Die Europäische Kommission erhält ihre Befehle letztlich von den Regierungen der Mitgliedsländer der EU. Selbst im Fall von ganz besonders erfolgreichen Demonstrationen (wie z.B. 1999 in Seattle gegen die WTO), selbst wenn es uns gelingen würde, konzertierte, europaweite Aktionen zu organisieren, um die Kommission zu einer geringfügigen Änderung ihrer Handelspolitik zu zwingen, ist es unmöglich, diese Institution direkt und dauerhaft zu beeinflussen.*

Das europäische Parlament hat sehr wenig Macht. Es kann Resolutionen verabschieden, die die Kommission eventuell berücksichtigt, aber sie ist nicht verpflichtet, dies zu tun. Wenn Sie das Mandat des Handelskommissars oder irgendeines anderen Kommissars der EU ändern wollen, müssen Sie dafür sorgen, dass die Mitgliedsstaaten darauf bestehen. Es gibt einfach niemand anderen, der so etwas tun könnte.

---

* Wir konnten die Kommission dazu zwingen, den GATS-Verhandlungsprozess etwas transparenter zu machen, aber es wäre schwierig, durch direkten Druck auf sie noch wesentlich weiter zu kommen. Außerdem hat Peter Mandelson das Wenige, das wir erreicht hatten, augenblicklich wieder zurückgenommen, als 2004 die neue Kommission an die Macht kam.

Um die WTO oder irgendein anders internationales Institut dauerhaft zu beeinflussen, muss man ebenfalls die Regierungen der Mitgliedsstaaten erreichen. Der Sieg in Seattle machte den Widersacher nur noch wachsamer und wurde zwei Jahre später beim Ministertreffen der WTO in Doha wieder aufgehoben. Wieder war es nur der Druck auf einzelne Regierungen, der zum Schuldenerlass in dem geringen Umfang führte, in dem er überhaupt stattfand.

Ich bin mir durchaus bewusst, dass Staaten Klasseninteressen repräsentieren und verteidigen, und dass sie, wie Nietzsche sagt, »die kältesten aller kalten Ungeheuer sind«, aber ich bin auch dafür, dass wir jedes Werkzeug benutzen, das uns zur Verfügung steht. Demokratische Freiheiten sind solche Werkzeuge, die nicht vernachlässigt und verachtet werden dürfen, sondern hoch geschätzt und funktionsfähig erhalten werden müssen. Vergessen wir nicht, dass Menschen ihr Leben dafür geopfert haben, um diese Freiheiten zu erkämpfen. Wir müssen ihre Kämpfe und ihre Erinnerung zumindest respektieren, indem wir von allen Rechten Gebrauch machen, die sie so mühsam erkämpft haben. Jemand hat einmal gesagt, »Demokratie ist nicht etwas, das wir besitzen, sondern etwas, das wir tun«. Leute, die sich zum Beispiel nicht an Wahlen beteiligen, »weil sie ja doch alle gleich sind«, kommen mir wie ein Geschenk Gottes an die Neoliberalen vor.

Einige Regierungen sind leichter zu beeinflussen als andere. So einfach ist das. So jammervoll und unzulänglich die »linken« Regierungen auch sein mögen, sie sind immer noch zugänglicher für unsere Anliegen als die Rechte, die uns nichts schuldet.

Wenn es den Regierungen gerade so passt, sagen sie uns, dass sie uns ja gerne helfen würden, dass es aber nicht in ihrer Macht steht. Diese Taktik ist allgemein üblich, um sich die Bürger vom Hals zu halten. Tatsächlich haben die Staaten aber immer noch mehr Macht, als sie manchmal zugeben wollen. Im Gegensatz zu den Anarchisten glaube ich, dass wir an dem einzigen, wirklich bedeutenden Ziel festhalten müssen, dass wir mit demokratischen Mitteln tatsächlich erreichen können. Einer der Gründe, warum die Leute auf die Straße gehen, ist eben genau der, dass es auf internationalem Niveau keine demokratischen Freiräume gibt. Wenn es um Finanzpolitik, Handelsabkommen und dergleichen geht, haben die Bürger bisher kein Mitspracherecht.

Wenn sie mit Menschen aus Entwicklungsländern über das Thema Staat sprechen, werden ihnen jedoch fast alle augenblicklich und spontan antworten, dass ihre eigenen Regierungen die größten Hindernisse für eine Veränderung sind. Erst danach fangen sie an, über die Klasse zu sprechen, die diese Regierungen repräsentieren, über die undemokratischen Gesetze und Praktiken, die jede Opposition, eine freie Presse und wirkungsvolle Aktionen der Bürger verhindern. In dieser Hinsicht ist die Lage der Afrikaner besonders schlimm.

In vielen Entwicklungsländern funktioniert die Gesellschaft häufig auf der Basis von Clans und Seilschaften. Was wir im Westen kurzerhand als Korruption bezeichnen würden – die Vergabe ungerechtfertigter Vergünstigungen, der Gebrauch von öffentlichen Geldern für private Zwecke –, wird dort vielleicht als selbstverständliche Pflicht eines mächtigen Mitglieds einer ausgedehnten Familie gegenüber den anderen Familienmitgliedern gesehen. Im klassischen Sinn – dem Stehlen für den eigenen, privaten Geldbeutel – sind die führenden Politiker in vielen Entwicklungsländern tatsächlich oft korrupt, obwohl sie in dieser Hinsicht kein Monopol haben und vielfach auch zum Schaden ihrer Landsleute mit den schlimmsten Elementen der mächtigeren Industrienationen zusammenarbeiten. Bei ihrer Gegenwehr werden sie mit einem Druck konfrontiert, dem zu widerstehen praktisch unmöglich ist. Selbst wenn sie Vorbilder an Mut und Zivilcourage wären, müssten sie sich, wenigstens teilweise, dem Willen der Industrienationen und Institutionen wie dem IMF beugen, die von genau diesen Staaten kontrolliert werden.

Als ich in einer Konferenz einmal bemerkte, dass die Angehörigen der Führungsschicht in Entwicklungsländern ihren Kollegen aus den großen Industrienationen näher stünden als ihren eigenen, ärmeren Landsleuten, antwortete mir ein italienischer Geschäftsmann, dass dies ein Irrtum sei. Er behauptete, die Mitglieder dieser Führungsschicht seien zu korrupt, um für die Industrienationen in irgendetwas zuverlässige Partner zu sein. Vielleicht hat er Recht. Aber die richtige Methode, sowohl diese Führungsschicht als auch die Korruption zu bekämpfen, bestünde mit Sicherheit darin, die Staaten zu demokratisieren und den normalen Bürgern mehr Macht zu geben. Es gibt Möglichkeiten, dies zu erreichen, auf die wir später noch einmal zurückkommen werden.

Die internationale Ebene: Ist der Markt der Widersacher?

Es fällt auf, dass der Markt in der Rubrik International/Privat nicht aufgeführt ist, obwohl sicher viele ihn dort sehen wollen. Der Markt an sich ist meiner Meinung nach jedoch ebenso wenig der Widersacher wie der Staat. Märkte sind nicht notgedrungen kapitalistische Märkte, und sie können genau in dem Sinn nützlich sein, in dem klassische Wirtschaftswissenschaftler sie für nützlich halten, nämlich dann, wenn sie für (geregelten) Wettbewerb sorgen, Innovation und Kreativität fördern, die Ressourcen verteilen und eine Preisfestsetzung gestatten. Ich möchte nicht jedes Mal feilschen müssen, wenn ich einen Laib Brot oder ein Buch kaufe, und ich möchte beispielsweise verschiedene Computer miteinander vergleichen, bevor ich einen erwerbe.

So wie ich die Dinge sehe, geht es nicht darum, die Märkte abzuschaffen – selbst wenn es möglich wäre, irgendwie eine Institution loszuwerden, die in der einen oder anderen Form in praktisch jeder Gesellschaft seit den ersten Anfängen der Geschichte existiert hat. Ein Versuch, die Märkte abzuschaffen, wäre so, als wollte man den Regen abschaffen. Man kann jedoch strenge Regeln dafür einführen, was von den Gesetzen des Marktes regiert werden soll und was nicht, und man kann dafür sorgen, dass alle an dem Austausch teilnehmen können.

Wenn jemand, aus welchem Grund auch immer, kein eigenes Geld besitzt, muss er Gutscheine für die lebensnotwendigsten Waren erhalten und/oder ein Anrecht auf ein Einkommen haben, durch das die grundlegendsten Ausgaben gedeckt sind. In vielen Entwicklungsländern müssten Indikatoren für ein nicht ausreichendes Angebot von Gütern wie Öl und Getreide in Zeiten einer Nahrungsmittelknappheit automatisch bewirken, dass diese Waren vom Markt genommen werden. Es muss dafür gesorgt werden, dass die Grundnahrungsmittel sich in solchen Zeiten nicht in den Händen von privaten Händlern befinden, die die Öffentlichkeit in Zeiten der Knappheit unfehlbar erpressen würden. Einige grundlegende Notwendigkeiten eignen sich überhaupt nicht für den Markt und sollten als öffentlicher Besitz eingestuft werden. Ein Kandidat, der sich für entsprechende Regelungen anbietet, ist das Wasser. Aber weil solche Güter auch knapp sind, müssen Mechanismen eingeführt werden, durch die Verschwendung verhindert wird – im Fall von Wasser könnte vielleicht eine gewisse Litermenge pro Person gar nichts oder nur sehr wenig kosten. Bei einem größeren Verbrauch müsste dann der Preis steil ansteigen.

Öffentliche Dienstleistungen sollten von vornherein außerhalb des Marktes angeboten werden, und jede Gesellschaft sollte unabhängig festlegen können, was auf ihrem Territorium eine öffentliche Dienstleistung ist und was nicht. Bildung und Gesundheitsfürsorge sollten auf alle Fälle im öffentlichen Sektor bleiben und jedermann zur Verfügung stehen. Je nach Art der Gesellschaft könnten zusätzlich noch private Einrichtungen (wie z.B. religiöse Schulen) wünschenswert sein. Viele

Gesellschaften würden, wenn sie darüber zu entscheiden hätten, auch den öffentlichen Verkehr, Kommunikation und Energieversorgung dem Markt fern halten. Es kommt darauf an, dass durch demokratische Diskussion entschieden werden sollte, was auf den Markt gehört und was nicht.

Gemäß der derzeit geltenden Wirtschaftslehre profitieren die Verbraucher in einer Marktwirtschaft infolge des Wettbewerbs von niedrigeren Preisen. Wenn das Angebot nicht von Monopolen oder Oligopolen kontrolliert wird, trifft das auch zu. Menschen sind jedoch nicht nur Konsumenten. Als Angestellte, Familien oder Studenten und Schüler, als Kranke, Arbeitslose, Behinderte oder Rentner müssen sie oft vor dem Markt geschützt werden. Es ist sehr schwierig, aber lebensnotwendig, hier eine Balance zu erreichen. Ferner muss beachtet werden, von wem und wie die Waren produziert werden, die auf den Markt gelangen. Auch in jedem System der Zukunft muss Produktion und Vertrieb stattfinden, aber es muss nicht notgedrungen die kapitalistische Art von Produktion und Vertrieb sein.

Wenn der Mark bei mir in der Rubrik International nicht auftaucht, so werden die USA ausdrücklich genannt, weil sie nicht nur ein Problem für die Amerikaner selbst sind, sondern auch für alle anderen. Das Thema erscheint mir so wichtig, dass ich ihm das nächste Kapitel widmen möchte, und ich bitte meine Leser, nicht sofort los zu schreien »Antiamerikanisch!«, sondern damit zu warten, bis sie es gelesen haben.

Ich bin überzeugt, dass die gegenwärtige Regierung der USA als Widersacher eingestuft werden muss, vielleicht sogar als der gefährlichste von allen und als derjenige, der am schwersten aufzuhalten ist, weil sie eine Bedrohung für die Menschen, für den Planeten und für den Frieden ist. Ein Versuch, die Regierung der USA zu bekämpfen, ist eine ebenso erschreckende Aufgabe wie ein Kampf gegen den Kapitalismus. Dennoch müssen wir es versuchen und es zu einem unserer wichtigsten Ziele machen.

5
... WENN EUROPA DEN KAMPF INNERHALB DES WESTENS GEWINNT*

Ich bin darauf gefasst, dass dieses Kapitel Verwünschungen und Steinwürfe provozieren wird, dass es die Späher der politisch korrekten Inquisition auf den Plan rufen und bei einigen den Vorwurf des Antiamerikanismus, bei anderen dagegen den des Okzidentalo-Zentrismus, besonders in seiner Unterform als Euro-Zentrismus, hervorrufen wird. Alles falsch! Zu dumm aber auch. Lassen Sie mich Ihnen als Erstes versichern, dass es ziemlich schwierig für mich wäre, antiamerikanisch zu sein. Als Amerikanerin der zwölften Generation habe ich nicht die Absicht, mich so spät noch gegen meine Vorfahren, meine Familie und meine Freunde, meine Schulen, meine Gesinnungsgenossen und Colleges zu wenden, gegen die Geschichte, die ich erlernt, die Verfassung, die ich studiert habe und deren Werte mir teuer sind. Andererseits bin ich schockiert und verärgert über die offensichtliche Negierung dieser Geschichte, die Befleckung dieser Verfassung und die Pervertierung dieser Werte durch die Bush-Administration, die meiner Ansicht nach versucht, einen schleichenden Staatsstreich zugunsten der großen Konzerne durchführen.

Es ist ein gewaltiger Unterschied, ob man antiamerikanisch ist, oder ob man gegen das gegenwärtige amerikanische Establishment und eine Herrschaft der Großkonzerne ist. Ich bin mir der großen Qualitäten des amerikanischen Volkes wohl

---

* Dieses hier stark revidierte Kapitel war ursprünglich meine Antrittsvorlesung für das *Institute for the Study of European Transformations* an der Metropolitan University in London im Juni 2003

bewusst. Ich bewundere es und arbeite ständig mit ihm zusammen – und ich hoffe, dass auch ich einige diese Qualitäten geerbt habe. Und was noch wichtiger ist: Die Amerikaner, die ich kenne, sind die Ersten, die den von den Großfirmen gelenkten, militarisierten Staat beklagen, mit dem sie heute konfrontiert sind, einen Staat, der eifrig damit beschäftigt ist, ihre bürgerlichen Freiheiten zu beschneiden und das Volk mit Hilfe gehorsamer Medien mit Propaganda zu überschütten.

Was den Okzidentalo-Zentrismus betrifft, so hoffe ich, dass ich genügend Freunde in anderen Kontinenten habe, die meine Arbeit über viele Jahre hinweg verfolgt haben und bezeugen können, dass ich der festen Überzeugung bin, dass alle Völker, Nationen und Kulturen einen einmaligen Beitrag zu jener anderen Welt leisten können, die wir alle herbeisehnen.

Aber hier müssen wir über Weltpolitik und Machtverhältnisse reden und brauchen Entschlossenheit und strategisches Denken anstelle von Gefühl und Wunschdenken.

Die Vereinigten Staaten wären die Letzten, die sich einer fortschrittlichen Initiative anschließen würden, sofern sie es überhaupt täten. Die internationalen Institutionen wie Weltbank, IMF und WTO beugen sich weitgehend ihrem Willen. Dies sind die Gründe, und wir werden in Kürze auch noch andere kennen lernen, aus denen die gegenwärtige Regierung der USA an erster Stelle auf meiner Liste unserer Widersacher steht.

Es ist ja recht und schön, inspirierende Schlagworte zu haben – keine politische Bewegung kommt ohne sie aus –, aber in dem Augenblick, in dem wir die Rhetorik beiseite lassen und kühler, kritischer und analytischer werden, müssen wir uns fragen, *unter welchen Bedingungen* eine andere Welt möglich ist. Ist dieser Satz nur eine Phrase zur Aufrechterhaltung der Truppenmoral, oder ist er eine ernst zu nehmende Aussage? Ich glaube, dass diese Frage unlösbar mit dem Zustand und der Zukunft Europas verbunden ist.

Eine andere Welt
unter europäischer Führung?

Um es ganz klar zu sagen, ich glaube nicht, dass eine andere Welt möglich ist, ohne dass Europa sich seiner unentbehrlichen Rolle bewusst wird und entschlossen ist, seinen Wurzeln, seiner Kultur und den positiven Aspekten seiner Geschichte, insbesondere seiner Nachkriegsgeschichte, treu zu bleiben und darauf aufzubauen.

Wenn es uns nicht gelingt, ein solches europäisches Bewusstsein und, darauf aufbauend, ein europäisches Gesellschaftsmodell zu schaffen, dass sich grundlegend von dem amerikanischen unterscheidet und das wir als Grundlage für jene andere mögliche Welt benutzen können, wird nicht nur jene andere Welt unerreichbar, auch Europa selbst könnte in Bedeutungslosigkeit versinken – ein Kontinent mit wunderschönen Kirchen und Schlössern und guten Weinen, aber dennoch bedeutungslos.

Wenn Europa sich nicht entschließt, aktiv und bewusst seine Rolle als Gegengewicht gegen die USA zu spielen – politisch, wirtschaftlich, gesellschaftlich und ökologisch –, dann wird alles, worauf es ankommt, in Kürze mit eiserner Faust von einer auf Vorherrschaft bedachten amerikanischen Führung entschieden werden, die höchstens gelegentlich mit Samthandschuhen auftritt. Gleichzeitig wird der europäische Kapitalismus gewaltig gestärkt werden. Außerdem glaube ich, dass das »Nein« der Franzosen und Niederländer zur EU-Verfassung positiv zu beurteilen ist, weil sich das offizielle Europa auf das amerikanische Modell zubewegt und das »Nein« eine Möglichkeit war, dieser Entwicklung Einhalt zu gebieten.

Dies sind meine Prämissen: Meiner Meinung nach hat es sich inzwischen deutlich gezeigt, dass sich das amerikanische Establishment gegen jede signifikante Veränderung zugunsten einer umweltverträglichen, von sozialer Verantwortung getragenen Welt wenden wird, die den Menschen ein lebenswertes

Leben bietet. Eine solche Welt kann nur durch die Zusammenarbeit von Nationen entstehen, die sich darauf verständigt haben, nach den gleichen Regeln zu spielen, einschließlich der Einschränkung der Macht des Marktes. In der amerikanischen Geschichte, besonders in der neueren Geschichte, gibt es kein Beispiel dafür, dass das Land sich irgendeinem internationalen Vertrag oder einer Autorität von außen unterworfen hätte. Selbst wenn die Diplomaten sich aus irgendeinem Grund darauf einlassen würden, würde der gegenwärtige Senat keinen Text ratifizieren, der für die USA irgendwelche Einschränkungen von außen beinhalten würde.

Abgesehen von Somalia sind die USA das einzige Land, das nicht einmal die Kinderrechtskonvention der Vereinten Nationen ratifiziert hat. Wenn sie einer übernationalen Organisation beitreten, die tatsächlich etwas zu sagen hat, wie die Welthandelsorganisation, benutzen sie ihre Bestimmungen, wenn es ihnen in den Kram passt, und pfeifen darauf, wenn es ihnen gerade nicht gefällt. Das ist nicht das Amerika, dass ich einmal gekannt habe – oder das ich zu kennen glaubte –, es ist jedoch das Amerika, mit dem wir es heute zu tun haben.

Die USA dulden keine Rivalen, nicht einmal regionale Rivalen. Die Leute, die für die amerikanische Politik verantwortlich sind, sind weitsichtig, hart und alles andere als naiv. Sie erkennen die Bedrohung, die Europa möglicherweise für die amerikanische Hegemonie darstellen könnte, insbesondere nach dem relativen Erfolg des Euro.*

Im gleichen Maß, in dem die Europäer in Verdacht geraten, eine andere Welt zu verteidigen oder sich sogar darauf zu zu

---

* Schon im Jahr 1992 schrieb der damalige Staatssekretär im Verteidigungsministerium, Paul Wolfowitz, der inzwischen Präsident der Weltbank geworden ist, in seinem geheimen *Defence Planning Guidance Report:* »Wir müssen die Mechanismen in der Hand behalten, um potenzielle Rivalen davon abzuhalten, auch nur zu versuchen, eine wichtigere regionale oder globale Rolle zu spielen.« Westeuropa stand an erster Stelle auf seiner Liste möglicher Rivalen.

bewegen, werden die USA sie angreifen, manchmal verdeckt, manchmal jedoch auch offen.

Kurz gesagt, die Leute, die die amerikanische Politik gestalten, werden einen Krieg führen. Ich glaube, dass sie das bereits auf viele verschiedene Arten tun, weil sie besser als die Europäer selbst begreifen, welche Bedrohung von einer alternativen Weltsicht ausgeht, hinter der echte politische und wirtschaftliche Macht steht. Die USA erkennen die potenzielle Gefahr, die von einem Gebilde ausgeht, das schon 2004 über 450 Millionen Menschen und ein gemeinsames Bruttosozialprodukt verfügte, das etwas höher war als das ihre, welches bis vor kurzem noch das höchste der Welt war. (Zum Vergleich: Die 25 EU-Länder haben ein gemeinsames Bruttosozialprodukt von 11,05 Billionen US-Dollar, die USA haben bei 280 Millionen Einwohnern ein Bruttosozialprodukt von 10,99 Billionen US-Dollar).*

Ohne Zweifel wird die Schaffung und Verwirklichung eines anderen, mit dem der USA rivalisierenden Modells sehr viel Mut, eine hervorragende Führung und ein erhebliches Durchhaltevermögen erfordern. Vielleicht wird Europa das nicht schaffen oder gar nicht erst versuchen, aber ich fürchte, ohne diesen entscheidenden Schritt wird der Traum von der Möglichkeit einer anderen Welt tatsächlich ein Traum bleiben. Aus diesem Grund lastet auf den Europäern, besonders auf denen, die in der Bewegung für globale Gerechtigkeit aktiv sind, eine besonders große Verantwortung. Nur Europa kann den USA die Stirn bieten, jedenfalls in den kommenden Jahren dieses Jahrhunderts. Das bedeutet nicht, dass andere Kontinente und andere Völker zur Zukunft des Planeten nichts zu sagen und nichts beizutragen hätten – natürlich haben sie das.

Hier denkt jeder sofort an die explodierenden Bevölkerungszahlen und die wachsende Wirtschaftsmacht Chinas und Indiens. Ihre geopolitische Zeit wird mit Sicherheit kommen,

* *CIA World Factbook,* www.cia.gov/cia/publications/factbook

aber ich bin, ehrlich gesagt, froh, dass es noch nicht so weit ist. Wenn ich die Wahl habe, wünsche ich mir weder das gegenwärtige, repressive chinesische Modell noch das durch das Kastensystem gekennzeichnete indische Modell mit seinen Religionskämpfen. Ebenso wie die asiatischen Tigerstaaten wiegt Japan etwas leichter auf der demografischen Waage, und es kämpft seit langem mit wirtschaftlicher Stagnation. Jedenfalls wurde Japan während der fast sechzig Jahre seit dem Zweiten Weltkrieg von der Liberaldemokratischen Partei regiert, die sich ebenso wenig gegen die USA wenden würde, wie sie auf die Idee käme, nackt durch die Ginza zu marschieren. Andere Länder, wie Brasilien, sind Hoffnungsträger und werden uns zweifellos wertvolle soziale Experimente vorführen. Aber aus vielen Gründen, unter anderem wegen ihrer Schulden und ihrer Abhängigkeit von ausländischem Kapital und den Exportmärkten, haben sie nicht die Möglichkeit, auf anderen Gebieten so zu handeln, wie sie es vielleicht gerne tun würden.

Aus diesen Gründen ist Europa die einzige für mich erkennbare Instanz außerhalb der USA, die an diesem Punkt in der Geschichte sowohl die wirtschaftliche und symbolische Macht, als auch die historische und kulturelle Erfahrung besitzt, um die Führung auf dem Weg zu einem alternativen Modell übernehmen zu können, dem andere Nationen sich dann anschließen könnten. Wenn meine Hypothese richtig ist, lauten die entscheidenden Fragen: Kann Europa ein alternatives Modell für die Welt vorschlagen? Und: Kann ein solches Modell verwirklicht werden und, wenn ja, auf welche Weise?

Gemeinsame Werte?

Auf beiden Seiten des Atlantiks versichern viele Leute, einschließlich Tony Blair und Condoleezza Rice, dass Europa und Amerika die gleichen Werte haben. Das mag ja sehr tröstlich klingen, aber ich bin da nicht so sicher. Die meisten Europäer, die die amerikanischen Kavaliersansichten zu sozialen Fragen und zum Umweltschutz ernsthaft unter die Lupe nehmen, finden wenig, das sie mit den USA gemein haben möchten.

Man sollte auch daran denken, dass die gegenwärtige Europäische Gemeinschaft 1950 in der Überzeugung gegründet wurde, dass Konflikte friedlich und auf der Grundlage des internationalen Rechts geregelt werden sollten. Dies entspricht immer weniger der Haltung der amerikanischen Führung, die die Europäer wegen allem und jedem angreift, angefangen mit ihrer Ablehnung genetisch manipulierter Organismen bis hin zu ihrer Weigerung, einem militärischen Angriff auf einen souveränen Staat zuzustimmen.

Die Amerikaner – Leute in hohen Stellungen nicht ausgenommen – stellen ihre religiöse Haltung, um nicht zu sagen, ihren Fundamentalismus, immer offener zur Schau. Die Grenze zwischen Kirche und Staat ist im Schwinden begriffen. Konferenzen im Justizministerium und im Weißen Haus beginnen häufig mit einem Gebet. Die Regierungen mehrerer amerikanischer Staaten haben Darwin und die Evolution aus den Lehrplänen der Schulen gestrichen und durch den »Kreationismus« (wörtliche Auslegung der Bibel) ersetzt, während wir in Europa zunehmend »entchristianisiert« werden. Wir hatten jahrhundertelang genügend religiöse Auseinandersetzungen, um Gott aus dem öffentlichen Leben fern halten zu wollen.

Die Amerikaner haben immer noch die Todesstrafe, richten geistig Behinderte hin, haben weltweit proportional zur Bevölkerungszahl die größte Anzahl von Gefängnisinsassen, halten ausländische Häftlinge unter menschenunwürdigen Bedingungen in Camp X-Ray und Guantánamo Bay fest und haben erstmalig seit fünfzig Jahren die Militärtribunale reaktiviert. Das europäische Justizsystem ist sicher nicht perfekt, aber es hat wenigstens die Zustände des Mittelalters hinter sich gelassen. Die gemeinsamen Werte sind anscheinend im Schwinden begriffen.

In welche Richtung gehen wir?
Führungsrolle oder Unterwerfung?

Ist Europa der Aufgabe gewachsen? Wenn die meisten Europäer, die sich in einer Position befinden, in der sie ihre Ansichten durchsetzen können, sich dem amerikanischen Modell nicht nur beugen, sondern es auch noch aktiv fördern, wie so viele es tun, dann kämpfen wir eine aussichtslose Schlacht. Seit dem großen chinesischen Militärstrategen Sun Tzu, der um 500 v. Chr. lebte, wissen wir, dass die größten Generäle diejenigen sind, die es nicht nötig haben, zu kämpfen. Worin besteht der Zweck eines Krieges, wenn nicht darin, den Gegner dazu zu bewegen, unsere Ziele als die seinen zu akzeptieren? Wenn Europa von fünfundzwanzig Tony Blairs geleitet würde, die alle die militärischen, politischen und wirtschaftlichen Ziele der USA so vollkommen als die ihren akzeptiert hätten, wie er es uns vormacht, dann wäre der Kampf um die Möglichkeit einer anderen Welt bereits unwiderruflich verloren.

Der erste Schritt, den die Europäer tun müssten, besteht darin, die Herausforderung zu erkennen, die ihnen ins Gesicht starrt. Zu meinem Kummer muss ich jedoch feststellen, dass die meisten diese Herausforderung weder erkannt noch akzeptiert haben. Europa bewegt sich nicht in die Richtung, die ich mir wünsche, sondern in die entgegengesetzte. Deshalb habe ich mich für das »Nein« in Frankreich eingesetzt. Das einzig Gute, dass ich an dem Krieg gegen den Irak erkennen konnte, war, dass er eindeutig zeigte, wie die gegenwärtige Regierung der USA geartet ist, und dass er Gelegenheit bot für einen bemerkenswerten, wenn vielleicht auch kurzlebigen Beweis der Unabhängigkeit wenigstens einiger europäischer Staaten und vor allem ihrer Bevölkerung.

Man könnte eine beliebig lange Liste von allem anfertigen, das sich in die falsche Richtung entwickelt – falsch jedenfalls, wenn man mir zustimmt, dass ein alternatives europäisches

Modell geschaffen werden muss, das als Grundlage für eine alternative Welt dienen kann. Hier ist eine kurze Liste:

1. Die EU-Erweiterung, die in sich eine gute Sache ist, hat die Stellung der Freunde der USA innerhalb der EU bereits spürbar gestärkt. Die Osteuropäer sind aus verständlichen Gründen immer noch durch ihre Erfahrung mit der sowjetischen Besatzung psychologisch angeschlagen, und sie sind, jedenfalls im Augenblick noch, der anderen Supermacht dankbar dafür, dass sie den Kalten Krieg gewonnen hat. Aber sie lieben auch die NATO.

2. Die Tatsache, dass Großbritannien alle amerikanischen Positionen unbedingt und unter allen Umständen akzeptiert, ist nicht gerade förderlich für die Entstehung eines Gegenmodells. Wenn Großbritannien sich nicht zugunsten Europas und gegen die USA entscheidet, wird General de Gaulle Recht behalten: Wir haben das Trojanische Pferd in unsere Mauern gelassen, und jetzt weigert es sich, sich von der Stelle zu rühren.

3. Die neoliberalen Ziele der gegenwärtigen Europäischen Kommission unterscheiden sich nicht von denen ihrer Vorgängerin. Sie sind ausschließlich wirtschafts- und privatisierungsorieniert. Der ehemalige Handelskommissar der EU, Pascal Lamy, angeblich ein Sozialist, ist inzwischen Leiter der Welthandelsorganisation geworden. Als europäischer Handelskommissar war er mit seinen Versuchen, den Entwicklungsländern Konzessionen abzuringen und dem Neoliberalismus weltweit Geltung zu verschaffen, sogar noch rücksichtsloser als seine amerikanischen Kollegen. Peter Mandelson, der jetzige Handelskommissar der EU, ist ein würdiger Nachfolger Lamys.

4. Die Europäische Zentralbank macht es sich zur Aufgabe, die Inflation im Keim zu ersticken, selbst dann, und besonders dann, wenn die Inflation gar nicht das eigentliche Problem ist. Von dieser Bank kann man kaum erwarten, dass sie

ein Expansionsprogramm versucht, das auch nur im Mindesten keynesisch ist. Außerdem hat sie nicht die gleiche Macht wie die *Federal Reserve* der USA. Selbst wenn sie es wollte, könnte sie nicht die nötigen Maßnahmen ergreifen, um den Euro zu einer echten Alternative für den US-Dollar zu machen. Sie ist politisch unabhängig und weder dem Europäischen Parlament noch den Mitgliedsstaaten verantwortlich – ganz zu schweigen von den Bürgern.

5. Auf internationaler Ebene sind die Weltbank und der IMF in hohem Maß Geschöpfe des Finanzministeriums der USA und Instrumente der amerikanischen Außenpolitik geworden. Daran wird sich auch schwerlich etwas ändern, solange die europäischen Staaten ihr Stimmengewicht nicht zu einem einzigen Block vereinigen, der die dominierende Stellung der USA erschüttern könnte. Ich kann aber nicht das geringste Anzeichen dafür erkennen, dass die europäischen Regierungen dieses Problem erkannt haben. Ebenso wenig gibt es ein Anzeichen dafür, dass die Europäer eine vereinigte Front gegen den großen Plan der Welthandelsorganisation bilden, sämtliche menschlichen Aktivitäten und das Leben selbst zu einem Betätigungsfeld des Marktes zu machen. Die UNO ist inzwischen weitgehend kaltgestellt und würde kaum noch atmen, wenn die französische, deutsche, russische und chinesische Diplomatie ihr während der Irakkrise nicht noch ein wenig Leben eingehaucht hätte.

Diese Liste kann, wie gesagt, jederzeit verlängert werden. Diese und andere Fakten weisen darauf hin, dass die Sterne nicht gerade günstig für das Entstehen eines unabhängigen europäischen Modells stehen. Dennoch laufe ich nicht nur herum und wiederhole den Slogan, »Eine andere Welt ist möglich«. Ich glaube wirklich daran, obwohl ich eingestehen muss, dass die Aufgabe langwierig und die Hoffnung schwach ist.

Damit die Entstehung einer anderen Welt wahrscheinlicher wird, müssen die Bürger Europas und durch sie die europäischen Regierungen und Institutionen erkennen, dass es in ihrem eigenen Interesse und im Interesse des Planeten ist, sich aus dem ideologischen und politischen Griff der amerikanischen Regierung zu befreien und sich dieser Aufgabe zu stellen. Zwei und ein Viertel Jahrhundert, nachdem die USA ihre Unabhängigkeit von Großbritannien erklärt haben, müssen Großbritannien und das übrige Europa ihre Unabhängigkeit von den USA erklären. Die Bürger Europas werden als Vorreiter dieser Veränderung fungieren müssen, denn ihre Regierungen werden es mit an Sicherheit grenzender Wahrscheinlichkeit nicht von alleine tun. Der Einsatz ist hoch.

Ein gutes Beispiel Europas als Bedrohung

Der größte Teil der Bewegung für globale Gerechtigkeit schlägt ein universales europäisches Model vor, das auf Besteuerung, Umverteilung und demokratischer Beteiligung aller beruht, so wie es sich in Westeuropa seit den dreißiger Jahren des vorigen Jahrhunderts, besonders aber während der Nachkriegszeit entwickelt hat. Trotz vieler Angriffe besteht dieses Modell, wenigstens teilweise, auch noch heute. Darin liegt die Bedrohung für die USA.

Niemand ist töricht genug zu behaupten, dass das europäische Modell perfekt ist oder es jemals war, aber es ist um vieles besser als das amerikanische. Der Beweis dafür ist, dass die Kräfte des Neoliberalismus in Europa gemeinsam mit denen in den USA versuchen, es zu zerstören, und dass sie, trotz einiger heroischer Versuche, diese Entwicklung aufzuhalten, Fortschritte damit machen.

Unterdessen ist das Schlachtschiff der USA auf Kurs. Ich kann es zwar nicht beweisen, aber ich glaube, dass die Vereinigten Staaten während des Kalten Krieges auf heimischem Boden wenigstens ein paar Programme zur Unterstützung der

Armen aufrechterhalten mussten, weil sie es sich nicht leisten konnten, ihre eigenen Bürger erkennbar schlechter zu behandeln als die UdSSR die ihren behandelte. Seit dem Fall der Berliner Mauer wurden jedoch die Nahrungsmittelgutscheine und andere Hilfsprogramme drastisch beschnitten, während die Zahl der Armen mit und ohne Arbeitsplatz ebenso drastisch anstieg.

Ich glaube auch, dass die USA nicht wollen, dass ihr eigenes mageres und unzureichendes Sozialsystem mit etwas Besserem verglichen wird – etwa mit den Sozialsystemen, die es in Europa immer noch gibt. Leider muss gesagt werden, dass die Europäische Kommission fleißig mithilft, eine der brillantesten kollektiven Erfindungen, die die Menschheit seit Beginn der modernen Geschichte gemacht hat, zu demontieren. Wäre es ein *casus belli* mit den USA, wenn Europa verkünden würde, dass sein eigenes soziales Modell weltweit verwirklicht werden könnte, dass die nötigen finanziellen und organisatorischen Mittel vorhanden sind, und dass Europa die Initiative ergreifen will, um diesen Prozess in Gang zu bringen?

Das europäische Modell: die Erfahrungen einer einzelnen Frau

Wenn sich die Vereinigten Staaten, wie ich es glaube, bereits in einem Krieg mit Europa befinden, dann hat dieser Krieg, ebenso wie jeder andere, notwendigerweise unzählige verschiedene Dimensionen – kulturell, sozial, politisch, wirtschaftlich, finanziell und militärisch. In diesem Buch kann keinem dieser Aspekte die Aufmerksamkeit gewidmet werden, die er verdient. Aber lassen Sie mich einige davon durch das verkehrt herum gehaltene Teleskop betrachten, mit einem individuell begrenzten Blick auf das europäische Modell.

Meine Vorstellungen von der Rolle, die Europa spielen

könnte und sollte, sind geprägt von meinen Erfahrungen als in den USA geborene Frau, die ihr ganzes Erwachsenenleben in Frankreich verbracht hat. Ich bin mir darüber im Klaren, dass es unakademisch ist, persönliche Einzelheiten in eine geopolitische Diskussion aufzunehmen, aber ich bin kein Universitätsprofessor, und ich glaube, dass gewisse Erfahrungen zeigen, dass auch das Persönliche politisch ist, wie wir in den 1960er Jahren zu sagen pflegten.

In einem Jahr in meinem Familienleben bereiteten meine drei Kinder und ich uns alle auf das eine oder andere wichtige Examen vor, von meiner Doktorarbeit und meinem Rigorosum bis zum Abitur meiner jüngsten Tochter. Mein Mann war der Einzige von uns, der sich nicht im Griff des Erziehungsministeriums und der Sorbonne befand. Wir alle erhielten unsere Diplome und Zeugnisse, aber das, worauf es mir hier ankommt, ist, dass ein solches kollektives Familienunternehmen in den USA selbst für eine relativ privilegierte Mittelklassefamilie wie die unsere undenkbar gewesen wäre. Die Studiengebühren wären unbezahlbar gewesen, und mit drei Kindern, deren Ausbildung meine erste Priorität sein musste, wäre ich niemals auf die Idee gekommen, meinen Doktor zu machen.

Wenn das System in Frankreich das Gleiche gewesen wäre wie in den USA, hätten mich die Kosten vermutlich schon Jahre zuvor davon abgehalten, meinen französischen akademischen Grad (mein Staatsexamen in Philosophie) zu erwerben. Ich kann also mit gutem Grund behaupten, dass ich dieses Buch ohne das französische Erziehungssystem niemals geschrieben hätte und dass Sie es nicht lesen könnten.

Noch eine Geschichte: Sie ist trauriger, aber ebenfalls eine gute Illustration dessen, was ich sagen möchte. Im Mai 2002 verlor ich meinen Mann nach langer Krankheit, wiederholten Klinikaufenthalten, einer riesigen Operation, Intensivpflege und einer Rekonvaleszenz, die am Ende nicht anhielt. Das ist eine kurze Schilderung einer Saga, die über anderthalb Jahre dauerte. Wieder war der französische Staat für uns da.

Vermutlich hätten wir die nötigen Gelder zusammenkratzen können, wenn das die einzige Möglichkeit gewesen wäre, aber wir waren nicht darauf angewiesen. Weil der Zustand meines Mannes offiziell als schwere Krankheit anerkannt wurde, wurde er zu 100 Prozent vom staatlichen Gesundheitssystem versorgt, und was am wichtigsten ist, alle Entscheidungen wurden von den Ärzten getroffen. Keine Zeit wurde verloren, er bekam, was er brauchte, zu dem Zeitpunkt, zu dem er es brauchte. Ich habe arme Familien, manchmal Einwandererfamilien, gesehen, die Patienten in derselben Intensivstation besuchten; sie wurden mit genau der gleichen Sorgfalt betreut. Kein Wunder, dass die Weltgesundheitsorganisation das französische System als das beste der Welt bezeichnet hat.

Bitte schreiben Sie mir nicht, um mir mitzuteilen, dass sowohl das Gesundheits- wie auch das Erziehungssystem in Frankreich allmählich demontiert werden. Ich bin mir dieser Tatsache mit Kummer bewusst, und ich unterstütze die Kämpfe von Lehrern und Krankenhauspersonal. Aber ich rede hier von Idealtypen, deren Verwirklichung, wie bereits bewiesen, durchführbar ist, und das nicht nur in Frankreich.

Das europäische Modell im Vergleich mit dem amerikanischen

Diese beiden persönlichen Geschichten illustrieren für mich die Essenz des europäischen Solidaritätssystems. Natürlich hatte mein Mann jahrzehntelang in das System eingezahlt, bevor er an der Reihe war, darauf zurückgreifen zu müssen. Jedermann trägt proportional zu seinem Einkommen dazu bei, und die Arbeitgeber zahlen am meisten von allen, so dass die Gesundheitsversorgung, besonders in ernsten Fällen, für jedermann weitgehend frei ist.

Es ist richtig, dass die Steuern höher sind als in den meisten

Ländern, aber auch hier bekommt man das, was man bezahlt, in diesem Fall Ausbildung, Arbeitslosenunterstützung und ein soziales Netz, besonders für die Ärmsten. Im Fall der Ausbildung (und ich bin mir durchaus über die krassen Unterschiede zwischen den einzelnen Institutionen bewusst) hängt das, was man bekommt, zumindest teilweise von der Würdigkeit ab – davon, wie hart man arbeitet. Bei der Gesundheitsfürsorge hängt es von der Krankheit ab.

Die Europäer haben lange und hart um die Rechte gekämpft, die das Leben lebenswert machen, insbesondere um die Rechte, die der Washington Consensus unbedingt abschaffen will. Öffentliche Dienstleistungen, vom Postamt bis zur U-Bahn und der Eisenbahn, vom Stromnetz bis zur Wasserversorgung basieren ebenfalls auf Prinzipien, die in langwieriger Arbeit eingeführt wurden. Auf allen diesen Gebieten gibt es Unterschiede, und die Bürger einiger europäischer Länder sind eindeutig besser dran als andere, aber das Model, so unvollkommen es auch sein mag, existiert.

Der Zugang zu den Dienstleistungen ist theoretisch für alle gleich und die Preise dafür werden nicht nach Markfaktoren festgelegt. Wenigstens einige Quellen für die Information durch Radio und Fernsehen werden außerhalb der rein kommerziellen Sphäre bleiben, usw.

Die unglücklichen Briten leben in einem Haus, das sozusagen auf halbem Weg zwischen dem Festland und den USA liegt. Sie haben immer noch die BBC, aber ihre entsetzlichen und gefährlichen Eisenbahnen sind Wasser auf die Mühlen der Verteidiger der öffentlichen Dienstleistungen in Europa, die, wenn auch unter Schuldgefühlen, dankbar sind für den Trümmerhaufen auf der anderen Seite des Kanals, der sie mit wirkungsvollen Argumenten zugunsten eines öffentlichen Verkehrssystems versorgt. Was die öffentlichen Dienstleistungen betrifft, so sind die Briten schlechter dran als praktisch alle ihre Nachbarn auf dem Kontinent, und eindeutig schlechter, als sie es waren, bevor Margaret Thatcher ihren Angriff auf die öffentlichen Dienstleistungen und die Gewerkschaften begann.

Dennoch existiert das europäische Modell, und das *International Labour Office* (ILO) hat gezeigt, dass es messbar ist. Bei der Messung von sieben verschiedenen Komponenten der »wirtschaftlichen Sicherheit« nehmen die Europäer regelmäßig die Spitzenposition ein. Der Gesamtindex zeigt, dass alle europäischen Länder, einschließlich einiger der neuen EU-Mitglieder, besser abschneiden als die USA.*

Großbritannien ist vielleicht nicht gerade ein Paradies, aber verglichen mit den USA ist das Land immer noch ein Musterbeispiel für den staatlichen Sektor. Die meisten Leute in Europa haben schon einmal etwas davon gehört, dass 40 Millionen amerikanische Familien keine Krankenversicherung haben, weil es keine Pflichtversicherung gibt und weil man seine Versicherung nicht »mitnehmen« kann. Man ist nicht bei einem staatlichen Versicherungssystem, sondern bei seinem Arbeitgeber versichert, und viele Arbeitgeber bieten überhaupt keine Krankenversicherung an. Man kann eine teure Privatversicherung abschließen, aber fragen Sie Ihre amerikanischen Freunde, wie glücklich sie damit sind. Sie werden erschreckende Geschichten über die Verweigerung von Behandlungen – und sogar Fahrten im Krankenwagen – zu hören bekommen, weil die Versicherungsgesellschaft, nicht die Ärzte, beschlossen haben, dass sie sie nicht brauchen. Es ist ein Hindernisrennen, zu einer vernünftigen Behandlung zu kommen.

Was die Ausbildung betrifft, so sind die Studiengebühren

---

* Der wirtschaftliche Sicherheitsindex besteht aus sieben verschiedenen Komponenten. Die 25 Spitzenreiter in der Liste sind Schweden (Index 0,977), Finnland, Norwegen, Dänemark, Niederlande, Belgien, Frankreich, Luxemburg, Deutschland, Kanada, Irland, Australien, Spanien, Portugal, Großbritannien, Schweiz, Österreich, Japan, Israel, Italien, Ungarn, Slowakei, Tschechien, Neuseeland, USA (0,612). Siehe Tabellen im bereits zitierten *ILO-Report Economic Security for a Better World.*

astronomisch geworden. Eine amerikanische Frau, die ich kürzlich kennen gelernt habe, macht sich Sorgen um die Qualität der Grundschulen in ihrer näheren Umgebung, obwohl sie nur ein paar Minuten vom Pentagon entfernt wohnt. Eine Privatschule für ihre Töchter würde insgesamt 50 000 US-Dollar kosten. Ihre beiden Mädchen sind fünf und acht Jahre alt. Später werden die Kosten noch höher. Ein gutes College, wie das, das ich in den 1950er Jahren besucht habe, kostet heute etwa 40 000 US-Dollar im Jahr.

Die europäischen Arbeitgeber mögen über die hohen Kosten für das Sozialsystem klagen und drohen, ihre Koffer zu packen und nach Irland oder Osteuropa mit ihren niedrigen Steuern oder nach China mit seinen billigen Arbeitskräften umzuziehen. Manche von ihnen verschärfen den Kampf um einen Arbeitsplatz, und diese Art von Wettbewerb treibt die sozialen Standards nach unten – mehr darüber später. Die Arbeitgeber haben jedoch nichts dagegen, von gut ausgebildeten, gesunden Angestellten zu profitieren, die von einem guten öffentlichen Verkehrssystem zum Arbeitsplatz gebracht werden, und sie haben auch nichts gegen ein funktionierendes Kommunikationssystem, um ihre Waren zu vermarkten.

Eine weitere traditionelle Komponente des europäischen Sozialsystems ist die Solidarität zwischen den Generationen – Institutionen, die die Menschen von der Wiege bis zum Grab begleiten, von der Kinderkrippe bis zum Altenheim. Auch diese Einrichtungen sind weit davon entfernt, perfekt zu sein, und es gibt nicht genug davon, aber wenigstens ist die Situation nicht so wie in Großbritannien, wo eines von drei oder vier Kindern in die Armut hineingeboren wird. Und Gott sei Dank ist die Situation auch nicht so wie in Amerika, wo die Kindersterblichkeit bei den Minderheiten in Gegenden wie dem Nordosten von Washington, D. C., mit der in vielen Ländern der Dritten Welt verglichen werden kann.

Schließlich hat Europa die Vereinigten Staaten bezüglich der Entwicklungshilfe für die ärmeren Länder jedes Jahr von neuem übertroffen, obwohl die OECD-Länder, was ihre internationalen Verpflichtungen betrifft, nicht gerade großzügig sind. Einige Länder wie die skandinavischen Staaten und die Niederlande haben die von der UNO angestrebte Zahl von 0,7 Prozent des Bruttosozialprodukts, die in die Entwicklungshilfe fließen sollen, sogar regelmäßig übertroffen. Der Beitrag der USA beträgt 0,1 Prozent.

Das europäische Modell beruht in seiner besten Form auf Solidarität, auf Beteiligung aller und einem Gefühl der Verpflichtung gegenüber den Menschen, die nicht arbeiten können und weniger Glück haben, und dies sowohl im eigenen Land als auch im Ausland. Alle diese Errungenschaften sind ernstlich bedroht und häufig unterfinanziert und werden teils von der Europäischen Union, teils von der wohlhabenden Klasse, die innerhalb der einzelnen Länder an der Macht ist, und manchmal auch von beiden angegriffen. Das Ideal, so unvollkommen es auch sein mag, besteht jedoch weiter, und die jüngsten sozialen Unruhen haben gezeigt, dass die Menschen auch bereit sind, es zu verteidigen.

Man kann natürlich behaupten, dass es nichts mit verdeckter Kriegführung zutun hat und nicht die Schuld der USA ist, wenn die Europäer die Vereinigten Staaten nachgeahmt und sich, besonders während der letzten zehn Jahre, auf das neoliberale Modell zu bewegt haben. Vielleicht ist es sogar so. Aber wer so argumentiert, berücksichtigt nicht die Investitionen und den gigantischen ideologischen Erfolg des rechten Flügels in den USA, der während der letzten dreißig Jahren hunderte von Millionen von US-Dollar ausgegeben hat, um die neoliberalen Ideen zu verbreiten, den Wohlfahrtsstaat anzugreifen und weltweit Pseudolösungen wie die Privatisierung zu propagieren. Die USA setzen auch heute noch den Krieg der Ideen fort, in dem der Neoliberalismus die Rolle der einzig wahren Religion spielt. Wie dem auch sei, Europa bewegt sich schrittweise auf das amerikanische Verteilungsmuster zu.

Ich behaupte, dass das europäische Sozialsystem das wichtigste Angriffsziel in einem innerwestlichen Krieg ist, aber es sind auch Aspekte eines doktrinären Religionskriegs zwischen zwei von Grund auf unterschiedlichen Gesellschaften zu erkennen. Auf beiden Seiten des Atlantiks besteht jeweils der Konsens, dass die eigene gesellschaftliche Form die beste ist. Die USA geben Unsummen für die Verteidigung aus, haben dafür aber so gut wie kein soziales Netz. Es besteht jedoch der Konsens, dass die Leute so etwas nicht brauchen und alleine zurechtkommen können. Der amerikanische Traum ist immer noch nicht tot: Als kürzlich bei einer Meinungsumfrage gefragt wurde, ob das Einkommen der Befragten zu dem einen Spitzenprozent aller amerikanischer Einkommen gehöre, antworteten 19 Prozent der Leute mit Ja. Weitere 20 Prozent sagten Nein, noch nicht, aber in Kürze würde dies der Fall sein.

Der Wirtschaftskrieg

Ein bedeutender Teil der amerikanischen Organisationen arbeitet daran, die Regierung auf ihren kleinsten gemeinsamen Nenner zu reduzieren und dem ganzen Land einen sozialen Konservativismus aufzuzwingen. Denken Sie an Grover Norquist, den Leiter von *Americans for Tax Reform,* der die Regierung auf eine Größe reduzieren möchte, »bei der man sie in einer Badewanne ersäufen kann«. Norquist ist auch ein beängstigend guter Organisator. Er koordiniert die Aktivitäten von rund hundert neoliberalen Lobbys, bringt sie bei seinen berühmten Mittwochstreffen mit wichtigen Kongressabgeordneten zusammen, wo sie die Marschbefehle für die Woche entgegennehmen. Soviel ich weiß, betragen sich die Europäer bisher noch nicht so.

Einer der am schwersten durchschaubaren Aspekte des amerikanisch-europäischen Krieges ist der finanzielle. Ich bin kein Wirtschaftsexperte, aber ich habe den Eindruck, dass die amerikanische Regierung sehr genau weiß, was sie tut, wenn sie zulässt, dass der Dollar gegenüber dem Euro immer mehr an Wert verliert. Die europäischen Länder, besonders Deutschland und Frankreich, sind weit mehr auf Exporte angewiesen als die Vereinigten Staaten, um ihre Wirtschaft gesund zu erhalten. Wenn ihre Waren auf dem Weltmark um ein Drittel teurer werden als die amerikanischen, dann ist es höchst unwahrscheinlich, dass sie ihre Exporte steigern können. Die Entscheidung einiger weniger bedeutender Zentralbanken wie der russischen, einen Teil ihrer Währungsreserven in Euro anzulegen, kann diese zusätzliche Belastung der Exporte nicht ausgleichen.

Die meisten Amerikaner werden den Unterschied im Wechselkurs kaum bemerken, weil ihr Konsum von Waren aus den Euroländern minimal ist, und wenn sie zu der Klasse gehören, die sich Reisen leisten können, hören sie einfach auf, nach Europa zu fahren, oder verschieben ihre Reise, womit sie die europäische Wirtschaft noch zusätzlich belasten. Das Finanzministerium der USA wird sich vermutlich nicht hinstellen und laut verkünden: »Wir haben die Politik aufgegeben, den US-Dollar stark zu halten.« Aber der Finanzminister John Snow hat seinen Ministerkollegen gegenüber einen »starken Dollar« als einen Dollar definiert, der schwer zu fälschen ist …

Das Mindeste, das man sagen kann, ist, dass, wenn jemand etwas manipuliert, es nicht die Europäische Zentralbank und nicht einmal die City Bank ist. Alle Zeichen weisen eher auf eine amerikanische Abwertungspolitik hin. Europa als Hauptopfer und allgemeiner Verlierer kann weniger Waren an die Vereinigten Staaten und andere Länder verkaufen, die mit US-Dollar bezahlen, es bekommt weniger Touristen und gerät damit noch mehr unter Druck, seine Ausgaben zu senken, vor allem die Kosten für die Arbeitslosenunterstützung und das soziale Netz – und schon geht es bergab, auf den Abbau des Sozialsystems zu.

Angesichts der Tatsache, dass sich der Wert des Euro in der Zeit von 2002 bis Mitte 2005 um rund ein Drittel erhöht hat, ist der Druck sehr stark. Dies ist keine Zeit für schwache Nerven. Alle europäischen Lobbys, die wir in den vorangegangenen Seiten beschrieben haben, alle neoliberalen Kräfte werden die Wettbewerbsfähigkeit als Argument benutzen, um ihre Wünsche durchzusetzen. Sie streben »flexible« Arbeitsmärkte und niedrigere Steuern an. Sie werden sich weigern, ausreichende Gelder für Versicherungen für die Masse der Bevölkerung auszugeben und sich selbst gleichzeitig hervorragende private Versicherungen gönnen.

Freier Handel, freie Füchse und freie Hühnerställe

Europa wird sich entweder dem amerikanischen Druck beugen – und das ist angesichts der Politiker, die derzeit an der Macht sind, leider das Wahrscheinlichste – oder die Europäer müssen beginnen, unanständige Worte in den Mund zu nehmen – Worte, die man in feiner Gesellschaft nicht ausspricht, wie »Protektionismus« oder »Subventionen«. In Europa leben heute 450 Millionen Menschen, und die 25 EU-Mitglieder könnten bald noch zahlreicher werden, wenn nicht nur Rumänien und Bulgarien, sondern auch die übrigen Balkanländer, die Türkei, Russland und einige der ehemaligen sozialistischen Republiken dazustoßen sollten. Wenn Europa sich der großen und kostspieligen Mühe unterzieht, alle diese neuen Mitglieder in Schwung zu bringen (wie es das mit den PIGS – Portugal, [Süd-]Italien, Irland, Griechenland und Spanien) bereits getan hat, und sich dann darauf konzentriert, den Handel zwischen den europäischen Ländern zu fördern und die Arbeitsplätze in Europa zu halten, dann ist dieser Binnenmarkt doch sicher groß genug.

Außerdem muss Europa die Länder, die ihm am nächsten liegen, bevorzugt behandeln, insbesondere die Länder des südlichen und östlichen Mittelmeerraums. Die gegenwärtigen Bestimmungen der WTO lassen es jedoch nicht zu, irgendeinem Land derartige Handelsvorteile einzuräumen. Außerdem müssten die Handelsbestimmungen und die europäischen Präferenzen dahingehend umstrukturiert werden, dass Waren aus den ärmeren Ländern (vorrangig aus den ehemaligen europäischen Kolonien) zugelassen werden, beginnend mit Agrarprodukten, Textilien und Lederwaren. Die Neoprotektionisten, die auf einer Politik nach dem Grundsatz »Hier produzieren, wenn du hier verkaufen willst« bestehen, können hier ein gewichtiges Argument für sich buchen. Warum sollten wir Waren kaufen, die von unseren »eigenen« Konzernen mit nicht organisierten, unterdrückten Arbeitskräften in China oder anderen, weit entfernten armen Ländern produziert werden?

An diesem Punkt gehen die Neoliberalen zum Angriff über: »Aha«, schreien sie, »Sie sind gegen jede Entwicklung. Das haben wir schon immer gewusst!« Nein! Wir kaufen Waren von jedem, der die ILO-Konventionen, das Kyoto-Protokoll und das multilaterale Umweltabkommen respektiert. Aber Handel kann und soll auch als politisches Instrument dienen. Die europäische Politik sollte dem vergrößerten Europa selbst, dem größeren Mittelmeerraum und den ehemaligen Kolonien eine bevorzugte Behandlung einräumen.

Es ist ja auch nicht so, als ob die USA den Handel in dem innerwestlichen Krieg nicht benutzen würden. Die Freiheit des Handels ist die Grundlage des neoliberalen Dogmas, und in dieser Hinsicht dulden die USA keine Widerrede. Robert Zoellick, der ehemalige Handelsbeauftragte der USA – inzwischen ist er der zweite Mann im State Department –, hat dem Rest der Welt jedoch mitgeteilt, dass niemand ein Handels- und Investitionsabkommen mit den Vereinigten Staaten bekommt, der die außenpolitischen Ziele der USA nicht voll und ganz unterstützt. Neuseeland z.B. bleibt ausgeschlossen, weil es sich geweigert hat, atomgetriebene Schiffe der USA in seinen Hoheitsgewässern und Häfen zu dulden. Die Amerikaner haben ein langes Gedächtnis.

Der gleiche Zoellick schaffte es zwei Monate nach dem 11. September, unterstützt vom damaligen EU-Kommissar Pascal Lamy, das Ministertreffen der WTO in Doha dazu zu bewegen, die irreführend benannte »Doha Development Round« zu unterzeichnen. Dabei griff er auf leidenschaftliche Erklärungen wie diese zurück: »Sie konnten die Türme des Welthandelszentrums zerstören, aber den Welthandel können sie nicht zerstören. Ein neues Abkommen ist die beste Methode, den Terrorismus zu bekämpfen.«

Das mag sein, aber wie es sich später herausstellte, gewannen die Entwicklungsländer nichts bei dem Deal. Er beschleunigte den Abschluss der Abkommen für den Handel mit Dienstleistungen und mit geistigem Eigentum (GATS und TRIPs) und war der erste Schritt zur Durchsetzung der neuen Deals über Investitionen, Staatsbesitz und Wettbewerb. Wenn die Amerikaner durchsetzen wollen, dass alle Aktivitäten von der WTO beherrscht werden, dann hauptsächlich deshalb, weil es ihren eigenen Interessen dient. Und die Europäer helfen ihnen dabei auch noch.

Auf dem Umweg über Handelsbestimmungen streben die USA praktisch eine Kontrolle über unser gesamtes Leben an, von den Filmen, die wir sehen, bis zu der Nahrung, die wir essen. Sie haben die Abkommen der WTO geschickt dazu ausgenutzt, andere Länder dazu zu zwingen, den Patentschutz auf zwanzig Jahre zu verlängern, auch wenn es sich um Patente auf ihre eigenen einheimischen Pflanzen und Spezies handelt. Durch das GATS dringen die Handelsbestimmungen in alle Bereiche der menschlichen Existenz ein, von der Erziehung über Gesundheitsfürsorge, Kultur und öffentliche Dienste bis zum Wasser und anderem mehr.

Die Regierung der USA hat die Wünsche der pharmazeutischen Industrie unterstützt, die sich geweigert hat, einer Verteilung von Markenmedikamenten gegen AIDS und andere Krankheiten in Afrika zuzustimmen, obwohl eine solche Verteilung beim Ministertreffen der WTO in Doha von 2002 beschlossen worden war. Zwar haben die Firmen unmittelbar vor der WTO-Konferenz in Cancún im September 2003 schließlich einem Kompromiss zugestimmt, dieser ist jedoch mit vielen Bedingungen verknüpft. Insofern ist es unwahrscheinlich, dass die AIDS-Kranken spürbar davon profitieren.

In ihrer Klage gegen Europa zum Vertrieb genetisch manipulierter Organismen (GMOs), der sich Kanada und Argentinien angeschlossen haben, behaupten die USA, dass das Importverbot der EU für GMOs gegen vier verschiedene WTO-Abkommen verstößt (Zoll und Handel, Landwirtschaft, gesundheitspolizeiliche und pflanzenschutzrechtliche Maßnahmen und technische Handelsbarrieren). Das Schlichtungsgremium der WTO hat eine Kommission ernannt, die sich seit August 2003 mit dem Fall befasst. Diese wird vermutlich zu dem Ergebnis kommen, dass die Restriktionen der EU »unnötige Handelsbarrieren sind«, die für die USA jährlich einen Exportverlust von 300 Millionen US-Dollar für nicht verkauftes GMO-Saatgut und GMO-Nahrungsmittel bedeuten. So, wie die Bestimmungen der WTO aussehen, werden die Kläger vermutlich Recht bekommen. Ironischerweise sind die EU-Kommissare häufig auf der Seite der Amerikaner.

In diesem Streit handelt es sich nicht sosehr um den Verkauf von amerikanischen Agrarprodukten im Wert von etlichen Millionen US-Dollar, sondern darum, ob die amerikanischen Firmen das Recht erhalten sollen, genmanipuliertes Saatgut anzubauen wo immer es ihnen gefällt. Die genmanipulierten Pflanzen werden sich immer weiter ausbreiten, und traditionelle und ökologische Landwirtschaft wird allmählich unmöglich werden. Dabei werden 90 Prozent aller bisher in den USA zugelassenen genmanipulierten Organismen von nur fünf riesigen Konzernen kontrolliert. Biotechnische Giganten wie Monsanto wollen ihre Produkte Jahr für Jahr an wehrlose Bauern verkaufen, die in einem System gefangen sind, das sie sich niemals selbst ausgesucht haben. Den Firmen liegt so viel daran, einen Fuß in die Tür zu bekommen, dass sie in der spanischen Provinz Aragón Saatgut an die Bauern verschenken, um Abhängigkeiten zu schaffen. Das Konfliktlösungsverfahren der WTO ist eine direkte Bedrohung nicht nur für die Ernährung der Europäer, sondern für ihr Recht, ihr landwirtschaftliches System selbst zu bestimmen. Ich hoffe, dass die Vereinigten Staaten diesmal eine ernst zu nehmende Reaktion provozieren.

Militärisches

Die militärischen Aspekte des Krieges innerhalb des Westens sind komplex und verändern sich ständig, insbesondere seit der Invasion des Irak. Die Amerikaner haben die Absicht, ihre Truppen aus Deutschland abzuziehen und weiter östlich zu stationieren. Dies ist eine mehr symbolische als praktische Geste, weil ihre Reichweite so groß ist, dass es militärisch gesehen keinen Unterschied macht. Die europäische Verfassung hätte die NATO zur wichtigsten Komponente der Verteidigung Europas gemacht, was von ihren Verfassern eindeutig so gewollt war.

Aber es gibt einige ernst zu nehmende Widersprüche. William Paff, der sich auf eine Rede bezieht, die Bushs damalige Sicherheitsberaterin Condoleezza Rice gehalten hat, ist überzeugt, dass die Botschaft der Amerikaner an Europa eindeutig ist: »Es sollte ein neues System geben, das über den begrenzten Auftrag der NATO hinausgeht.«[43] Die Amerikaner halten nicht nur die UNO für irrelevant, Rice hat de facto auch erklärt, dass die NATO ausgedient hat, »weil sie eine interne Multipolarität verkörpert«. Aus dem geopolitischen Jargon übersetzt bedeutet dies, dass »einige NATO-Verbündete politische Visionen und Werte haben, die denen der Vereinigten Staaten entgegenstehen«. Jedes Bündnis von Gleichberechtigten oder gar potenziellen Rivalen ist unerwünscht. Unipolarität ist gefragt. Und die Europäer hätten das mit ihrer Verfassung klaglos hingenommen.

Noch gefährlicher für die Europäer ist die beträchtliche Zahl von Landsleuten, die unter dem Einfluss ihrer Freunde auf der anderen Seite des Atlantiks plötzlich auf die Idee gekommen sind, dass »Europa nicht mehr von den Amerikanern geschützt wird«. Deshalb, so argumentieren sie, braucht Europa ein riesiges Verteidigungsbudget, das in etwa dem amerikanischen gleichkommt. Am deutlichsten wurde diese Forderung in den Jahresberichten für 2004 und 2005 einer neuen französischen staatlichen Institution namens *Conseil économique de la défense* artikuliert, die nicht nur eine drastische Erhöhung der Verteidigungsbudgets der Europäer, sondern auch eine Gemeinschaftsproduktion von Waffensystemen mit den Vereinigten Staaten verlangt. Die einzige Antwort, die mir dazu einfällt, lautet »Warum?« Selbst wenn die Europäer ihr gesamtes soziales Sicherungssystem den Rüstungskosten opfern würden, wie die USA es getan haben, würden sie den Vorsprung der Vereinigten Staaten auch in zehn Jahren nicht aufholen.

Aber was ist daran so schlimm? Wo ist der Feind? Europa muss in erstklassige Nachrichtendienste und engere Zusammenarbeit zwischen seinen 25 Mitgliedsstaaten investieren, in die Verteidigung gegen den Terrorismus und in spezialisierte schnelle Eingreiftruppen, die bei Naturkatastrophen helfen und als Friedenstruppen in Krisengebieten eingesetzt werden können. Aber es sollte sich nicht berufen fühlen, riesige Summen für die Verteidigung auszugeben. Europa kann sich durch Entwicklungshilfe und Kooperation, besonders mit den muslimischen Ländern im Mittelmeerraum, sehr viel mehr Sicherheit kaufen.

Ich erwarte also nicht, dass die Chinesen oder die Nordafrikaner demnächst in Europa einmarschieren. Wir sollten nicht vergessen, dass die USA den Kalten Krieg schließlich dadurch gewonnen haben, dass sie die Sowjetunion in die Falle des Wettrüstens gelockt und gezwungen haben, ebensoviel für die Verteidigung auszugeben wie sie selbst. Ich hoffe sehr, dass Europa sich nicht auf einen ähnlich unsinnigen Wettstreit einlassen wird.

Die Gründungsprinzipien Europas: Man kann nicht beides haben

Geopolitisch trat der innerwestliche Konflikt während des Irak-Kriegs deutlich zutage. Im 17. Jahrhundert führten die Erfahrungen der Europäer mit verheerenden Kriegen schließlich zum Westfälischen Frieden von 1648, in dem das Prinzip der Souveränität und des friedlichen Verhaltens gegenüber einem Staat, der keine Bedrohung für die eigene nationale Sicherheit darstellte, von allen Beteiligten anerkannt wurde. Dreihundert Jahre später, nach dem Trauma zweier Weltkriege, wurde die Europäische Union gegründet, und dieses neue Europa beruht in erster Linie auf dem Prinzip der friedlichen Konfliktlösung.

Dadurch, dass sie sich im Irak-Krieg auf die Seite der USA stellten, traten Großbritannien, Dänemark und Portugal und anfangs auch Spanien (von den ehemaligen Ostblockländern ganz zu schweigen) die grundlegenden Prinzipien der EU mit Füßen und trugen so dazu bei, der amerikanischen Hegemonie einen weiteren Sieg zu sichern.

In dem Versuch, sich nach beiden Richtungen abzusichern und an dem spärlichen Rest des oben beschriebenen Prinzips festzuhalten, fabrizierte die amerikanisch-britische Achse die Beweise dafür, dass der Irak eine echte Bedrohung für die eigene Sicherheit darstellte, und behaupteten, die Gefahr sei so eindeutig und dringlich, dass keine Zeit für weitere Inspektionen und UNO-Resolutionen mehr bliebe. Noch absurder war die Behauptung, dass Saddam Hussein innerhalb von fünfundvierzig Minuten einen Schlag gegen den Westen führen könnte. Viele Menschen fielen auf diese Propaganda herein.

Eine der erschreckendsten Erkenntnisse, die durch diesen Krieg ans Tageslicht kamen, war die Tatsache, dass bis zu 55 Prozent der Bevölkerung der USA überzeugt waren, Saddam Hussein sei direkt für die Schrecknisse des 11. Septembers verantwortlich. Die britische Presse und Bevölkerung waren weniger leichtgläubig, aber unmittelbar nach dem Krieg erreichte Blairs Popularität dennoch einen Höhepunkt, und 70 Prozent der britischen Bevölkerung hatten ein positives Bild von den Vereinigten Staaten – ein sehr viel höherer Prozentsatz als auf dem Kontinent. Die nachträgliche Begründung dieses oder irgendeines anderen Krieges mit der Behauptung, es ginge um die Verteidigung der Menschenrechte, klingt besonders unglaubwürdig. Saddam Hussein war nicht der einzige brutale Diktator auf der Weltbühne, und die USA hatten ihn lange Zeit unterstützt.

Die weiterhin aggressive Haltung Amerikas gegenüber zweitrangigen Mächten wie Deutschland, Russland und vor allem Frankreich zeigt, dass diese Großmacht tun wird, was ihr passt, und dass es ihr vollkommen gleichgültig ist, was alle anderen denken. Die Vorstellung, dass internationales Recht und die UNO bei der Konfliktlösung eine Rolle spielen sollten, ist der amerikanischen Führung fremd.

Entgegen aller Wahrscheinlichkeit hoffe ich, dass die Haltung der USA bei den Europäern eine Reaktion hervorrufen und den Wunsch nach Unabhängigkeit wecken wird, und dass Europa eigene Initiativen ergreifen wird, denen sich andere Länder außerhalb Europas anschließen könnten.

Die Einigkeit der Europäer wird dabei von ausschlaggebender Bedeutung sein, und um sie zu stärken, müssen die europäischen Regierungen etwas gegen die Steuerparadiese und die schwarze Wirtschaft unternehmen. Sie müssen aber auch die Höhe ihrer Steuern miteinander abgleichen, um einen Steuerwettbewerb in Richtung auf den kleinsten gemeinsamen Nenner, in diesem Fall Irland, zu unterbinden. Ferner müssten die Europäer die Initiative zur Besteuerung von Finanztransaktionen ergreifen, von denen mehr als die Hälfte den Euro und das Pfund betreffen. Mit den Erträgen dieser internationalen Steuer könnten sie einen Fonds für die Solidarität mit den bevorzugten Ländern des Südens und für die Aufrechterhaltung und Verbesserung des sozialen Netzes im Norden begründen. Mit Hilfe von gesetzlichen Anreizen und Sanktionen müssten sie beweisen, dass es möglich ist, die Wirtschaft dynamisch und dennoch umweltverträglich zu gestalten. Ein Sozialsystem, dass alle einschließt und nicht auf Angst basiert – vor dem Verlust des Arbeitsplatzes, vor dem Alter, vor Krankheit usw. –, ist die beste Garantie für eine erfolgreiche Wirtschaft und eine zusammenhängende Gesellschaft.

Europa muss aufhören zu zögern und darauf zu warten, dass es vielleicht gelingt, die USA dazu zu bewegen, sich an gemeinsamen Bemühungen um die Verbesserung der Lebensqualität der Menschheit zu beteiligen. Das wird niemals geschehen. Die Europäer haben nur die Wahl, entweder eine untergeordnete Stellung zu akzeptieren oder sich zu bewegen und ein Modell zu schaffen, das dann auch die Unterstützung anderer Länder findet und die USA allmählich isoliert. Das war die wahre Entscheidung, die die Wähler zu treffen hatten, die die Gelegenheit bekamen, über die europäische Verfassung abzustimmen (welche die Deutschen nicht erhielten). Bisher scheinen die europäischen Regierungen zu zögern, die Bequemlichkeit der Vergangenheit aufzugeben und sich in die kalte, unsichere Arena internationaler Verantwortung hinauszuwagen. Viele haben ganz einfach Angst davor, dem mächtigsten Land, das die die Welt je gesehen hat, die Stirn zu bieten.

Trotz aller Schwierigkeiten besteht immer noch genug Handlungsfreiheit, und hier hat die Bewegung für globale Gerechtigkeit eine wesentliche Rolle zu spielen. Ein britischer Journalist hat mich einmal gefragt, warum die »Antiglobalisierungsbewegung« gerade zu dem Zeitpunkt so groß geworden sei, zu dem sie sich zu einem neuen, bedeutenden Akteur auf der internationalen Bühne entwickelte. Ich antwortete spontan: »Weil die Schweine zu weit gegangen sind.« Entschuldigen Sie die unhöfliche Ausdrucksweise, aber vielleicht wird die Supermacht auf der anderen Seite des Atlantiks ihre Hegemoniebestrebungen früher als wir denken übertreiben und das Fass zum Überlaufen bringen. Vielleicht wird sie damit selbst die ängstlichsten Europäer zum Handeln zwingen.

Wenn die Europäer wollen, dass ihre Regierungen diesen Weg gehen, dann ist es an ihnen, zu handeln, um ihr Sozialmodell zu retten und ihre Zusammenarbeit mit den Entwicklungsländern zu verbessern. Europa muss sich zu einer Macht entwickeln, die fähig ist, unsere Hoffnung, dass »eine andere Welt möglich ist«, Wirklichkeit werden zu lassen.

WAS FÜR EINE ANDERE WELT? VISIONEN DES MÖGLICHEN

>»Wann immer man sich in einer Mehrheit wiederfindet,
>ist es Zeit, innezuhalten und nachzudenken.«
>
> MARK TWAIN

Alle guten Ideen fangen mit Minderheiten an. Skeptiker bezeichnen jeden Veränderungsvorschlag als utopisch, bis er
eines Tages durchgesetzt ist. Zu allen Zeiten der Geschichte
wurden die Befürworter einer faireren Welt mit weniger Ungleichheiten erst lächerlich gemacht, dann angegriffen und
schließlich grollend akzeptiert. Wenn sie gewinnen, kann ihr
Sieg revidiert werden. Wenn sie verlieren, fallen sie gewöhnlich in das schwarze Erinnerungsloch der Geschichte. Vermutlich werden wir nicht noch einmal gegen die Sklaverei und für
das Wahlrecht der Frauen kämpfen müssen, aber man kann
nie wissen.

Dennoch verändert sich die Welt, was schon dadurch bewiesen ist, dass wir nicht mehr in Höhlen wohnen und auch
nicht mehr in Leibeigenschaft leben. Auch Wirtschaftssysteme
und Produktionsbeziehungen ändern sich. Selbst der Kapitalismus wird nicht ewig andauern. Ich werde oft gefragt, ob ich
Optimist sei. Manchmal antworte ich dann mit dem berühmten Ausspruch des italienischen Denkers Gramsci: »Optimismus des Willens, Pessimismus des Geistes.«

Tatsächlich sind mir Optimismus und Pessimismus als Kategorien vollkommen fremd. Ich habe mein Leben und meine
Handlungen niemals nach der Wahrscheinlichkeit eines güns-

tigen oder ungünstigen Ausgangs ausgerichtet. Das folgende Zitat von Václav Havel drückt das Gefühl, das ich mit ihm teile, meisterhaft aus. Er schrieb diese Zeilen nach langen Jahren nieder, die er als politischer Dissident im Gefängnis verbracht hatte:

> Ich bin kein Optimist, weil ich nicht sicher bin, ob alles gut enden wird. Aber ich bin auch kein Pessimist, weil ich nicht sicher bin, dass alles schlecht ausgeht. Ich trage nur Hoffnung im Herzen. Hoffnung ist das Gefühl, dass das Leben und die Arbeit einen Sinn haben. Und man kann unabhängig vom Zustand der Welt, die einen umgibt, daran festhalten. Ein Leben ohne Hoffnung ist leer, langweilig und nutzlos. Ich kann mir nicht vorstellen, dass ich fähig wäre, um etwas zu kämpfen, wenn ich keine Hoffnung in mir tragen würde. Sie ist ein ebenso großes Geschenk wie das Leben selbst.

Man braucht Hoffnung, weil eine Veränderung der Welt fast immer nur bruchstückweise erfolgt und sehr viel Zeit in Anspruch nimmt, manchmal unvorstellbar viel Zeit. Denken Sie an die Geschichte von Thomas Clarkson. Er ist weniger bekannt als der Parlamentsabgeordnete und Kämpfer gegen die Sklaverei William Wilberforce, aber er personifiziert die Art von individueller Entschlossenheit, ohne die eine Veränderung der Welt nicht möglich wäre. Im Jahr 1787 trafen er und elf weitere Männer sich in einem Quäkerbuchladen in London und gründeten eine Gesellschaft, deren Ziel es war, britische Reeder und Firmen daran zu hindern, sich am lukrativen Sklavenhandel zu beteiligen. Damals konnte man einen Sklaven in Afrika für 25 Dollar kaufen und für 150 Dollar in Amerika verkaufen. Manches Vermögen in Großbritannien wurde auf diesem Leid aufgebaut.

Um diesen ersten Schritt zur weltweiten Abschaffung der

Sklaverei durchzusetzen, wandten sich Clarkson und seine Freunde an Geistliche, Parlamentsabgeordnete und engagierte Männer und Frauen aus allen sozialen Schichten. Nach fünf Jahren boykottierten 400 000 Menschen von Sklaven angebauten Zucker. Nach zwanzig Jahren des Kampfes, im Jahr 1807, beschlossen Ober- und Unterhaus, den Sklavenhandel zu verbieten. Das Ende der Sklaverei im ganzen britischen Weltreich kam erst weitere sechsundzwanzig Jahre später, aber als die Akte zur Abschaffung der Sklaverei 1833 endlich das Unterhaus passierte, war Thomas Clarkson immer noch am Leben.[44]

Ich bezweifle, dass meine Hoffnungen für die Welt in den Jahren, die ich noch zu leben habe, Wirklichkeit werden können, aber das finde ich keineswegs entmutigend. Es ist nur ein Zeichen dafür, dass die Schlacht, die wir gerade erst begonnen haben, von gigantischer Bedeutung ist – der Stoff, aus dem Geschichte geschrieben wird. Ich habe die Konformität der 1950er Jahre miterlebt, die Hoffnungen, Erfolge und Fehlschläge der 1960er und 1970er Jahre und dann die Selbstsucht und die hirnlose Gier der frühen 1990er Jahre, und nun bin ich dankbar, auch in dieser Zeit des Erwachens und der Erneuerung zu leben.

Was für andere Welt und wie?

Wenn die Bewegung für globale Gerechtigkeit sagt, dass eine andere Welt möglich ist, ist das nur ein Kürzel für das folgende Argument, dass ich hier nur zusammenfasse, weil es sich durch das ganze Buch zieht.

Vielleicht zum ersten Mal in der Geschichte könnte es sich die Welt tatsächlich leisten, jedem Menschen auf der Erde ein menschenwürdiges Leben zu ermöglichen – den Zugang zu genügend Nahrung, sauberem Wasser, einer angemessenen

171

Wohnung, grundlegender Schulbildung, Gesundheitsfürsorge und öffentlichen Dienstleistungen, so wie sie in der Menschenrechtserklärung von 1948 beschrieben sind. Wo soll das Geld dafür herkommen? Von dort, wo es bereits ist – aus der internationalen Sphäre, aus den Profiten der Megakonzerne und von den Finanzmärkten. Voraussetzung sind ein Schuldenerlass für die armen Länder, das Schließen von Steuerparadiesen, Pflichtsteuern für Firmen und das Umwandeln des so genannten »freien Handels« in einen fairen Handel.

Eine andere Welt muss mit einem neuen, weltweiten Keynesischen Besteuerungs- und Umverteilungsprogramm beginnen – genauso, wie sie vor hundert Jahren auf nationaler Ebene in den heute reichen Ländern begonnen hat. Ein solches Programm müsste auf demokratischem Weg durchgeführt werden, so dass die Bürger an der Verantwortung für die Wahl der Prioritäten und der Kontrolle der Programme für jedes einzelne Land beteiligt wären. Ein solcher weltweiter Marshall-Plan würde auch die lahmende Weltwirtschaft mit einem Schlag wieder in Schwung bringen, so wie es der New Deal in den 1930er Jahren in den Vereinigten Staaten getan hat, und er würde mehr politische Freiräume für die Menschen schaffen, so dass sie selbst entscheiden könnten, was für eine Art von Wirtschaft und Gesellschaft sie haben wollen.

Ich erkenne den Einwand an, dass, selbst wenn es möglich wäre, das nötige Geld für eine so gewaltige Unternehmung bereitzustellen, dieses Geld wenigstens zum Teil aus den Profiten der multinationalen Konzerne und den Finanzmärkten kommen müsste. Daraus geht hervor, dass diese Formen von Produktion und Austausch weiter bestehen würden. Das ist richtig. Aber erkennen wir auch die Tatsache an, dass wir eine Übergansphase brauchen. In den armen Ländern wurde so viel Zerstörung angerichtet, und in den reichen Ländern hat es so große soziale Rückschläge gegeben, dass erst einmal große Geldsummen investiert werden müssten, um das alles zu reparieren. Zu viele Menschen leben heute unter menschenunwürdigen Bedingungen, und wir können nicht darauf warten, dass sich der ganze kapitalistische Apparat ändert, bevor wir anfangen, etwas dagegen zu tun.

Es ist klar, dass Geld allein nicht alle Probleme lösen kann, aber ohne es sind hunderte von Millionen von Menschen dazu verurteilt, mit dem Existenzminimum zu leben. Wenn sich die bürgerliche Demokratie weiter ausbreitet, können wir auch bezüglich der Schaffung und Verteilung von Wohlstand kreativer sein.

Die Bewegung für globale Gerechtigkeit hat bereits einige erstaunliche Siege errungen, selbst wenn dies nicht immer für jedermann sichtbar ist – insbesondere nicht für die Medien. Ein großer Teil der Medien ist ängstlich darauf bedacht, die Bedeutung dieses neuen Akteurs herunterzuspielen. Der Aufstieg der Bewegung ist ein vollkommen neues Phänomen, das erst 1997/98 so richtig begonnen hat, obwohl das Auftreten der Zapatistas in Chiapas in Mexiko 1994 und die Streiks in Frankreich während des Winters 1995 bedeutende Ereignisse waren, die dies bereits ahnen ließen.

Nachdem wir 1998 das *Multilateral Agreement on Investment* (MAI) gekippt hatten, zitierte die *Financial Times* in einem Artikel eine Zeile aus *Butch Cassidy and the Sundance Kid* und fragte: »Wer sind diese Leute überhaupt?« Ich glaube, dass das Zitat eigentlich lautet: »Wer sind diese Kerle?«, aber das spielt keine Rolle. Jetzt wissen sie es jedenfalls. Wichtiger ist, dass »diese Leute« die Bedingungen der Diskussion bereits verändert haben. Man pflegte uns zu sagen, dass Steuern auf internationale Devisentransaktionen nicht möglich wären. Jetzt sagt man uns, dass sie »noch genauer studiert werden müssen«. Auch das entspricht nicht der Wahrheit. Wir haben alle Studien, die wir brauchen, und sie alle kommen zu dem Schluss, dass die Idee, technisch gesehen, augenblicklich in die Tat umgesetzt werden könnte.

Wenigstens für Europa kann man mit Fug und Recht sagen, dass die Bewegung das Stadium des lächerlich gemacht Werdens hinter sich gelassen hat, obwohl einige Politiker und die rechte Presse noch immer versuchen, ihre Ansichten zu missinterpretieren und zu diskreditieren. Insbesondere nach dem 11. September wurde sogar vielfach versucht, jeden Aktivismus der Bürger mit dem Terrorismus in Verbindung zu bringen. Im Großen und Ganzen wird die Bürgerbewegung jedoch ernst genommen, und – außer in den USA – auch objektiv über sie berichtet.

Die Kontrolle der amerikanischen Medien durch die großen Konzerne kann die Bewegung ernsthaft behindern, weil integre Reporter in vielen Fällen daran gehindert werden, ihre Artikel zu veröffentlichen. Eine Reporterin der *Fox News* bat den Manager ihrer TV-Station, einen gründlich recherchierten Bericht zu senden, von dem feststand, dass er den Interessen der Agrarindustrie schaden würde. Er lehnte ab und sagte: »Wir haben 3 Milliarden Dollar für diese TV-Stationen bezahlt. Wir sagen Ihnen, was die Nachrichten sind. Die Nachrichten sind das, was *wir* sagen.« Die Reporterin wurde anschließend entlassen. Die Berichte der *New York Times* über die Aktivitäten und Demonstrationen der Bewegung sind so skandalös voreingenommen, dass sie an Falschinformation grenzen. Dabei wächst die Zahl der Berichte ständig weiter, die von den amerikanischen Medien im Allgemeinen unterdrückt werden, entweder, um die Interessen der Großkonzerne zu wahren, oder unter Berufung auf die »nationale Sicherheit«.[45]

Neue Bewegung, alte Ziele

Die Ziele der Bewegung für globale Gerechtigkeit sind keineswegs neu, selbst wenn sie häufig auf neue Weise ausgedrückt werden. Eine unserer wichtigsten Forderungen wurde erstmals im Jahr 1789 in der französischen Menschen- und Bürgerrechtserklärung artikuliert. Im Artikel XV dieses Dokuments heißt es: »Die Gesellschaft hat das Recht, von allen Staatsdienern Rechenschaft für ihre Verwaltung zu fordern.« (»La société a le droit de demander compte à tout agent public de son administation.«)

Warum sollte dies auf internationaler Ebene weniger gelten als auf nationaler? Warum wird von der Weltbank und dem IMF niemals Rechenschaft verlangt? Warum hat die Welthandelsorganisation niemals eine Bewertung der Auswirkungen des Handels mit Dienstleistungen durchgeführt, obwohl sie im Text des GATS selbst ausdrücklich dazu verpflichtet wird? Warum dürfen diese Institutionen ihre lebensbedrohende Politik ungestraft durchsetzen? Warum sollen sie nur deshalb immun gegen die öffentliche Meinung und unangreifbar durch Gesetze sein, weil sie international sind und keiner einzelnen Regierung unterstehen?

Weitere Ziele der Bewegung für globale Gerechtigkeit wurden in der Allgemeinen Menschenrechtserklärung von 1948 artikuliert, insbesondere im Artikel 25:

Jedermann hat das Recht auf einen angemessenen Lebensstandard für sich selbst und seine Familie, einschließlich Nahrung, Kleidung, Unterkunft, medizinische Versorgung und die notwendigen sozialen Dienstleistungen und das Recht auf Sicherheit im Fall von Arbeitslosigkeit, Krankheit, Invalidität, Witwenschaft, Alter und anderen Gründen für einen Mangel an eigenem Lebensunterhalt ... Insbesondere berechtigen Mutterschaft und Kindheit zu Fürsorge und Unterstützung. Alle Kinder, ob sie ehelich oder unehelich geboren sind, sollen den gleichen sozialen Schutz genießen.

Ronald Reagans Botschafterin bei den Vereinten Nationen, Jeane Kirkpatrick, bezeichnete diesen Text als »Brief an den

Weihnachtsmann« und fuhr fort: »Diese Liste von ›Rechten‹ entspricht weder der Natur, noch der Erfahrung, noch der Wahrscheinlichkeit und ist keinen Beschränkungen unterworfen, außer denen des Geistes und des Appetits ihrer Verfasser.«[46]*

Es ist höchste Zeit, Ms. Kirkpatrick klar zu machen, dass die Welt heute tatsächlich reich genug ist, um alle im Artikel 25 aufgelisteten Punkte weltweit zu verwirklichen. Und das ist kein Märchen.

Die Mittel, um dies durchzusetzen, müssen, wie bereits ausgeführt, durch internationale Steuern, weitreichenden Schuldenerlass, Maßnahmen gegen Steuerparadiese und konsequentes Einfordern von Steuern aufgebracht werden, die von Konzernen und reichen Individuen bisher nicht gezahlt werden. Obwohl wir internationale Bestimmungen brauchen, ist auch eine grundlegende Reform oder vollkommene Auflösung der schrecklichen Zwillinge und der Welthandelsorganisation unvermeidlich, damit wir ganz von vorne beginnen können. All dies sind Ziele von Kampagnen, die gegenwärtig in vielen Ländern unter Anführung von Attac und Dutzenden von anderen Organisationen durchgeführt werden.

Die schlimmste Gefahr für die Menschheit

So wichtig diese Kampagnen auch sein mögen, angesichts der schlimmsten Gefahr, die die Welt bedroht, sind sie alle bedeutungslos. Ich bin George Monbiot sehr dankbar, der in einem

---

* Diese Demonstration ihrer ablehnenden Haltung gegenüber den in der Erklärung von 1948 niedergelegten Menschenrechten dürfte der Grund gewesen sein, warum Botschafterin Kirkpatrick zur Leiterin der Delegation der Bush-Administration bei der Menschenrechtskommission der UNO ernannt wurde.

seiner ausgezeichneten Artikel im *Guardian* auf ein Buch des Paläontologen Professor Michael Benton mit dem Titel *When Life Nearly Died: The Greatest Mass Extinction of All Time* aufmerksam gemacht hat.[47] Die Ausrottung, von der Benton spricht, fand am Ende des Perm statt. Was hat dieses so weit zurückliegende Erdzeitalter mit unserer eigenen Epoche zutun? Sehr viel.

Die Wissenschaftler haben in jüngster Zeit festgestellt, dass sich die Vernichtung, in geologischen Maßstäben gesehen, in erschreckendem Tempo abgespielt hat. Die Sedimente aus dem Perm im Meer und auf dem Land wurden inzwischen weltweit genau datiert, und alle Daten stimmen überein. Die Schichten zeigen, dass der Sauerstoff sehr schnell praktisch vollständig aus der Erdatmosphäre verschwand. Flora und Fauna waren verloren. Das Perm war ein Erdzeitalter (vor etwa 286 bis 251 Millionen Jahren), während dessen das Leben sich ungeheuer vermehrte. Dennoch überlebten von dieser erstaunlichen Vielfalt nur wenige Spezies.

Schuld daran waren gigantische Vulkanausbrüche in Sibirien, durch die Schwefeldioxyd und Kohlendioxyd in die Atmosphäre gespien wurden. Obwohl auch der nachfolgende saure Regen nicht gerade förderlich war, war es das CO_2, das das Leben beinah endgültig vernichtet hätte. Durch den anschließenden Temperaturanstieg wurden riesige Mengen von Methan frei, die in den Polregionen eingefroren gewesen waren. Methan ist ein Treibhausgas, dessen Wirkung pro Molekül etwa elfmal so groß ist wie die von CO_2. Eine rasante globale Erwärmung war die Folge, durch die das Leben auf der Erde buchstäblich erstickt und ausgehungert wurde. Wie hoch war der Temperaturanstieg? Auch diese Frage können die Wissenschaftler mit großer Genauigkeit beantworten: 6 °C.

Der internationale Ausschuss für Klimaveränderung der Vereinten Nationen geht davon aus, dass 6 °C vermutlich die Obergrenze der globalen Erwärmung bis zum Jahr 2100 sind, aber viele Klimaexperten sind der Meinung, dass damit der mögliche Temperaturanstieg beträchtlich unterschätzt wurde und dass es bis 2100 erheblich mehr als 6 °C sein könnten.[48]

Wir tun also gut daran, den Tatsachen ins Auge zu sehen: Wenn wir unseren ungebremsten Konsum fossiler Brennstoffe fortsetzen, ist eine andere Welt wirklich möglich – eine Welt, in der es keine Menschen mehr geben wird, die sich beklagen könnten. Der wahre Sinn der Globalisierung ist die Anerkennung der Tatsache, dass diese Erde nur ein Stäubchen im Universum ist, und dass das Universum keinerlei Notiz davon nehmen wird, wenn wir sie ruinieren. Es geht um unsere Ehre als Erdbewohner.

Und wenn wir schon bei dem so lebenswichtigen Thema des Umweltschutzes sind, wollen wir gleich noch ein paar andere, ohne Weiteres durchführbare Lösungen für bestehende Probleme untersuchen, die in einer anderen Welt ohne große Schwierigkeiten bewältigt werden könnten.

Ökologische Lösungen

Ohne Zweifel besteht die dringendste, aber auch schwierigste Aufgabe darin, die Abhängigkeit der Welt vom Erdöl abzubauen. Öffentlichen Institutionen (wie der Weltbank und regionalen Entwicklungsbanken) müsste es untersagt werden, Kredite für Projekte zu vergeben, die zusätzlich zur globalen Erwärmung beitragen. Stattdessen müssten sie ihre Ressourcen darauf konzentrieren, das Kosten-Nutzen-Verhältnis für alternative Energiequellen wie Windkraft, Solarenergie und Wasserstoffbrennstoffzellen zu verbessern. Sie könnten z.B. eine öffentliche Forschungseinrichtung für alternative Energien und deren Wirtschaftlichkeit unterstützen.

Wenn die Weltbank und die regionalen Kreditinstitute ihre Arbeit in Indien, China und in anderen Ländern auf Solarenergie und andere erneuerbare Energien konzentriert hätten, hätten sie allein dadurch die Kosten für die entsprechende Technologie so weit reduzieren können, dass sie mit der billigen chinesischen und indischen Kohle konkurrieren könnte, und das selbst in ausschließlich wirtschaftlicher Hinsicht, ohne die Vorteile für die Umwelt und die Gesundheit der Menschen mitzurechnen.

Bisher hat die Weltbank sich geweigert, ihr finanzielles Gewicht einzusetzen und ihre Kredite in einen Gewinn für den ganzen Planeten umzuwandeln. Warum müssen wir unbedingt weiter die gleichen Fehler machen, die wir schon immer gemacht haben? Warum können wir nicht alle Kreditinstitute dazu veranlassen, erneuerbare Energien und abfallarme Systeme zu fördern und das 19. Jahrhundert endlich hinter sich zu lassen?

Praktische Ökologen haben bereits sehr viel wertvolle Arbeit zur Wiederherstellung des Gleichgewichts im Energieverbrauch geleistet. Dies ist nicht der richtige Ort, um detailliert darüber zu berichten. Aber eines ist sicher: Die Technologie zur sparsamen Verwendung und zur wirtschaftlichen Erzeugung von Energie ist bereits vorhanden. Die Politik, insbesondere die der USA, und die Interessen der Großkonzerne verhindern, dass sie in großem Umfang angewendet wird.

Der Umweltschutz ist ein Gebiet, auf dem ungewöhnliche Koalitionen zustande kommen können, um unser Wirtschaftsverhalten den unausweichlichen ökologischen Tatsachen anzupassen. Massenorganisationen wie *Greenpeace* und *Friends of the Earth* haben nicht nur Millionen von Anhängern, sondern auch wichtige Verbündete in der Geschäftswelt. Die größten Versicherungs- und Rückversicherungshäuser beschäftigen hauseigene Klimatologen, weil sie wissen, dass das gehäufte Auftreten und die Heftigkeit von Hurrikans, Tornados, Hagelschlägen, Überschwemmungen und Bränden direkt auf die globale Erwärmung zurückzuführen sind. Seit dem Ende der 1980er Jahre hatten die Versicherungen katastrophale Verluste zu verzeichnen, und sie wollen, dass die Regierungen den CO_2-Ausstoß verringern. Nach einem Bericht des *WorldWatch Instituts* betrugen ihre Verluste in dem Jahrzehnt von 1990 bis 2000 mehr als 600 Milliarden US-Dollar. Einige Versicherungshäuser weigern sich inzwischen, im Süden der Vereinigten Staaten Versicherungen gegen Sturmschäden anzubieten.

Saubere Produktion ist ein weiterer Weg zu einer gesunden Umwelt. Manche Firmen lassen sich davon überzeugen, wenn sie wissen, dass sie damit Profite machen können. Der Greenpeace-Kühlschrank Greenfreeze, der ohne FCKW arbeitet, wurde in Deutschland zum Bestseller. Die deutschen Firmen haben die Technologie umsonst erhalten und nach China und in andere Länder weiterverkauft. Die Firma 3M, die Klebeband, Notizblöcke und hunderte von anderen Produkten herstellt, schätzt, dass sie mehr als 500 Millionen US-Dollar gespart hat, indem sie 3000 verschiedene umweltfreundliche Maßnahmen ergriffen hat. Sie nennt das die 3P-Strategie: *»Prevention of Pollution is Profitable.«* (Das Vermeiden von Umweltverschmutzung lohnt sich).

Das industrielle Ökosystem ist komplexer und wird noch nicht allzu oft verwirklicht. Ein Prototyp befindet sich in Kalundborg in Dänemark. Er besteht im Zusammenwirken von Fabriken und Bauern, die ihren »Metabolismus« miteinander verbinden. Die Abfälle des einen werden zu Rohstoffen für die anderen, und der ganze Produktionsprozess beruht auf Recycling. Das Elektrizitätswerk recycelt seine überschüssige Hitze als Dampf, der eine Ölraffinerie, eine pharmazeutische Fabrik, Treibhäuser und eine Fischfarm mit Energie versorgt. Aus den Abfällen der Fischfarm werden Düngemittel hergestellt. Die Asche, die nach den Verbrennungsprozessen übrig bleibt, wird zur Zementherstellung verwendet, usw. Kalundborg wurde von den örtlichen Geschäftsleuten ohne Hilfe und ohne Subventionen von der Regierung organisiert und schrittweise aufgebaut. Stellen Sie sich die wirtschaftlichen und ökologischen Vorteile vor, wenn Industriekomplexe von Anfang an im Hinblick auf einen derartigen Kreislauf geplant würden (hoffentlich ohne die Ölraffinerie).

Es wäre durchaus möglich, industrielle Ökosysteme zu schaffen, in denen die Abfallproduktion auf ein Minimum reduziert werden könnte. Haltbare Waren wie Autos, Fernsehgeräte und Haushaltsmaschinen könnten im Besitz und der Verantwortung des Herstellers verbleiben, wobei der Käufer sie nur so lange benutzen würde, wie er oder sie dies wünscht. Am Ende ihrer nützlichen Existenz würden diese Waren an den Hersteller zurückgegeben, der sie zerlegen und recyceln und etwas Neues daraus herstellen würde. Auf diese Weise hätte der Hersteller allen Grund, kostengünstige und wirtschaftliche Methoden für die Abfallbeseitigung zu finden und würde von Anfang an eine Abfallreduzierung einplanen.

Einige Produkte können nicht recycelt werden, weil sie in sich gefährlich sind und im natürlichen Kreislauf nicht vorkommen: giftige Chemikalien, Schwermetalle, Atommüll und dergleichen. In einer anderen, ökologischen Welt würden solche Produkte unter öffentlicher Aufsicht in Giftmülllagern aufbewahrt, die an die Firmen vermietet würden. Die Firmen hätten dann die gesamten Kosten der Lagerung zu tragen. Ein ausreichend hoher Preis für diesen Service würde wunderbar dafür sorgen, dass die Firmen sich bemühen würden, weniger gefährliche Ersatzstoffe zu finden.

In diesem Modell muss der Umweltverschmutzer nicht nur bezahlen, sondern er trägt die Verantwortung für giftige und gefährliche Substanzen von der Wiege bis zum Grab. Die gesellschaftlichen und ökologischen Kosten einer schmutzigen und gefährlichen Produktion würden internalisiert, wodurch die Industrie gezwungen würde, sauberere Produktionsmethoden zu erfinden.

Wenn die Industrie sich nicht geschlossen entschließt, solche Reformen aus freien Stücken durchzuführen – und aus Gründen, die ich bereits erklärt habe, ist es äußerst unwahrscheinlich, dass sie das freiwillig tut –, muss die Gesellschaft die Kontrolle übernehmen. Gesetze scheinen in dieser Hinsicht nicht besonders viel versprechend und wirkungsvoll zu sein. Zwischen 1970 und 1990 gaben die USA rund 1 Billion Dollar aus, um die Umweltverschmutzung und giftige Abfälle zu reduzieren. Dennoch war die Umwelt in Amerika am Ende dieser Periode schlimmer verschmutzt als je zuvor. Gesetze können auch wieder aufgehoben werden, wie dies unmittelbar nach der Amtsübernahme durch die Bush-Administration geschah – wodurch die Umweltministerin sich schließlich zum Rücktritt gezwungen sah. Es muss eine bessere und billigere Methode geben, um die gewünschten Ergebnisse zu erzielen.

Eine solche Methode gibt es. Sie wird grüne Steuer genannt und basiert auf einem von dem Wirtschaftswissenschaftler Arthur Cecil Pigou um 1920 in Cambridge entwickelten Konzept. Pigou ist heute nicht mehr sehr bekannt, weil er das Pech hatte, immer im Schatten des weit berühmteren Keynes zu stehen. Er hatte die Idee, die Steuern nicht zu erhöhen, sondern die Steuergrundlagen zu verändern, so dass sie für das Wirtschaftsleben neutral bleiben würden. Dabei geht Pigou von einem einfachen Prinzip aus: Verlange höhere Steuern für das, was du einschränken willst, und weniger Steuern für das, was du vermehren willst. Wir wollen weniger Umweltverschmutzung, Energieverbrauch, Verpackungen, Müll und Giftstoffe: Also muss man höhere Steuern dafür verlangen. Wir wollen mehr Beschäftigung, Investitionen und flüssiges Einkommen: Also muss man dafür weniger Steuern verlangen.

Das zweite Prinzip Pigous besteht darin, die Steuern als Mittel einzusetzen, um alle Kosten zu internalisieren, die bisher von der Umwelt und der allgemeinen Gesellschaft getragen werden. Das Schöne an der grünen Steuer ist, dass sie nicht nur eine saubere Produktion, eine gesündere Umwelt und eine gesündere Bevölkerung fördern kann – was die Kosten für alle reduziert –, sondern auch die Motivation liefert, in allen zukunftsorientierten, hoch technisierten Wirtschaftszweigen mit großem Exportpotenzial nach den elegantesten und fortschrittlichsten Lösungen zu suchen. Sie verändert die Richtung der Wirtschaft und macht aus einer »Sonnenuntergangsindustrie« eine »Sonnenaufgangsindustrie«.

Die grüne Steuer wirkt sich auch positiv auf die Beschäftigung aus, weil die Firmen nicht durch die Entlassung von Arbeitern Profite machen, sondern durch die Reduzierung ihres Energieverbrauchs und ihrer Abfallproduktion. Die Wirtschaft jener Länder, die als Erste den Mut haben werden, nach diesen Prinzipien zu handeln, wird einen großen Wachstumsschub erleben und erhebliche wirtschaftliche Gewinne einstreichen. Hinzukommt eine gesündere Bevölkerung und eine höhere Lebensqualität. Es ist ein Szenario, bei dem man nur gewinnen kann.

Geld ist nicht alles, aber es ist nützlich

Nehmen wir also einmal an, dass eine internationale Besteuerung von Finanztransaktionen, Firmenzusammenschlüssen und -aufkäufen sowie der Umweltverschmutzung durch die Industrie akzeptiert wird, dass ein umfassender Schuldenerlass beschlossen wird und auf diese Weise ein Fundus von zusätzlichem Geld entsteht. Ist das das Ende der Geschichte?

Natürlich nicht! Es ist nicht einmal die halbe Geschichte, obwohl es in der gegenwärtigen Phase das Ziel ist, um das die Bewegung kämpfen muss. Der wichtigste Teil der Geschichte, nämlich die Verwaltung und Verwendung des Geldes muss erst noch erfunden werden. Da der neue Fundus aus internationalen Quellen stammt, sollte er auch international verwaltet werden. Die beste Lösung wäre vermutlich ein neues, kleines Gremium der UNO, das sich aus ausgewählten Mitarbeitern der verschiedenen Zweige der UNO und einer Anzahl wechselnder Bilanzprüfer zusammensetzen müsste; in dieser Hinsicht bin ich jedoch für Diskussionen und Vorschläge offen. Die Bilanzprüfer sind besonders wichtig und müssten eine ständige Einrichtung sein. An ihrer Arbeit sollten niemals Staatsbürger der jeweils betroffenen Länder beteiligt sein. Ich könnte mir auch vorstellen, dass Mitglieder der Bewegung für globale Gerechtigkeit, die beispielsweise von den Teilnehmern des Weltsozialforums gewählt werden, als rotierende Mitglieder des Kontrollorgans fungieren.

Was wäre die Aufgabe dieses Kontrollorgans? Im Verlauf von mehr als vierzig Jahren weitgehend unbefriedigender Entwicklungshilfe hatten wir reichlich Gelegenheit, wenigstens eines zu lernen: Man kann einer Regierung nicht einfach Geld in die Hand drücken und das Beste hoffen. Ich bin wirklich ein Befürworter nationaler Souveränität, aber ich bin gegen Dummheit, Korruption und Verschwendung. Auch die Bevölkerung der reichen Länder, die das Geld schließlich aufgebracht haben, haben Rechte, und es ist kein Neokolonialismus, dies zu sagen. Sie haben das Recht und die Pflicht, darauf zu bestehen, dass internationale Steuergelder, die für den souveränen Staat X ausgegeben werden, den von den Bürgern dieses Staates selbst artikulierten Interessen entsprechend verwendet werden. Deshalb tut die souveräne Regierung des Staates X gut daran, einen echten demokratischen Entscheidungsprozess bezüglich der vom eigenen Volk definierten Prioritäten der Staatsausgaben zu akzeptieren. Wenn die Regierung des Staates X sich weigert, sich an diese Regeln zu halten, ist das ihr gutes Recht. Sie ist schließlich souverän. Aber in diesem Fall bekommt sie kein Geld. Hier wird der Einspruch erhoben: »Ja, aber dann wird das Volk darunter zu leiden haben.« Das mag für kurze Zeit zutreffen. Aber in den meisten Fällen wird die Schande, die es bedeuten würde, übergangen zu werden, zusammen mit dem Ansporn einer Entlastung des Staatshaushalts und der Anblick der Nachbarn, die von internationalen Zahlungen profitieren, die Regierung dazu bewegen, ihre Meinung zu ändern.

Wenn ein Land von den neuen Entwicklungsgeldern profitieren soll, müsste es einen Rat einrichten, dessen Entscheidungen bezüglich der Verwendung der neuen Gelder bindend sein sollten. Die Bürger müssten ihre Repräsentanten für diesen Rat wählen – notfalls unter Kontrolle des neuen UNO-Gremiums, um faire Wahlen zu garantieren. Um alle Facetten der Gesellschaft widerzuspiegeln – Bauern, Frauen, Gewerkschafter, Unternehmer, Lehrer, Studenten, Ärzte und Krankenhauspersonal usw. –, müssten die Repräsentanten sowohl nach geografischen Gesichtspunkten als auch nach Gesellschaftsschichten ausgewählt werden.

In manchen Ländern sind solche Versammlungen als vorgefertigte Pfeiler des Regimes bereits vorhanden. Der örtliche Diktator hat seine fügsamen Gewerkschaften, seine Frau kümmert sich um den ebenso fügsamen nationalen Frauenverband, usw. In solchen Fällen bin ich wirklich ein Verfechter des »Neokolonialismus«, ohne mich dafür zu entschuldigen. Viele nicht staatliche Organisationen aus den Industriestaaten haben seit Jahren für die Entwicklung und für humanitäre Zwecke in diesen Ländern gearbeitet. Sie wissen, wer wer ist und welches die wirklich unabhängigen Elemente sind. In Zusammenarbeit mit den Regierungen der Geberländer sollte es ihnen möglich sein, den Diktator zur Einbeziehung dieser Elemente in den Rat zu zwingen.

Ständige Vertreter des Kontrollorgans und des Verwaltungsgremiums der UNO sollten neben den Repräsentanten der Regierung in diesem Rat sitzen, eventuell auch Beobachter vom Weltsozialforum. Die Regierung schlägt vor, der Rat stimmt zu oder lehnt ab.

Eine begrenzte Einrichtung dieser Art besteht in Pôrto Alegre (und etwa fünfundachtzig weiteren brasilianischen Städten), wo ein Teil des Budgets den Stadtvierteln zur Verwendung nach eigenem Ermessen zur Verfügung gestellt wird. Ein komplexes, pyramidenförmiges System demokratischer Repräsentation bestimmt die Prioritäten. Verschwendung und Korruption sind verschwunden, weil die Stadtviertel dafür sorgen, dass sie für ihr Geld auch etwas bekommen. Die Erfahrungen von Pôrto Alegre könnten von vielen Städten in verschiedenen anderen Ländern in mehr oder weniger modifizierter Form übernommen werden.

Einige originelle Denker haben Kosten sparende Ideen zur Lösung von Problemen vorgeschlagen, die in vielen Gesellschaften bestehen. Einer davon ist der brasilianische Schulmann Cristovam Buarque, dessen enorm erfolgreiche Arbeit im Schuldistrikt Brasilia ihm den ersten Posten als Erziehungsminister in Lulas Regierung eingetragen hat. Das »Bolsa Escola« oder Schulstipendium ist ein fantasievolles Programm, durch das Hunger, Analphabetentum, Kinderarbeit und Kleinkriminalität gleichzeitig bekämpft werden konnten.

Wenn man Kinder unterrichten will, muss man sie erst einmal zur Schultür hineinbekommen, aber wenn sie arbeiten müssen, damit ihre Familien zu Essen haben, ist das nicht möglich. Angesichts dieser Tatsache hat Buarque eine Möglichkeit gefunden, die Familien dafür zu bezahlen, dass sie bis zu drei Kinder in die Schule schicken, solange sie an 85 Prozent des Unterrichts teilnehmen. Der Gegenwert von 5 US-Dollar im Monat klingt nicht gerade nach einer fürstlichen Summe, aber für Familien, die nur einen minimalen Lohn von 75 Dollar im Monat erhalten oder gar keine Arbeit haben, kann dieses Geld sehr viel bedeuten. Durch das Programm verdoppelte sich die Zahl der armen Kinder in den Schulen im Distrikt Brasilia sehr rasch, und dies hatte augenblicklich deutlich sichtbare Folgen. Die Kinder waren größer, gesünder und besser ernährt, und die Kleinkriminalität ging deutlich zurück, weil sich die Kinder nicht mehr auf den Straßen herumtrieben. Da die Kinder nicht mehr arbeiten, gibt es vermutlich auch mehr Arbeit für Erwachsene. Ich habe jedoch noch keine Daten zu diesem Aspekt des Bolsa zu sehen bekommen.

Wenn man das Bolsa Escola auf die ärmsten Familien in ganz Brasilien ausweiten würde, würde das nur 700 Millionen

Dollar im Jahr kosten. Man könnte noch sehr viel mehr erreichen, wenn die Stipendien angehoben werden könnten, insbesondere in den großen Städten, wo man mit 5 Dollar im Monat nicht allzu weit kommt. Aber Lula hat sich auch verpflichtet, die Zinsen für die Schulden seines Landes zu bezahlen, die die Höhe der Schulden selbst bereits mehrfach überschritten haben. Die Zinsen für die Schulden von 260 Milliarden Dollar betragen rund 43 Milliarden Dollar im Jahr. Das sind drei Viertel des Wertes der gesamten Exporte Brasiliens. Aber natürlich ist es sehr viel wichtiger, dass die Banken in New York und die Weltbank jeden Pfennig aus Brasilien herausquetschen, den sie nur herausquetschen können, als brasilianische Kinder in die Schule zu schicken und zu ernähren.

Ein weiterer Plan, der von einem lateinamerikanischen Sozialreformer erfunden wurde, ist zugegebenermaßen kapitalistisch oder riecht zumindest nach Kleinkapitalismus. Er könnte jedoch Millionen von Menschen Auftrieb geben, die nichts besitzen oder *scheinbar* nichts besitzen. Pionier des Ganzen ist der peruanische Wirtschaftswissenschaftler Hernan de Soto. Der Plan besteht darin, den Menschen einen förmlichen Besitztitel und gesetzliche Anerkennung für das zu geben, was sie bereits besitzen, und sei es auch nur eine Hütte aus Dachpappe in einem Slum. Wenn jemand einen Winkel in einer Gemeinde besitzt, kann ihn das, auch wenn dieser Winkel noch so winzig und armselig ist, dazu ermutigen, Verbesserungen vorzunehmen – was wiederum Arbeit schafft –, und es kann auch als Sicherheit für einen kleinen Kredit dienen, mit dessen Hilfe der Betreffende zum Beispiel Werkzeug kaufen und ein selbstständiger Handwerker werden kann.

Hernan de Sotos Organisation hat beispielsweise ausgerechnet, dass die Armen in Ägypten Besitz im erstaunlichen Wert von 241 Milliarden Dollar angesammelt haben. Um diese Summe in eine Relation zu bringen: Laut Soto ist sie 75-mal so hoch wie alle ausländischen Investitionen in Ägypten zusammen und 70-mal so hoch wie die gesamte Entwicklungshilfe, die das Land seit Napoleon erhalten hat. Aber der Besitz der Armen ist gewöhnlich unbrauchbar und unproduktiv, weil er von keinem größeren System anerkannt wird. Sotos Antwort auf die Frage: »Wie können die Armen von der Globalisierung profitieren?«, besteht nur aus drei Worten: *Durch das Besitzrecht.*

Wir, die wir in Ländern mit Identitätspapieren und allen möglichen Zertifikaten leben, können uns ein Leben ohne all das kaum vorstellen. Eine Freundin von mir, die keinerlei Kenntnisse in der Entwicklungstheorie hat, machte eine meiner Meinung nach enorm tiefgründige Bemerkung. Sie ist Kunsthistorikerin und war zum ersten Mal nach Indien gereist, um Tempelschnitzereien und Bronzefiguren oder was auch immer zu studieren. Als sie zurückkam, war sie entsetzt über die Armut und die Menschenmassen, die die tägliche Realität in Indien darstellen. Als sie mir von ihren Erlebnissen berichtete, sagte sie: »Siehst du, Susan, diese Leute sind nirgends registriert.« Wie wahr, und solange sie nicht »registriert« sind, können sie nicht einmal die einfachsten Transaktionen vornehmen, die wir für völlig selbstverständlich halten. Ein Rechtstitel für Eigentum, irgendeine Art von Eigentum, wäre ein guter Anfang für diesen Prozess.

Ein besser bekanntes, kleinkapitalistisches Projekt sind Grameen-Banken. Der Name stammt von einer Bank in Bangladesh, die erstmalig Kleinstkredite an arme Frauen vergeben hat. Diese Institutionen sind nicht ohne Problem – manche hängen von Spenden ab, um arbeiten zu können, und ihre Zinssätze sind meistens hoch –, aber man sollte dieses Kind nicht mit dem Bad ausschütten. Man sollte Lösungen für die Probleme suchen, aber weiterhin armen Leuten die Mittel zur Verfügung stellen, um sich auf die eigenen Füße zu stellen. Das Grameen-Konzept, Kleinstkredite zu vergeben, sollte dahingehend ausgeweitet werden, dass nicht nur individuelle Kredite, sondern auch gemeinschaftliche Anleihen für kooperative Unternehmen möglich sind.

Bauern sind immer noch die halbe Welt

Seit drei Jahrzehnten setze ich mich für eine Politik ein, die kleine Bauern begünstigt und ihnen hilft, ihre traditionellen Arbeitsmethoden zu verbessern, um mehr Nahrung für ihre Familien produzieren zu können. Heute arbeiten sehr viel mehr Landwirtschaftsexperten und Ökologen an landwirtschaftlichen Systemen für Menschen, die sich keine teuren Investitionen leisten können, als dies noch in den 1970er Jahren der Fall war. Ihre Ergebnisse für unterschiedliche Umweltbedingungen und Landwirtschaftssysteme sind zunehmend spektakulär. An weit verstreuten Orten und unter sehr unterschiedlichen Bedingungen haben diese Neuerer eine bemerkenswerte Zunahme der Erträge erzielt, manchmal durch Wiederbelebung aufgegebener lokaler Anbaumethoden, durch Fruchtwechsel, verbessertes Wassermanagement oder Techniken zur Bodenverbesserung.

Raten Sie mal, warum Ihnen immer wieder erzählt wird, dass die genveränderten Monsanto-Produkte die Welt vor dem Hunger retten werden, während Sie – vermutlich – noch nie etwas von Leuten wie dem Professor Jules Pretty von der Universität Essex gehört haben. Weil Prettys Forschungen in mehr als zweihundert bäuerlichen Gemeinden in zweiundfünfzig Ländern, die zusammen etwa die Größe Italiens erreichen, bewiesen haben, dass man mit Hilfe von einfachen, kostenlosen Techniken die Erträge um durchschnittlich rund 73 Prozent erhöhen kann. In Afrika kann man den Maisbohrer dazu bewegen, etwas noch Schmackhafteres zu fressen, indem man ein bestimmtes Unkraut zwischen den Mais pflanzt. Die Reisernten auf Madagaskar wurden durch einfache Methoden ohne Chemikalien und Düngemittel von 3 auf 12 Tonnen pro Hektar erhöht.

Firmen wie Monsanto brauchen wir nicht – im Gegenteil, sie sind das Letzte, was wir brauchen. Die Leute, die solche alternativen Anbaumethoden anregen und praktizieren, bringen den multinationalen Großkonzernen kein Geld ein. Sie tun nichts anderes, als das Einkommen armer Bauern in allen Teilen der Welt unermesslich zu steigern.[49] Je weniger von ihnen geredet wird, desto besser ist es.

Als ich im Jahr 2002 aufgefordert wurde, mit einigen leitenden Mitarbeitern von biotechnischen Firmen zu diskutieren, nahm ich die Einladung an und machte ihnen einen Vorschlag: »Wenn Ihre genmanipulierten Pflanzen so großartig sind und wenn Sie wirklich glauben, dass Sie einen Beitrag zum Kampf gegen den Hunger leisten können, dann sollten wir einen ehrlichen wissenschaftlichen Versuch starten. Ich verlange nicht von Ihnen, mir den Mond vom Himmel herunterzuholen. Ich fordere Sie nur auf, gerade einmal fünf Prozent Ihres Forschungs- und Entwicklungsbudgets für billige Methoden mit geringem Input zur Verbesserung der Erträge aufzuwenden, wie sie von Jules Pretty beschrieben werden. Genmanipulierte Pflanzen werden in den USA und etlichen anderen Ländern bereits auf großen Flächen angebaut. Nach drei bis fünf Jahren könnte man mit wissenschaftlichen Methoden feststellen, welche Techniken die besten Ergebnisse erbringen und was sie kosten. Dabei müssten nicht nur die Kosten des Inputs für die Bauern berücksichtigt, es müssten auch die Folgen für die Umwelt und die benachbarten Bauern am Gesamtgewinn der Erzeuger gemessen werden.«

Ich hatte mich nicht der Illusion hingegeben, dass die Manager einen solchen Vorschlag begrüßen oder gar verwirklichen würden – ich hatte mir nur gedacht, dass es lohnend sei, auf diese Weise zu beweisen, dass die Bauern und der Hunger ihnen vollkommen gleichgültig sind und sie nur an ihren eigenen Profit denken. Regierungen hingegen könnten solche Untersuchungen durchführen. In Frankreich wird so gut wie keine landwirtschaftliche Forschungsarbeit für kostengünstige biologische Methoden geleistet, während teure Systeme, die einen hohen Input erfordern, den Löwenanteil von allem erhalten. Wenn diese Arbeit systematisch und mit ausreichendem Geldaufwand an Ort und Stelle und in Zusammenarbeit mit den betroffenen Menschen durchgeführt würde, könnten sich die Lebensverhältnisse auf dem Land sehr verändern.

Arbeit, Produktion und Dienstleistungen

Viele Leute, die besser dafür qualifiziert sind als ich, haben lange und intensiv darüber nachgedacht, wie die Arbeit in einer anderen Welt organisiert werden könnte. Einer davon ist Michael Albert, dessen Buch *Parecon* (Abkürzung für *Participatory economics)* eine gescheite Untersuchung des Themas darstellt, obwohl es für die Verhältnisse in Amerika relevanter sein dürfte als für andere Länder.[50]

Ebenso empfehle ich die gemeinschaftliche Arbeit meiner Freunde vom *International Forum on Globalisation,* die den Vorteil hat, auf viele Dinge hinzuweisen, die auf lokaler Ebene erreicht werden könnten. Sie haben Recht mit dem Gedanken, dass der Bedarf an Nahrung, Schulen, Gesundheitsfürsorge, Banken und viele andere Bedürfnisse innerhalb des kleinen Kreises der Menschen befriedigt werden könnten und sollten, die diese Bedürfnisse haben.[51]

Dennoch fürchte ich, dass trotz des Glaubens vieler Grüner nicht alle Bedürfnisse einer komplexen Wirtschaft auf lokaler Ebene erfüllt werden können und dass es unmöglich sein wird, dieser komplexen Wirtschaft zu entkommen. Dies ist vielleicht der wahre Unterschied zwischen Utopisten und Realisten. Ich halte meine Forderung nach internationaler Besteuerung und Umverteilung für realistisch, währen mir die Forderung nach Rückkehr in eine einfachere, ländlichere oder kleinräumigere Ära utopisch erscheint.

Ich glaube nicht, dass wir in ein mythisches goldenes Zeitalter zurückkehren können, und ich bin kein bisschen bukolisch (obwohl ich mit Vergnügen das Gemüse aus meinem

Garten esse). Ich bin überzeugt, dass viele Menschen den Wunsch haben werden, in großen Städten zu leben, und dass wir auch weiterhin einige sehr große, komplexe Dinge herstellen werden, die nicht auf lokaler Ebene produziert werden können, wie zum Beispiel Flugzeuge – aber hoffentlich wasserstoffgetriebene, umweltfreundliche Modelle. Auch in Zukunft wird es große, mittlere und kleine Unternehmen geben müssen, die jedoch nicht notgedrungen kapitalistische Betriebe in Privatbesitz sein müssen. Die Größe der Firma, die ein Produkt herstellt, sollte von der Art des Produktes abhängen. Um bei den Flugzeugen zu bleiben, ich könnte mir eine Rivalität vorstellen, die mehr einem Wettkampf beim Fußballweltcup ähnelt als dem gegenwärtigen Konkurrenzkampf zwischen Airbus und Boeing, weil es Anreize geben muss, auch materielle Anreize, um die Menschen zu motivieren, mehr zu leisten und ihr Produkt zu verbessern. Auf allen Gebieten sollten die Anreize in der Anerkennung der Leistungen eines Individuums oder eines Teams in der kollektiven Ehre bestehen und nicht in kapitalistischem Profit und dem Shareholder Value. Die Menschen brauchen und verdienen eine Anerkennung für ihre Arbeit, und eine finanzielle Entlohnung wird gerne angenommen, aber die Belohnungen müssen nicht ausschließlich in Geld bestehen. Was für eine bessere Art gibt es, hervorragende Leistungen anzuerkennen, als die Einführung von Preisen wie dem Nobelpreis auf beliebig vielen Gebieten? Eine der Krankheiten unserer gegenwärtigen Gesellschaft besteht darin, dass Anerkennung fast ausschließlich in materieller Form erfolgt, weil wir ein perverses, pathologisches System zur festen Institution gemacht haben. Wir müssen dieses System nicht aufrechterhalten. Wenn Sie einen »Nobelpreis« für hervorragende Leistungen auf irgendeinem Gebiet bekommen haben, könnte Ihnen das Recht zugesprochen werden, eine Fahne auf Ihrem Dach aufzuziehen oder zum Fenster Ihrer Wohnung heraushängen zu lassen. Das könnte ein ebenso wirkungsvoller Ansporn sein, wie die Monstrositäten mit siebzehn Schlafzimmern, in denen amerikanische Manager glauben, wohnen zu müssen, weil sie das, was sie erreicht haben, in Form von auffälligem Konsum zur Schau stellen wollen.

Auf sozialem Gebiet gibt es eine Menge nützlicher Arbeit zu tun, aber der Kapitalismus wird dies nicht bezahlen. Wir haben auch die allgemeine Wehrpflicht aufgegeben, die mit dazu beitrug, wenigstens die Männer aller sozialen Schichten zu integrieren und ihnen eine gemeinsame Vorstellung von der Republik zu vermitteln. Das Ende der allgemeinen Wehrpflicht brachte verstärkten Individualismus mit sich. Es wäre gut, ein soziales Jahr für alle jungen Leute, einschließlich der Frauen einzuführen, wobei es keine Ausnahmen geben dürfte. Dieses soziale Jahr müsste im Alter zwischen achtzehn und fünfundzwanzig Jahren und so weit wie möglich im Rahmen der von den jungen Leuten gewählten zukünftigen Berufe abgeleistet werden.

Solidarität beginnt zu Hause

Wenn wir also davon ausgehen, dass wir den Aufbau einer anderen Welt damit beginnen müssen, große existierende Gebilde wie die multinationalen Großkonzerne zu besteuern, diese jedoch nicht unbedingt beibehalten wollen, wenn wir in der Entwicklung etwas weiter fortgeschritten sind, dann müssen wir darüber nachdenken, wie man die Größe der Konzerne und Finanzinstitute begrenzen und wie man sie dazu verpflichten kann, den Bedürfnissen der Kommunen zu dienen, in denen sie ihren Standort haben. So, wie die Dinge derzeit stehen, sind die Großkonzerne immer die Ersten, die Kredite erhalten, sogar von Banken in der Dritten Welt, weil sie mehr Einfluss haben und weil sie bei der Rückzahlung vermutlich auch zuverlässiger sind als lokale Unternehmen. Sie beanspruchen alle verfügbaren Gelder für sich, und lokale Firmen müssen höhere Zinsen bezahlen, um Kredite zu erhalten. Natürlich ist es noch erheblich effektiver, wenn man die lokalen Banken ganz ausmerzen kann, wie das in Ländern wie Mexiko und Argentinien fast vollständig gelungen ist. Dort gibt es heute praktisch nur noch amerikanische Banken, selbst wenn sie ihre lokalen Namen beibehalten haben.

Früher gab es Konzessionen für Firmen, die widerrufen werden konnten. Heute profitieren sie von schwachen Gesetzen – und starken Rechtsanwälten – und haben so etwas wie ein ewiges Leben, gleichgültig was sie tun. Wir müssen zu einem Konzessionssystem zurückkehren, dass es ermöglicht, Firmen für Fehlverhalten und Nichtbefolgung der Richtlinien mit Sanktionen zu belegen.

Ich habe hier besonderen Wert auf das gelegt, was wir den armen Entwicklungsländern schulden, aber was soll mit den reichen Industrienationen geschehen, wo das neue Steueraufkommen im Idealfall aufgebracht werden soll? Haben sie nicht auch Bedürfnisse? Natürlich haben sie die. Obwohl ihre Bürger gewöhnlich nicht unter so harten Umständen leben wie die Bewohner der Dritten Welt, haben sie dennoch Lasten zu tragen, die ihnen eigentlich nicht zugemutet werden sollten. Es wäre durchaus vernünftig, einen bestimmten Prozentsatz der auf ihrem Staatsgebiet erhobenen Steuereinnahmen einzubehalten, um damit ihre eigenen Probleme zu lösen. Angemessen wären etwa 20 bis 25 Prozent. Die schwierigsten Probleme, die in den Industrienationen gelöst werden müssten, sind zweifellos die wachsende Arbeitslosigkeit, die Zunahme von Gelegenheitsarbeit und die Armut, Angst und Verzweiflung, die damit verbunden sind.

Banken könnten durchaus genossenschaftlich organisiert sein. Ihr Startkapital könnte aus Steuern stammen, die von den gegenwärtigen kommerziellen Banken erhoben werden. Aber alle Banken sollten zumindest verpflichtet sein, einen Teil ihres Kapitals zu nutzen, um Kredite für die Armen und Geschäfts- und Wohnungskredite für die Einwohner der Kommune zu vergeben, in der sie ihren Standort haben, so wie es bereits im *US Community Reinvestment Act* von 1977 festgelegt wurde.

Ich war außerordentlich überrascht, von Kevin Danaher zu erfahren, dass ein Anteil von 6 bis 7 Prozent der amerikanischen Wirtschaft, der umfangreichsten der Welt, schon jetzt außerhalb des kapitalistischen Systems steht. Kooperativen, Genossenschaften, Firmen, die von den Arbeitern geleitet werden und diverse andere Konstruktionen arbeiten bereits mit Erfolg. Diese Beispiele müssen wir untersuchen, wir müssen verstehen, wie sie funktionieren und sich in die übrige Wirtschaft einfügen, und wir müssen die durchführbaren Ideen, die ihnen zugrunde liegen, auf andere Gebiete und andere Länder übertragen. Wir brauchen also eine »Wissensbank« für alles, was funktioniert.

Obergrenzen für Ungleichheit und Bezahlung scheinen mir von ausschlaggebender Bedeutung zu sein. Nach offiziellen Zahlen beträgt das Verhältnis zwischen dem höchsten Gehalt und dem niedrigsten Lohn in Japan 5 : 1, womit es das niedrigste in allen entwickelten Ländern ist. Welche Fehler die japanische Gesellschaft auch immer haben mag, sie wird allgemein als sozial zusammenhängend betrachtet. Auch das »effektive Ungleichheitsverhältnis« sollte durch demokratische Diskussion bestimmt werden.

In den industrialisierten Ländern gibt es einige Stadtviertel, in denen vorwiegend arme Einwanderer leben, und die praktisch Gettos sind. Die Arbeitslosenzahl erreicht dort bis zu 40 Prozent. Die Menschen, die dort leben, haben oft unter Vorurteilen zu leiden und sagen aus, dass es genügt, ihre Adresse zu nennen, um auszuschließen, dass sie einen Job bekommen. Warum bauen wir diese Viertel nicht nach den Angaben ihrer Einwohner neu auf – sie wissen am besten, woran es in ihren unterdurchschnittlich ausgestatteten Wohnungen fehlt. Dabei könnten die Leute, die dort wohnen, als Arbeitskräfte eingesetzt werden. Die Baustellen würden gleichzeitig als Ausbildungsplätze für junge Leute fungieren, so dass sie nach mehreren Monaten bezahlter Arbeit Erfahrungen in einem oder mehreren Handwerken vorweisen könnten.

Die zusätzlichen Gelder, die die Staaten durch die Besteuerung von Finanztransaktionen, Umweltverschmutzung, Energie und den Aktivitäten der multinationalen Großkonzerne erhalten würden, dürften den Regierungen in den industrialisierten Ländern ebenso wenig einfach überlassen werden, wie den Regierungen in den Entwicklungsländern. Auch die Bürger in den vergleichsweise wohlhabenden Ländern könnten Räte wählen, um ihren Prioritäten Ausdruck zu geben. Ich würde auch gerne einen Plan sehen, nach dem wenigstens 10 Prozent der örtlichen Steuern für besondere Verwendung abgezweigt werden würden. Leute, die es wissen müssen, haben mir versichert, dass eine solche Selbstverteilung von Steuergeldern keine gute Idee sei. Das meiste Geld würde den falschen Zwecken zugute kommen – nicht der Gesundheitsfürsorge, der Erziehung und der Forschung, wie ich es in meinem Idealismus annehme. Ich beuge mich ihrem überlegenen Wissen, bin aber dennoch dafür, nach Möglichkeiten zu suchen, um die öffentlichen Finanzen demokratischer zu gestalten.

Eine Möglichkeit, strukturbedingte Arbeitslosigkeit zu vermindern, könnte in einem zweistufigen Entlohnungssystem bestehen. Ein Teil des Einkommens aller Arbeitnehmer könnte aus zeitgebundenem Geld bestehen, das nach einer bestimmten Zeit seinen Wert verliert, aber jedes Mal wiedergewinnt, wenn es von einem Konto auf ein anderes weitergeleitet wird. Das würde die Leute daran hindern, »steriles« Geld zu horten und sie dazu bewegen, es auszugeben, womit Arbeitsplätze geschaffen würden.

Meine Prioritäten für Europa habe ich bereits erklärt: Schnelle Integration der neuen Mitgliedsländer und privilegierte Partnerschaften für die Länder im östlichen Mittelmeerraum und die ehemaligen afrikanischen Kolonien. Das würde unter anderem eine vollständige Umgestaltung – genau genommen eine Auflösung – der Welthandelsorganisation erfordern. Ein weltweiter freier Handel kann nur in die Katastrophe führen und ein Wettrennen zum niedrigsten Standard und eine Ausrichtung aller auf die geringsten Produktionskosten zur Folge haben, gleichgültig, wie die sozialen Folgen und die Auswirkungen für die Umwelt aussehen. Nationale Märkte sind jedoch meistens nicht umfangreich genug. Jede größere Region der Erde müsste ihre Handelsbeziehungen und Bestimmungen selbst festlegen können, aber es dürften ganz bestimmt nicht die Regeln der NAFTA *(North American Free Trade Association)* sein, und auch nicht die Bestimmungen, die die USA mit Hilfe der FTAA *(Free Trade Association of the Americas)* in ganz Nord- und Südamerika durchsetzen wollen.

Von unseren Widersachern bekommen wir oft zu hören: »Ihr wollt keine Regeln, ihr wollt das Gesetz des Dschungels.« Das ist nicht richtig, wir wollen Regeln, aber nicht die, die heute in Kraft sind und die von Minoritäten festgelegt wurden. Ebenso erkennen wir die Notwendigkeit von internationalen Institutionen an, aber ebenfalls nicht von denen, die wir heute haben. Wir brauchen Gesetze, ganz einfach deshalb, weil wir von der Bewegung sonst für alle Ewigkeit dazu verdammt wären, immer wieder von vorne anfangen zu müssen. Sisyphus hatte wahrhaftig kein erstrebenswertes Los.

Wir werden auch oft gefragt, ob wir eine Weltregierung haben wollen. Ich persönlich will das nicht, oder, besser gesagt, ich glaube, dass es noch viel zu früh dafür ist. Meiner Ansicht nach haben wir die neuen demokratischen Freiheiten, die wir brauchen, noch nicht genügend eingeübt, beziehungsweise noch nicht einmal gewonnen. Eine Weltregierung würde sehr schnell von den gleichen Leuten übernommen werden, die schon jetzt alles in der Hand haben, also von den falschen Leuten. Vielleicht könnte das Weltsozialforum in Verbindung mit dem Weltparlamentsforum so etwas wie ein Embryo eines internationalen Parlaments sein, aber so weit sind wir noch nicht. Die fünf Jahre, die seit Seattle vergangen sind, sind, historisch gesehen, eine kurze Zeit. Geben wir dem Weinberg seine Zeit in der Sonne, bevor wir versuchen, die Trauben zu ernten und den Wein zu machen.

Alles, was ich in diesem Kapitel gesagt habe, betrifft eine Arbeit, die noch in vollem Gang ist – mein bescheidener Beitrag zum ständigen Appell der Bewegung an unsere kollektive Fantasie und unseren kollektiven Willen, eine andere Welt zu schaffen.

TEIL II

EINE ANDERE WELT IST IN UNSERER REICHWEITE, WENN ...

6
... WENN WIR WISSEN UND POLITIK MITEINANDER VERBINDEN

Warum ist es so wichtig, die Globalisierung, ihre Akteure, ihre Auswirkungen auf die Gesellschaft und den Planeten zu verstehen und die Widersacher zu kennen, mit denen wir es zu tun haben? Weil Wissen in Kombination mit unserer Mitgliederzahl, unserer Organisation und den Bündnissen, die wir schließen, die wichtigste Voraussetzung für eine Veränderung der Welt ist. Ich spreche hier nicht von Wissen über ein bestimmtes Gebiet oder Thema, sondern von Wissen, das um seiner selbst willen wertvoll ist. Bevor wir weitere Strategien zum Herbeiführen einer Veränderung untersuchen, möchte ich innehalten und über diese Frage nachdenken.

In den Reihen der Bewegung für globale Gerechtigkeit gibt es eine überproportional große Zahl von Schul- und Universitätslehrern, was ein ungeheurer Vorteil ist, weil Lehrer und Universitätsprofessoren bei der Arbeit für die Veränderung der Welt eine besonders hohe Verantwortung tragen. Deshalb möchte ich dieses Kapitel den Forschern, Universitätsdozenten und Professoren widmen.

Heute kann man Wissen und politische Aktion nicht mehr voneinander trennen. In gewissem Sinne ist das immer so gewesen, und es ist kein Geheimnis, dass Wissen immer in erster Linie in der Hand der Regierenden war – die Tatsache, dass sie es besitzen, ist einer der Gründe dafür, dass sie die Regierenden sind. Jahrhundertelang konnten die Priester die gewöhnlichen Menschen einschüchtern (und physische Arbeit vermeiden), weil sie einen direkten Draht zu den Göttern hatten und ihre Anhänger an ihr Wissen über das Göttliche glaubten.

Früher ging eine Person, die nicht über ein Mindestmaß an Wohlstand und Freizeit verfügte, als unwissender Analphabet durchs Leben. Die allgemeine Schulpflicht hat dieses Bild in vielen Teilen der Welt verändert – wobei Frauen immer noch eindeutig benachteiligt sind. Eine weitere Verbreitung des Internets trägt vielleicht dazu bei, das Wissen noch weiter zu demokratisieren. Dennoch ist es erforderlich, das Offensichtliche klarzustellen: Um die Realität zu verändern, muss man erst einmal wissen, wie sie aussieht. Das ist nicht immer leicht, und man wird dabei auch nicht von denjenigen ermutigt, die über viel Wissen verfügen. Ganz im Gegenteil. Sie wissen nämlich, dass das alte Sprichwort »Wissen ist Macht« mehr denn je zutrifft.

Einer der Gründe, warum es für die Armen und Machtlosen so schwierig ist, sich Gehör zu verschaffen, ist, dass es ihnen an Wissen fehlt, auch an Wissen über sich selbst und die Gruppe, zu der sie gehören. So leiden z.B. Millionen von Menschen in Afrika, die mit dem Aids-Virus infiziert sind, jeder für sich alleine. Sie haben nicht die Möglichkeit, zu sagen: »Wir, die dreißig Millionen Aids-Opfer …«, weil die meisten von ihnen nicht wissen, dass diese Krankheit eine Geißel von gigantischen Ausmaßen ist, die viele Länder betrifft. Deshalb haben sie auch keine Möglichkeiten, Pflege, Medikamente und Entschädigungen zu fordern.

Erst wenn eine Gruppe »wir« sagen kann, kann sie Gewerkschaften und Bündnisse zu ihrer Verteidigung gründen. Bis zu diesem Zeitpunkt sind ihre Mitglieder nur die Arbeiter in der Fabrik X oder dem Industriezweig Y, die Bewohner dieses oder jenes Slums oder die Pächter eines Großgrundbesitzers. Die landlosen Bauern in Brasilien waren nichts als einzelne, hungernde Familien, bis sie die Bewegung der Landlosen *(Movimento sim Tierra)* gründeten, die inzwischen 300 000 Mitglieder hat. In der Lage zu sein, »wir« zu sagen, bedeutet echte Macht, und »wir« von der Bewegung für globale Gerechtigkeit sollten das respektieren, Gebrauch davon machen und auf andere ausweiten. Für all das ist Wissen erforderlich.

Unsere Widersacher haben in dieser Hinsicht kaum Schwierigkeiten. Regierungen, besonders in den bereits entwickelten Ländern, wissen sehr viel über ihre Bürger, jedenfalls in statistischer Hinsicht. Sie haben spezielle Nachrichtendienste und Polizeiabteilungen, die sich nicht nur mit Kriminellen befassen, sondern auch mit Gruppen, die sie als ihre Widersacher betrachten. Dazu gehören auch Arme und Randgruppen, die im 19. Jahrhundert als »gefährliche Klassen« bezeichnet wurden. Neuerdings interessieren sie sich auch für uns; zumindest seit Seattle haben einige Nachrichtendienste auch Akten über Mitglieder der Bewegung angelegt.

Die multinationalen Konzerne wissen über die Verbraucher Bescheid, und sie erfahren sofort von vorgeschlagenen Gesetzen oder Praktiken von Institutionen, die einen Einfluss auf ihre Geschäfte haben könnten. Medienunternehmen kennen ihre Leser oder Hörer und wissen, was sie vielleicht noch schlucken werden und was nicht. Die Spitzenleute in Wirtschaft und Finanzen wissen lange vor den kleinen Aktionären, wann man gut daran tut, zu kaufen oder zu verkaufen. Und so weiter.

Die Reichen und Mächtigen sind auch in der Lage zu verhindern, dass andere erfahren, wie sie zu dem geworden sind, was sie sind, und, was noch wichtiger ist, warum sie das auch bleiben müssen. Um nur ein Beispiel zu nennen, wir haben erst zu spät erfahren, und auch dann nur dank der mutigen Berichterstattung von Greg Palast, auf welche Weise George W. Bush Präsident der Vereinigten Staaten geworden ist. Der Gouverneur von Florida, der rein zufällig Bushs Bruder ist, hatte eine private Firma damit beauftragt, die Wahlpapiere von 57 000 legitimen Wählern – die meisten davon schwarze Demokraten – mit der Begründung auszusortieren, dass sie sich in anderen Staaten etwas hatten zuschulden kommen lassen und in Florida nicht wählen dürften. Obwohl die Ergebnisse von Palasts Nachforschungen unanfechtbar waren und obwohl die Geschichte in Großbritannien die Schlagzeilen aller großen Zeitungen beherrschte und von der BBC zur besten Sendezeit gebracht wurde, wollte die amerikanische Presse nichts davon wissen. Was der Bürger nicht weiß, macht ihn nicht heiß.[52]

Man braucht nicht an Verschwörungen und finstere Pläne zu glauben, es genügt, die Interessen zu erkennen, die bestimmte Gruppen mit allen Mitteln verteidigen werden, die ihnen zu Gebote stehen. Das sollte niemanden überraschen, weil die Politik immer wieder aus solchen Interessenkonflikten auf lokaler, nationaler oder internationaler Ebene besteht. Ein wirkungsvolles Werkzeug zur Wahrung der eigenen Interessen ist die Kontrolle des Wissens. Das bedeutet, dass man sich die Fähigkeit schaffen muss, seinen eigenen Belangen in Form von Öffentlichkeitsarbeit Gehör zu verschaffen, die Medien zu manipulieren und seine Spuren zu verwischen. Die Macht zu entscheiden, was gesagt oder sogar gedacht werden darf und was nicht, ist die wahre Geheimwaffe der Herrschenden.

Wenn sie nicht umhin können, sich Fragen stellen zu lassen, speisen die Mächtigen die Fragesteller gerne mit halben Antworten ab, weil sie in weit höherem Maß die Möglichkeit haben, etwas zu verheimlichen als normale Sterbliche. Oder sie machen den Fragesteller lächerlich, weil er die Akten nicht kennt. Eine häufig angewendete Variante besteht darin, zu sagen, »es ist sehr viel komplizierter« – was auch immer dieses »es« sein soll). Alles kann kompliziert sein, wenn man zulässt, dass es kompliziert wird, aber die meisten Kenntnisse und Fähigkeiten, die man braucht, um handeln zu können, kann man sich relativ leicht aneignen. Dazu gehört die Fähigkeit des Debattierens, was bedeutet, dass man sich tatsächlich informieren und die Aktenlage kennen muss.

Wenn der Widersacher versucht, Sie mit seinem überlegenen Wissen einzuschüchtern, ist es wichtig, daran zu denken, dass Ihre Interpretation bestimmter Tatsachen oder einer Situation ebenso gut ist wie die seine. Die Globalisierung und die damit verbundenen Phänomene, die wir oben beschrieben haben, sind keine wissenschaftlichen Konzepte. Das ist eine wichtige Unterscheidung. Wenn Sie über Astronomie oder Biologie diskutieren, können Sie davon ausgehen, dass sowohl Sie selbst als auch Ihr Gegenüber von bewiesenen Fakten reden, soweit sie bekannt sein können – von Fakten, die durch Beobachtung und Experimente bewiesen sind, die in angesehenen, von Wissenschaftlern des gleichen Fachbereichs überprüften wissenschaftlichen Zeitschriften veröffentlicht worden sind und immer wieder neu untersucht werden.

Bei der Wirtschaftswissenschaft und anderen Sozialwissenschaften gibt es keine solchen Garantien, so sehr die Wirtschaftler uns auch davon zu überzeugen versuchen, dass es sich um echte Wissenschaft handelt. Unter der Oberfläche der Sozialwissenschaften lauern immer Politik und Ideologien, die ein bestimmtes System anderen gegenüber bevorzugen. Bei Diskussionen ist es oft wichtiger zu beachten, welche Aspekte die Diskussionsteilnehmer ausgelassen haben, als festzustellen, welche sie zur Sprache gebracht haben.

Wie ich später noch genauer darlegen möchte, kann die Wirtschaftslehre, obwohl sie manchmal Ursache und Wirkung erklären kann, nicht den Status einer exakten Wissenschaft für sich in Anspruch nehmen – oder sie kann es nur für ganz triviale Dinge tun, die keinen Einfluss auf das Schicksal von Menschen und Nationen haben. Warum ist die Wirtschaftslehre so selten wissenschaftlich und immer ideologisch? Einmal deshalb, weil die erste Entscheidung, was als Kosten und was als Nutzen eingestuft wird, vollkommen willkürlich ist, das heißt, sie nützt den Bedürfnissen eines bestimmten Systems oder speziellen Interessen. In einer anderen Art von Wirtschaft würden Kosten und Nutzen vollkommen anders klassifiziert werden.

Die klassische Wirtschaftslehre sagt beispielsweise absolut nichts über Umweltprobleme aus, und sie kann die Zerstörung natürlichen Kapitals nicht messen. Fällen Sie einen ganzen Wald, verkaufen Sie die Baumstämme, notieren Sie den Preis, den Sie dafür erhalten, ziehen Sie die Kosten für die Arbeitskräfte, die Amortisierung der Kettensägen und die

Transportkosten davon ab, und schon sind sie ein Wirtschaftler – oder wenigstens ein Buchhalter. Versuchen Sie, die Vernichtung von Tierarten, die Verschlammung von Flüssen durch das Wegschwemmen der Humusschicht, die Wassermengen, die der nicht mehr vorhandene Wald nicht mehr festhalten kann und die dadurch möglichen Überschwemmungen, dazu das CO_2 zu berechnen, das nicht mehr von Bäumen aufgenommen werden kann, und Sie sind einfach verrückt, jedenfalls in den Augen der anerkannten Wirtschaftsexperten.

Für diese ist Wachstum immer eine gute Sache, gleichgültig wie viel Umweltverschmutzung und Zerstörung dadurch verursacht wird. Umweltschützer werden wirklich fast verrückt vor Wut, wenn sie, bisher mit wenig Erfolg, versuchen, die Wirtschaftler dazu zu bewegen, ihre Scheuklappen abzulegen und endlich der Realität ins Auge zu sehen. Die Umwelt wird ganz einfach vergessen, ebenso wie der tatsächliche Nutzen für die Menschen. Ein neues industrielles Verfahren kann zum Wachstum beitragen und gleichzeitig tausende von Menschen arbeitslos machen. Oder, wie ein abweichlerischer Wirtschaftswissenschaftler einmal bemerkte: »Die schnellste Art, das Bruttosozialprodukt zu erhöhen, ist, einen Krieg vom Zaun zu brechen.«

Jeder, der Ihnen einzureden versucht, dass die Sozialwissenschaften, wie die Wirtschaftslehre, die Soziologie und die politische Wissenschaft objektiv seien, ist entweder naiv oder er lügt. Leute, die diese Wissenschaften praktizieren, und da bin ich selbst keine Ausnahme, bauen ihre Arbeit bewusst oder unbewusst auf Werten und politischen Präferenzen auf, und ihre Zuhörer haben das Recht zu erfahren, was das für Präferenzen und Werte sind. Wenn diese Information nicht freiwillig erfolgt, sollte man dem Sozialwissenschaftler (dem Weltwährungsfonds, dem Angestellten usw.) gezielte Fragen stellen.

So sollte es Ihnen inzwischen ganz bestimmt klar geworden sein, dass eines der Ziele dieses Buches darin besteht, Sie davon zu überzeugen, dass Sie zu den Ereignissen eine kritische Perspektive entwickeln können, um sich mit anderen zusammen an Aktionen gegen bestimmte Leute und Institutionen beteiligen zu können, die ich nicht nur deshalb für gefährlich halte, weil sie nicht die gleichen Werte repräsentieren wie ich, sondern auch, weil ich glaube, beweisen zu können, dass ihre Politik Menschen sinnlos Schaden zufügt und sie in vielen Fällen sogar tötet.

Meine Widersacher wollen Sie natürlich vom Gegenteil überzeugen. Deshalb werden sie in ihren Erklärungen andere Dinge auslassen bzw. mit einbeziehen. In wirtschaftlichen und politischen Angelegenheiten sollte man niemals ein Argument akzeptieren, weil es von einer Autorität kommt. Das wäre die Haltung eines Gläubigen gegenüber einer religiösen Institution und nicht die eines gut informierten Bürgers.

Der italienische Marxist und Denker Antonio Gramsci hatte während seiner jahrelangen Haft das Konzept der »kulturellen Hegemonie« oder kulturellen Macht entwickelt, die eine der wichtigsten Attribute aller herrschenden Klassen ist. Man muss die Leute nur dazu bringen, so zu denken, wie man es wünscht, und sie werden wie Fische im Wasser sein, denen nicht bewusst ist, dass das Medium, in dem sie schwimmen, Wasser ist. Wenn man die Köpfe der Menschen kontrollieren kann, übt man eine unsichtbare Macht über sie aus und braucht sich keine Sorgen mehr wegen ihrer Herzen und Hände zu machen.

Während der letzten fünfzig Jahre haben sich die Neoliberalen als brillante Gramscianer erwiesen, während seine Lehren an den Progressiven offenbar meistens verloren sind. Die Rechte hat sehr früh begriffen, dass »Ideen Konsequenzen haben« (der Titel eines Buches aus dem Jahr 1948 von dem konservativen Guru Richard Weaver). Ihre Vertreter haben Gelehrte und Autoren unterstützt, haben Lehrstühle an Universitäten und Forschungszentren gestiftet, Konferenzen und Kolloquien, ernst zu nehmende Zeitschriften und Studentenzeitungen finanziert. Sie unterstützen alles und jeden, der neoliberale Ideen verbreiten kann, die für die großen Konzerne und Finanzmärkte nützlich sind und die Interessen unserer gegenwärtigen Regierungen begünstigen. In den letzten zwanzig Jahren haben ultrakonservative Stiftungen in Amerika 1 Milliarde Dollar für diese Zwecke ausgegeben.

Infolgedessen beherrschen ihre Ideen die mächtigsten Institutionen der Welt, angefangen mit der Regierung der USA über die Europäische Kommission bis zum Internationalen Währungsfonds, der Weltbank und der Welthandelsorganisation. Noch vor fünfzig Jahren hätte sich niemand außer ein paar Spinnern vorstellen können, dass man extreme sozialdarwinistische Vorstellungen (»Den Verlierern schulden wir nichts«) allen Ernstes vertreten könnte. Niemand hätte geglaubt, dass uneingeschränkter, umweltzerstörender Kapitalismus, der einen Teil der Bevölkerung vom Wohlstand ausschließt, eine vertretbare Wirtschaftsform für irgendeinen Staat mit Selbstachtung sein könnte, ganz zu schweigen von der Welt als Ganzem. Noch vor fünfzig Jahren war praktisch jedermann entweder Christdemokrat oder Sozialdemokrat, Keynesianer (jemand, der an öffentliche Dienstleistungen, Vollbeschäftigung und eine Politik in der Art des New Deal glaubt) oder Marxist – welcher Schattierung auch immer.

Das ist nicht mehr der Fall. Viele Leute, die dem Namen nach der politischen Linken angehören – dabei denkt man automatisch als Erstes an Tony Blair –, stehen heute den Vertretern der äußersten Rechten wie George Bush näher als ihren eigenen politischen Vorfahren, in Blairs Fall Aneurin Bevan. Man könnte sich keinen besseren Neoliberalen als Pascal Lamy vorstellen, den ehemaligen Europäischen Handelskommissar und Mitglied der Sozialistischen Partei Frankreichs. Durch die bewussten Bemühungen der »rechten Gramscianer« hat sich das ideologische Gleichgewicht langsam verschoben.

Wissen und politische Aktion:
Der Fall des Jubilee 2000

Untersuchen wir die Beziehung zwischen Wissen und politischer Aktion an einem Beispiel, das die Notwendigkeit der massenhaften Verbreitung von anwendbarem Wissen demonstriert. Seit dem Ende der 1990er Jahre wurden im Rahmen einer eindrucksvollen Kampagne gegen die Verschuldung der Dritten Welt mit dem Namen »Jubilee 2000« oder »Erlassjahr 2000« Millionen von Unterschriften gesammelt und erfolgreiche Massendemonstrationen veranstaltet, an denen zigtausende von Menschen teilnahmen. Im Jahr 1998 bildeten 70 000 Menschen eine Menschenkette (»Bildet eine Kette, um die Schuldenketten zu zerbrechen«), um den Mitgliedern des G7-Gipfels in Birmingham klarzumachen, dass in dieser Hinsicht etwas geschehen musste.

Die Jubilee-Kampagne ging weit über die Grenzen der traditionellen Linken hinaus und mobilisierte Leute, die in ihrem ganzen Leben noch nie an einer Demonstration teilgenommen hatten. Die Kampagne leitete ihren Namen vom biblischen Sabbat- oder Jubeljahr ab, in dem periodisch alle Schulden erlassen wurden, und wurde besonders in der Kirche sehr gut aufgenommen. Das Millenniumsjahr 2000 sollte das Jahr sein, in dem die Ketten zerbrochen und die in ihren Schulden gefangenen Länder freigelassen werden sollten. Und diese Kampagne zwang die reichsten Länder der Welt zum Handeln. Unter allgemeinem Beifall kündigten sie den Erlass von Schulden in Höhe von vielen Milliarden Dollar an. Die Teilnehmer des Jubilee jubelten und waren mit Recht stolz auf das, was sie erreicht hatten. Sie fühlten sich in ihrem Sieg bestätigt, als die G7-Länder sich ein Jahr nach Birmingham beim Gipfel von 1999 in Köln dazu verpflichteten, die Schulden von zweiundvierzig Ländern in Höhe von insgesamt 100 Milliarden Dollar zu streichen.

Aber dies ist der Punkt, an dem Wissen an Stelle des unbestrittenermaßen wichtigen Gutfühlfaktors einsetzen muss. Tatsächlich wurden relativ wenige Schulden wirklich erlassen. Die Gläubigerländer spielten mit der Terminologie, und die Presse übernahm ihre Erklärungen in den meisten Fällen ohne jede Kritik. Dem Namen nach strichen die G7-Länder einige Schulden, aber das bedeutete nicht, dass es den ärmsten Ländern deshalb besser gegangen wäre als vorher. Man muss immer auch das Kleingedruckte lesen.

Erstens betraf ein großer Teil der erlassenen Schulden nur solche Schulden, für die die armen Länder sowieso keine Zinsen zahlten. Wenn ein Land beispielsweise 10 Milliarden Dollar Schulden hat, aber nicht mehr als die Zinsen für 5 Milliarden zusammenkratzen kann, spielt es keine große Rolle, ob ein Teil der übrigen 5 Milliarden erlassen wird oder nicht, weil die tatsächlich zu zahlenden Zinsen die gleichen bleiben.

Zweitens sträubten sich die schrecklichen Zwillinge gegen jeden Schuldenerlass und beschlossen mit stillschweigender Zustimmung der G7, dass die betroffenen Länder, um für einen Schuldenerlass in Frage zu kommen, erst noch eine dreijährige Periode weiterer struktureller Angleichungen durchzumachen hätten, die später auf sechs Jahre ausgedehnt wurde. Jetzt, viele Jahre später, haben einige von ihnen den »decision point« und ein paar sogar den »completion point« erreicht und kommen in den Genuss einer gewissen Erleichterung. Die Weltbank selbst hat jedoch zugegeben, dass von den zweiundvierzig hoch verschuldeten Ländern (HIPCs, *Highly Indepted Poor Countries)* nur vier »tragbare Schulden« haben, wie es im Bankjargon heißt. Weitere zwanzig werden auch dann keine tragbaren Schulden haben, wenn sie den »completion point« erreicht haben, und sechs weitere leiden unter besonderen Problemen und Zahlungsrückständen. Einige, wie der Sudan und Somalia, sind einfach in der Rumpelkammer gelandet und praktisch von der Landkarte verschwunden.

Für die meisten Länder ist eine echte Erleichterung immer noch eine leuchtende Fata Morgana am Horizont. Der Hauptschlag besteht jedoch darin, dass der Schuldenerlass eigentlich zur Entwicklungshilfe hinzukommen sollte, dass diese sich jedoch langsam in Luft aufgelöst hat und »die hoch verschuldeten armen Länder absolut gesehen weniger erhalten, als sie 1995 erhalten haben« – und dies sind die Worte der Weltbank.[53] Tatsächlich ist die Situation sogar noch schlimmer, als die Weltbank andeutet: Zwischen 1998 und 2001 transferierten die afrikanischen Länder südlich der Sahara 17,5 Milliarden Dollar netto an die reichen Länder. Das bedeutet, dass sie für Zinsen und sonstige Zahlungen 17,5 Milliarden Dollar mehr bezahlten, als sie an Entwicklungshilfe, Beihilfen und neuen Krediten erhielten.*

Wenn Sie sich jedoch nicht selbst über die tatsächliche Schuldensituation und den gesamten Finanzfluss informiert haben, um die Argumente der Sprecher der G7 widerlegen zu können, werden diese Ihnen die Arbeit nicht abnehmen. Ihnen ist es sehr viel lieber, wenn sie es mit unwissenden Bürgern zu tun haben, die ihnen ihre Propaganda abnehmen.[54]

Jubilee 2000 war von Anfang an in der Absicht ins Leben gerufen worden, dass es nur das sein sollte, was der Name erwarten ließ: eine Kampagne, die bis zum Jahr 2000 dauern sollte. Also wurde sie trotz ihres nur sehr begrenzten Sieges beendet. Viele Menschen, zu denen ich mich auch zähle, halten das für eine tragische Verschwendung, nicht nur wegen des nach wie vor katastrophalen Schadens, den die Schulden in den Entwicklungsländern anrichten, sondern auch, weil man annehmen kann, dass die meisten Leute, die sich an der Kampagne beteiligt hatten, ehrlich überzeugt sind, dass sie eine erfolgreiche Aktion

---

* In diesen Zahlen ist der katastrophale Preisverfall für Rohstoffe noch nicht berücksichtigt, der eintrat, weil die Zwillinge alle Länder gezwungen haben, die gleiche kleine Auswahl von Waren zu exportieren. Davon profitiert niemand außer Nestlé und Unilever – oder haben Sie in letzter Zeit bemerkt, dass die Preise für Kaffee und Schokolade in den Supermärkten abgestürzt wären?

unterstützt und erreicht haben, was sie erreichen wollten, und erst dann beschlossen, auseinander zu gehen.

Jubilee Süd, das in den verschuldeten Ländern wie Südafrika agierte, hat das weniger radikale Jubilee Nord scharf kritisiert, und als ich das letzte Mal davon hörte, wurde die Kampagne dort immer noch fortgesetzt. In Bamako in Mali und Guayaquil in Ecuador wurden Konferenzen abgehalten. Aber im Fall der Schulden, wie in so vielen anderen Fällen auch, sind die Entwicklungsländer zu weit von den Stätten der Macht entfernt. Die Gläubiger sind nicht verpflichtet, auf die Bitten ihrer weit entfernten Opfer zu hören, egal wie laut sie schreien oder wie gerechtfertigt ihre Klagen sind. Nachdem die Demonstranten in den Metropolen der industrialisierten Staaten verschwunden waren, die starken Druck auf die Regierungen der Gläubigerländer und die internationalen Institutionen ausgeübt hatten, ging sehr viel vom politischen Schwung der Kampagne verloren. Die gesamten Schulden der Entwicklungsländer betragen immer noch rund 2,5 Billionen Dollar.

Das Multilaterale Investitionsabkommen (Multilateral Agreement on Investment, MAI)

Nun folgt ein Beispiel für die Gleichung Wissen = Macht mit glücklicherem Ausgang. Von 1995 an wurde bei der OECD in Paris in Geheimverhandlungen über das MAI diskutiert. Das MAI hätte ungeheure Vorteile für die internationalen Großkonzerne mit sich gebracht und ihnen freie Hand gelassen, zu investieren wo immer sie wollten. Nach den Bestimmungen des Vertrages hätten die Staaten alle Verpflichtungen übernehmen müssen, während den Konzernen alle Rechte und Privilegien zugesprochen worden wären, einschließlich des Rechts, die Regierungen gerichtlich zu belangen, wenn sie Maßnahmen eingeführt hätten, die ihre gegenwärtigen oder zukünftigen Profite beeinträchtigt hätten.

Die Bürgerbewegung erfuhr erst von diesen Verhandlungen, als sie bereits rund zweieinhalb Jahre im Gange waren. An den Text des Entwurfs für MAI heranzukommen, war praktisch eine Mantel-und-Degen-Unternehmung. Sobald die Leute erfuhren, was auf dem Spiel stand, wurden in größter Eile nationale Koalitionen aus dem Boden gestampft, um dieses unausgewogene Abkommen zu verhindern. Dabei hielten sie sich an die Strategie, die Lori Wallach vom *Public Citizen* in den USA als »Dracula-Strategie« bezeichnet hatte: Wenn man den Vampir lange genug dem Licht aussetzt, schrumpft er zusammen und stirbt. Die Dracula-Strategie erfordert Wissen. Man muss in der Lage sein, den Vampir zu beschreiben, seine Gewohnheiten kennen lernen und begreifen, dass er darauf angewiesen ist, die für ihn lebensnotwendige Menge Blut zu trinken. Um das MAI erfolgreich bekämpfen zu können, war es notwendig, sich diese Kenntnisse erst zu verschaffen und sie dann zu verbreiten.

Das Verbreiten von Wissen kann äußerst problematisch sein. In Frankreich weigerten sich die Journalisten zuerst, dem MAI Platz in der Presse oder Sendezeit im Rundfunk und im Fernsehen einzuräumen. Einige bekannte Leute waren jedoch bereit, das Risiko einzugehen, in der Presse gegen das Abkommen Stellung zu nehmen und so den übrigen Medien die Gelegenheit zu geben, die Geschichte aufzugreifen. Das MAI machte Schlagzeilen in allen Zeitungen, und zur allgemeinen Überraschung zeigte es sich, dass die Leute durchaus in der Lage waren zu verstehen, was ein solcher Vertrag bedeutet hätte.

Nach dieser negativen Publicity und einigen Demonstrationen, eine davon direkt am OECD-MAI-Verhandlungsort, konnte die französische Regierung – damals eine Koalition aus Sozialisten, Kommunisten und Grünen – nicht umhin, eine Untersuchungskommission einzusetzen. Diese lud einige Mitglieder der Anti-MAI-Opposition als Zeugen vor. Auch in diesem Fall genügte es nicht, gegen das Abkommen zu sein. Wissen, nicht nur über den Vertrag, sondern auch über die Zusammenhänge internationaler Investitionen, war von ausschlaggebender Bedeutung. Das Nennen konkreter Zahlen, wie wenig Arbeitnehmer die multinationalen Großkonzerne tatsächlich beschäftigen und wie hoch ihre Investitionen für Fusionen und Firmenübernahmen sind – die lediglich die Konzentration erhöhen –, war ein wesentlicher Bestandteil des Spiels.

Verglichen mit der kleinen Zahl der Zeugen von der MAI-Opposition waren die Arbeitgebervereinigungen und Lobbys der Konzerne massiv vertreten. Trotz des Zeugnisses dieser Leute waren im Abschlussbericht der Kommission fast alle Argumente der Gegner des Abkommens enthalten. Parlamentarier, die von der Regierung niemals über das MAI informiert worden waren, begannen, wütend zu werden. Schließlich wurde der Druck auf die Regierung so stark, dass Premierminister Lionel Jospin in einer turbulenten Plenarsitzung den Rückzug Frankreichs aus den Verhandlungen ankündigte.

Im Fall des MAI konnte das Schlimmste gerade noch verhindert werden. Sehr viel schwieriger ist es, etwas zu verändern oder rückgängig zu machen, das bereits in Kraft ist. Viele Aktivisten möchten das GATS ändern oder abschaffen. Das wäre jedoch eine Sisyphusarbeit, weil der Text komplex und wenig bekannt ist. Autoritäten auf diesem Gebiet wie Herr Lamy, die Sprecher der WTO und die Interessenvertreter der Konzerne, die sie begünstigen, machen ihre Gegner ständig lächerlich und erzählen der Öffentlichkeit und den Medien, dass es keinen Grund zur Sorge gäbe. Hier haben wir es mit einer typischen Wissensschlacht zu tun.

Außerdem wollen wir internationale Steuern einführen, die eine ganz neue Art globaler finanzieller Instrumente für globale Zwecke möglich machen würden. Für die multinationalen Konzerne und die Macher der Finanzmärkte ist das der schrecklichste Gedanke, auf den irgendjemand kommen kann. Selbst Beamte, die die Entwicklung Besorgnis erregend finden, haben Hemmungen, in dieser Hinsicht schlafende Hunde zu wecken.

Ein großer Teil der Arbeit für eine andere Welt besteht darin zu lernen, wie man scheinbar unbewegliche Dinge doch bewegen kann, und es ist ein wichtiger Bestandteil des politischen Kampfes, unanfechtbare Studien zur Verfügung zu haben.

Und nun zum letzten Punkt dieses Themas: Ja, wir brauchen detailliertes Wissen, aber nur, damit wir es vereinfachen können. Voltaire hat gesagt: »Wenn Sie die Leute langweilen wollen, sagen Sie ihnen alles.« Zweihundert Jahre später bemerkte die britische Wirtschaftswissenschaftlerin Joan Robinson: »Um etwas zu wissen, muss man alles wissen. Wenn man jedoch über irgendetwas reden will, muss man eine ganze Menge auslassen.« Ich würde noch hinzufügen, wenn man über etwas schreiben will, ist es ebenso. Ich bin mir ständig bewusst, wie viel ich auf diesen Seiten auslasse, und ich fürchte ständig, ich könne zu viel hineinpacken.

Wir brauchen Wissen, damit wir wahre, relevante und bedeutsame Aussagen auf einem Flugblatt machen können, das wir an einem Bahnhof oder in einem Supermarkt verteilen. Wir müssen einem Zeitungsjournalisten eine Sache in einer halben Stunde, im Radio in fünf Minuten und im Fernsehen in dreißig Sekunden erklären können. Das Wissen muss dem Medium und dem Publikum angepasst werden. Aber zweifeln Sie niemals daran, dass jeder mit ein bisschen Hilfe lernen kann. Lernen schafft Selbstvertrauen, es macht stark, und es gibt, ehrlich gesagt, kein größeres Vergnügen, als seinen Widersacher bei einer Lüge zu ertappen.

Wir haben nicht Milliarden Dollar zur Verfügung, wie die Stiftungen in den USA oder die Lobbys der Großkonzerne, aber wir fangen an, die erforderlichen Mitgliederzahlen zu haben, und wir verfügen schon jetzt über genügend Leute mit dem nötigen Verstand und der nötigen Energie. Unsere Widersacher haben versucht, eine unüberwindliche Mauer um das Wissen zu bauen, damit ihre Weltsicht und ihre Institutionen niemals in Frage gestellt werden können. Eine unserer dringlichsten Aufgaben besteht darin, diese Mauer niederzureißen.

7
... WENN LEHRER AN SCHULEN UND UNIVERSITÄTEN IHRE ARBEIT GUT MACHEN*

Die vielen Schul- und Universitätslehrer in der Bewegung für globale Gerechtigkeit sind professionelle »Wissensarbeiter«, und sie können eine unersetzliche Rolle spielen, weil sie ihr Leben lang versuchen, Schülern und Studenten aller Altersklassen das Bedürfnis zum Lernen einzuflößen. Für die Bewegung sind diese Lehrer und Forscher eine kostbare Ressource, die jedoch nur allzu oft verschwendet wurde und wird.

Die Fellows des *Transnational Institute* (TNI) in Amsterdam, dem ich seit seiner Gründung im Jahr 1973 angehöre, bezeichnen sich selbst mit Vorliebe als »Aktivistengelehrte«. Das TNI hat zu allen Zeiten versucht, ein Reservoir von Arbeiten zu schaffen, die für die Bedürfnisse unserer Zeit relevant sind. Selbst während der schrecklichen Zeit der politischen Dürre zwischen den 1980er und den frühen 1990er Jahren, als nichts, das den Namen Bewegung verdiente, am Horizont zu erkennen war, haben wir immer noch versucht, die Solidarität zwischen den industrialisierten Staaten und den Entwicklungsländern zu fördern und mit Hilfe des Werkzeugs unserer jeweiligen Fachgebiete und unserer individuellen Fähigkeiten die Strukturen der Ungerechtigkeit zu analysieren,

---

* In etwas anderer Form war dieses Kapitel mein Beitrag für die Konferenz über »Critical Globalisation Studies« an der University of California im März 2003. Mein Dank gilt Bill Robinson und Rich Applebaum für ein anregendes Programm und für die Erlaubnis, meinen Beitrag sowohl hier als auch in ihrem Berichtsband *»Towards a Critical Globalisation Studies«* (Routledge, New York und London 2004) zu veröffentlichen.

realisierbare Vorschläge für eine Veränderung zu formulieren und die besten Strategien zu ersinnen, um unsere Mitbürger und die Entscheidungsträger von ihrer Relevanz zu überzeugen und das Kräfteverhältnis zu verändern.

All diese Ziele stehen immer noch auf unserem Programm, aber im Gegensatz zu den 1980er Jahren konnten wir inzwischen das Interesse unzähliger Kultur- und Wissensarbeiter dafür wecken, die an dieser gemeinsamen Unternehmung mitwirken wollen. Der zweite Vorteil gegenüber den 1980er Jahren ist die Tatsache, dass es jetzt eine echte Bewegung gibt, die diese Art von intellektueller Arbeit lautstark fordert. Das Attac-Volksbildungsprogramm war und ist erstaunlich erfolgreich. Die Vereinigung verfügt nicht nur über einen Wissenschaftsrat mit 150 Mitgliedern und veranstaltet alljährlich eine Sommeruniversität mit hunderten von Studenten aller Altersklassen, sie gibt auch eine Serie von Büchern heraus, von denen einige zu zigtausenden verkauft werden. Auch von Video und DVD machen wir Gebrauch.

In etlichen Ländern jedoch, insbesondere in den angelsächsischen Ländern, in denen Attac und Attac-ähnliche Bewegungen noch nicht richtig Fuß gefasst haben, wissen Intellektuelle und Akademiker oft nicht, wo sie anfangen sollen und wie man es anstellt, sich an einer solchen Unternehmung zu beteiligen. Sie machen sich Sorgen um den Zustand der Welt und sie möchten eine Rolle spielen, aber sie sehen nicht immer den Zusammenhang zwischen ihrer Disziplin und ihrem Leben als Staatsbürger.

Zum Glück hat die Bewegung für globale Gerechtigkeit keine Führungsspitze im Sinne eines Kaders, der Befehle erteilt, aber sie verfügt über individuelle, moralische und intellektuelle Autoritäten, die einen symbolischen Status genießen und zu denen aufgeschaut wird. Viele dieser Autoren und Denker haben die Bewegung von ihren ersten Anfängen an begleitet, und einige waren sogar noch früher auf dem gleichen Gebiet tätig. Damit ist erwiesen, dass Kopfarbeiter relevant sein können. Dennoch ist der Weg, der vor uns liegt, voller Schlaglöcher, um nicht zu sagen, voller Bombentkrater. Obwohl ich fest an die positive Rolle von Lehrern, Forschern und anderen Intellektuellen in dieser Bewegung glaube, möchte ich mich hier mehr auf die Risiken und Fehler konzentrieren, die sie nach Möglichkeit vermeiden sollten.

Insbesondere in den Vereinigten Staaten sind einige mutige Universitätslehrer dabei, ein neues Fachgebiet mit dem Namen »Kritische Studien zur Globalisierung« zu schaffen. An der Universität von Kalifornien in Santa Barbara, wo dieser neue Studiengang erst 1999 eingeführt wurde, gibt es inzwischen 800 Studenten, die diese Disziplin als Hauptfach gewählt haben. Andere Universitäten folgen diesem Beispiel. Ein großer Teil des Lehrstoffs der »Kritischen Studien zur Globalisierung« gehörte bisher zu einem Sachgebiet mit dem Namen »Kritische Studien zur Entwicklung«. Als Person, die die Inhalte der letzteren Disziplin viele Jahre lang praktisch angewendet hat, hoffe ich, dass man es mir verzeihen wird, wenn ich eine persönliche Antwort auf die Frage nach der Relevanz von Universitäten und Intellektuellen anbiete, bevor ich versuche, eine allgemeinere Antwort zu formulieren.

Meinen ersten Versuch mit den Kritischen Studien zur Entwicklung machte ich – zu einer Zeit, als ich diese Bezeichnung noch nicht kannte – in Form meines ersten Buches, *How the Other Half Dies*.[55] Der Untertitel lautete *The Real Reasons for World Hunger*, weil es mir allmählich klar geworden war, dass nur wenige den Versuch unternahmen, diese Gründe zu erklären. Diese Lücke in Forschung und Analyse schien weniger auf die schlechte Erkennbarkeit dieser Gründe zurückzuführen zu sein, obwohl auch das eine Rolle spielte, als auf ein Festhalten an einer Ideologie, die dafür sorgte, dass alle mit Scheuklappen herumliefen. Die zum Erkennen der wahren Gründe erforderlichen Kategorien und Konzepte waren ganz einfach nicht vorhanden und gehörten nicht zum geistigen Rüstzeug der meisten Leute, die als Experten auf dem Gebiet galten.

Die oben gemachte Aussage muss unerträglich selbstgefällig klingen. Ich höre Sie förmlich sagen: »So, so, all diese erfahrenen Professoren waren blind, irrten sich, waren Idioten oder alles drei zusammen. Nur diese blutige Anfängerin Susan G. sah die Dinge klar.« Das nehme ich zur Kenntnis, aber ich kann nicht über die Rolle der Universitäten und Intellektuellen reden, ohne meine Karten offen zu zeigen. Also erlauben Sie mir bitte zu rekapitulieren, bevor ich erkläre, warum ich glaube, dass mein Urteil nicht ungerechtfertigt hart ist.

In den Jahren 1973–74 hatte die Welt gerade eine von vielen Ernährungskrisen hinter sich gebracht. Hunger und Unterernährung forderten ihre üblichen Opfer in Afrika und Asien, und sowohl die Presse als auch die wissenschaftliche Literatur hatte nichts als die Standarderklärungen in unterschiedlichen Variationen zu bieten, wie Dürre, Bevölkerungsdruck, niedriger technischer Standard und geringe landwirtschaftliche Erträge. Ein paar mutigere Autoren erwähnten vielleicht auch noch die Korruption der Regierungen, aber auch sie interessierten sich nicht für das Paradox, das die meisten Hungernden in ländlichen Gegenden wohnten, und sofern sie überhaupt von der Armut redeten, dann nur, um zu bekräftigen, dass »die Armen« Mechanisierung, das Saatgut der Grünen Revolution und die damit verbundene Modernisierung brauchten.

Die Landwirtschaftsindustrie, der Anbau bestimmter landwirtschaftlicher Produkte zu Exportzwecken, die Rolle der Nahrungsmittelhilfe bei der Veränderung lokaler Essgewohnheiten, die Grüne Revolution als negativer Faktor und die Auswirkungen billiger Importe aus der nördlichen Hemisphäre auf die Erzeuger im Süden wurden mit keinem Wort erwähnt. Auch über die Landkonzentration und landlose Bauern, über das Verpachten von Land und ausbeuterische Pachtbedingungen und über die Abwanderung aus den ländlichen Gebieten in die Städte war wenig oder gar nichts zu finden. Die landwirtschaftliche Produktion und die Politik der reichen

Länder tauchte nur selten am akademischen Hungerhorizont auf, was zweifellos darauf zurückzuführen war, dass man überzeugt war, dass diese Aspekte des Hungerbildes positiv sein müssten. Eine so einfache und offensichtliche Aussage, wie ich sie in meinem Buch machte – »Wenn man satt werden will, muss man entweder genügend Land haben, um seine Nahrungsmittel selbst zu produzieren, oder genug Geld, um sie zu kaufen«, – war bereits extrem exotisch.

Wer war ich, dass ich behaupten konnte, dass alle, die den Hunger mit Klima, Bevölkerungsdruck und mangelnder Technik erklärten, sich entweder irrten oder voreingenommen waren? Ich war ein Niemand. Ich hatte auf diesem Gebiet keinerlei Qualifikationen. Meine akademischen Grade hatten mit dem Thema nichts zu tun, und meine einzige, sehr begrenzte Erfahrung bestand in meiner Mitgliedschaft in einem vom Institut für politische Studien in Washington, D.C., eingesetzten Team, das einen Bericht für die bei der Organisation für Ernährung und Landwirtschaft (FAO) 1973 in Rom veranstaltete Welternährungskonferenz schreiben sollte. Und selbst bei dieser Gelegenheit war ich eigentlich nur für untergeordnete Arbeit da.

Die eigentlichen Autoren des Berichts waren die inzwischen verbannten chilenischen Minister für Landwirtschaft und Landreform in Allendes Regierung, die von drei gescheiten und erfahrenen Brasilianern unterstützt wurden. Ich hatte das Privileg, ihnen zuzuhören, und meine Aufgabe bestand darin, den Bericht in ein lesbares Englisch zu bringen, ihn drucken und veröffentlichen zu lassen und nach Rom zu bringen. Als meine mit den Berichten voll gestopften Koffer und ich endlich in Rom ankamen, musste ich feststellen, dass die größte Delegation, die an der Welternährungskonferenz teilnahm, von der Landwirtschaftsindustrie kam (z.B. vom »*Industry Cooperative Programme*«, der Organisation für Ernährung und Landwirtschaft), dicht gefolgt von den Amerikanern, und dass niemand so redete, wie die Leute in unserem Team geredet hatten.

Nach Hause zurückgekehrt, fiel mir nichts Besseres ein, als zu beschließen, das Thema nach besten Kräften weiterzuverfolgen. Nach einigen Kalamitäten und etlichen Abfuhren wagte es ein mutiger Lektor bei Penguin namens Peter Wright, das daraus resultierende Buch zu veröffentlichen. Jeder sollte das Recht haben, einmal in seinem Leben einen solchen Glücksfall zu erleben, und dies war der meine.

Was möchte ich damit im Kontext dieses Kapitels aussagen? Einfach nur, dass es unwahrscheinlich war, dass irgendein echter Wissenschaftler ein derartiges Buch schreiben würde, weil es das Thema auf unorthodoxe Weise anpackte, die mit Sicherheit auf heftige Ablehnung stoßen würde und geeignet war, die berufliche Reputation des Autors zu schädigen. Noch unwahrscheinlicher war es, dass ein solches Buch von einem angesehenen Haus in London veröffentlicht wurde und nicht nur von einem winzigen, unbekannten Verlag ohne rechte Absatzmöglichkeiten. Das Projekt schien von vornherein dazu verdammt zu sein, augenblicklich in Vergessenheit zu geraten.

Zusammen mit dem Buch *Food First* von Joe Collins und Frances MooreLappe (Joe hatte ebenso wie ich zum Team des Berichts für die Welternährungskonferenz gehört), die ebenfalls beide keine Wissenschaftler sind, bewirkte mein Buch tatsächlich eine Veränderung in der Betrachtungsweise eines uralten und dennoch sehr aktuellen Problems. Es wurde in viele Sprachen übersetzt, gut verkauft und von der breiten Öffentlichkeit (selbst vom Kritiker des FAO-Magazins *Ceres)* sehr gut aufgenommen. Bei den meisten Wissenschaftlern stieß es jedoch auf eisige Ablehnung.

Im Zuge meiner weiteren Arbeit auf dem Gebiet erwarb ich mir einen Doktortitel bei der Sorbonne (für eine Arbeit über die Übertragung des Nahrungssystems der USA auf den Rest der Welt[56]), weil ich es eines Tages satt hatte, dass pompöse, meistens männliche Professoren ständig verkündeten, dass »diese Frau keinerlei Qualifikationen hat, all die schrecklichen Dinge zu sagen, die sie behauptet«. Seitdem lasse ich mich als

»Doktor« ankündigen, wenn ich feindselige Reaktionen befürchten muss.

Ich hoffe, dass man aus dieser reichlich langwierigen Geschichte, die ich dem Leser zugemutet habe, einige Lehren ziehen kann. Die erste ist, dass das Buch seinen Weg machte und gelesen wurde, weil es klar und eindeutig war. Ein falsches »Gleichgewicht« und vorsichtige Abgrenzungen wurden vermieden. Um Menschen außerhalb der eigenen Disziplinen zu erreichen, müssen Wissenschaftler ihren Fachjargon ablegen, einen ehrlichen Standpunkt einnehmen und eine einfache, wenn auch keine simplifizierende Prosa schreiben.

Nun müssen wir uns jedoch mit der fundamentalen und rein materialistischen Frage beschäftigen: »Haben kritische Wissenschaftler eine Überlebenschance?« Progressive Intellektuelle gewöhnlich nicht – es sei denn, sie sind ebenso ungewöhnlich glücklich daran, wie ich. Die meisten stehen vor der Wahl zwischen einem Armutsgelübde und einer akademischen Laufbahn. Viele von ihnen unterrichten, und ihre Aufgabe ist schwierig. Gleichgültig, welcher Fachrichtung sie angehören, von den Universitätsdozenten wird erwartet, dass sie das erlernte Wissen weitergeben, ohne die Grenzen ihrer Disziplin zu überschreiten, sie müssen sich an die Wünsche ihrer Fakultät halten und nicht an ihre eigenen, und für die ständig wachsende Prozentzahl von Dozenten ohne festen Lehrauftrag ist es nicht möglich, allzu viel zu riskieren, wenn sie jemals in den Genuss eines gesicherten Einkommens kommen wollen. Das beste Argument, das für einen festen Lehrauftrag spricht, ist die Tatsache, dass er seinem Inhaber die Möglichkeit verschafft, kritische Fragen zu stellen, aber diese Tatsache ist auch der Hauptgrund, jemandem einen Lehrauftrag zu verweigern.

Zum Glück erhalten dennoch viele eine Professur, ohne dass sie schon vorher ihre Kreativität und ihre Bereitschaft zu einer unkonventionellen Vorgehensweise eingebüßt haben. Wie auch immer ihr Status ist, Risiken einzugehen erfordert Mut, und ich begrüße jeden Universitätsdozenten, der es dennoch tut, ganz besonders in einer Zeit, in der Konformität mehr denn je gefordert wird.

Für Universitätsdozenten, besonders in den USA, ist die Freiheit, ihre Meinung zu sagen, heute von allen Seiten eingegrenzt, und das ist mit Sicherheit einer der Gründe, warum so wenige Sozialwissenschaftler glauben, dass sie einen Beitrag zur Bewegung für globale Gerechtigkeit leisten können. Ein weiterer Grund ist, dass Professoren im Lauf der Zeit ein begründetes Interesse entwickeln, sich den Standardinterpretationen einer gegebenen Realität anzuschließen. Es wird emotional, beruflich und oft auch materiell unmöglich, diese Interpretationen ad acta zu legen: emotional, weil die Entwicklung einer Weltsicht häufig in einer Periode stattfindet, in der man jung und voller Energie ist und einem verehrten Lehrer glaubt; beruflich, weil die Standardmeinung einem die Mitgliedschaft im Club und die damit verbundene Selbsteinschätzung einträgt; materiell, weil lukrative Aufträge von außen, mit denen man sich neben seinem Gehalt zusätzliches Geld verdienen kann, davon abhängen können, das man seinem Auftraggeber das sagt, was er hören möchte. Sozialwissenschaftler sind Experten darin, das konventionelle Wissen einfach neu zu verpacken, um sich möglichst wenige Feinde zu machen.

In seinem Buch *Die Struktur wissenschaftlicher Revolutionen*[57] stellt Thomas Kuhn meisterhaft dar, wie hartnäckiges Verteidigen der herrschenden Paradigmen – der standardmäßig akzeptierten Erklärungen – die exakten Wissenschaften beherrscht. Er zitiert den Physiker Max Planck, der gesagt hat, dass Paradigmen sich nicht deshalb ändern, weil bewiesen ist, dass sie unzureichend oder falsch sind, sondern weil ihre Urheber irgendwann einmal sterben und die überholten Paradigmen durch neue ersetzt werden können. Als Kuhn dieses Buch schrieb, war es noch viel zu früh, die erst später einsetzenden, erfolgreichen Bemühungen der rechten Kräfte in den USA und Großbritannien zu untersuchen, ihre eigenen Sozialwissenschaftler zu kaufen und zu bezahlen, um die neoliberale

Ideologie zu entwickeln und zu verbreiten. Zu Kuhns Zeiten waren die Neoliberalen noch dünn gesät, und ihre Zukunftsaussichten sahen trübe aus.

Obwohl sie annähend unsichtbar waren, hat eine kleine Schar weitsichtiger Rechtsextremer mit Zugang zum nötigen Geld bereits in den frühen 1950er Jahren einen eingeschworenen intellektuellen Kader zur Verbreitung ihrer Ideen gebildet. Im Gegensatz zu progressiveren, eher linksgerichteten Stiftungen, die Projekte finanzierten, aber niemals die Produktion von Ideen, finanzierten die von der Wirtschaft eingerichteten konservativen Stiftungen, wie Olin, Scaife-Mellon oder Bradley, tatsächlich Thinktanks. Sie unterstützten das *American Enterprise Institute* und die *Heritage Foundation* in Washington, Professoren an der Universität von Chicago und am *Adam Smith Institute* in London und noch viele andere Produzenten von Ideologien. Im Gegensatz zu den Progressiven und den Marxisten glaubten diese »rechtsgerichteten Gramscianer« wirklich an die Macht der Ideen und an das Konzept der kulturellen Hegemonie. Jetzt müssen wir mit den Folgen leben.[58]

Obwohl inzwischen zweifelsfrei bewiesen ist, dass man, wenn man entsprechend riesige Summen dafür ausgibt, ein intellektuelles Klima kaufen kann, das die allerreaktionärste Politik begünstigt, nehmen die Sozialwissenschaften noch immer für sich in Anspruch, ebenso neutral zu sein, wie die exakten Wissenschaften es angeblich sind. Es steht mir nicht zu zu beurteilen, ob ein wirklich uneigennütziger, objektiver, neutraler Standpunkt in einem Fach wie der Mathematik möglich ist, aber ich bin mir vollkommen sicher, dass es ihn in der Wirtschaftslehre, der Soziologie und den politischen Wissenschaften nicht geben kann. In der Verkleidung als »objektive Realität« wird einem gewöhnlich der ideologische Rahmen des herrschenden Paradigmas vorgesetzt, und das ist derzeit fast ausschließlich die neoliberale Weltsicht.

Eine der wichtigsten Aufgaben kritischer Intellektueller

besteht darin, diese Vorraussetzungen zu erklären und diese ideologischen Rahmenbedingungen sichtbar zu machen, insbesondere für ihre Studenten. Sie sollten auch ehrlich genug sein, ihren eigenen Standpunkt klar zu machen. Gewöhnlich kann man das tun, indem man erklärt, welche sozialen Ziele und welche Vorstellungen von seinen Aufgaben als Staatsbürger man hat. Leider wird in den meisten Vorlesungssälen und in den meisten wissenschaftlichen Zeitschriften von einem Akademiker nicht erwartet, dass er oder sie soziale Vorstellungen hat und als Staatsbürger handelt. Diese Dinge sind (ebenso wie die Religion) verboten und dürfen nur im Privatleben eine Rolle spielen. Dieses Tabu nützt jedoch nur unseren Widersachern, und wir sollten gemeinsam versuchen, es zu brechen.

Es ist von ausschlaggebender Bedeutung, in welchem Rahmen ein Wissenschaftler ein Thema sieht und wie er es definiert. Was ist zum Beispiel der Sinn der Wirtschaft? Die Definition, die man dafür hat, bestimmt auch die Ziele, die man hat. Ist die Wirtschaft im Sinne Karl Polamyis dazu da, der Gesellschaft zu dienen? Oder soll die Gesellschaft einfach still dasitzen und sich den Gesetzen des Marktes überlassen, wie es die neoliberale Sicht einer fortgeschrittenen kapitalistischen Wirtschaft erfordert?*

Die meisten progressiven Intellektuellen würden, wenn man sie danach fragen würde, das Thema der Wirtschaftslehre als optimale Produktion und Verteilung für die Befriedigung aller menschlichen Bedürfnisse sämtlicher Mitglieder einer gegebenen Gemeinschaft oder Gesellschaft definieren. Die Aufgabe des Wirtschaftswissenschaftlers besteht deshalb darin, die effizientesten Methoden für die Gewinnung, Umwandlung und Verteilung knapper Ressourcen zu finden und vorzuschlagen,

---

* Sofern Sie es noch nicht kennen, sollten Sie Karl Polanyis »*The Great Transformation*« (Rhinehart: New York 1944) lesen. Trotz seines Alters ist dieses Werk auch für unsere Zeit erstaunlich relevant.

um diese Bedürfnisse zu befriedigen. Zu diesen Ressourcen können, wenn auch nicht ausschließlich, sauberes Wasser, ausreichende Nahrung, Kleidung, Unterkunft, Energie und der Zugang zu Verkehrsmitteln, Gesundheitsfürsorge, Bildung, Kultur und ganz besonders »anständige Arbeit« gehören (wie die *International Labour Organisation* sich ausdrückt). Diese Definition erfordert, wie jede andere auch, eine Beurteilung von Werten. Sie ist einer der Ausgangspunkte der Bewegung für globale Gerechtigkeit, und sowohl Adam Smith als auch Karl Marx, ganz zu schweigen von Karl Polanyi, würden sie gutheißen.

Viele mächtige Institutionen heißen sie jedoch nicht gut. Menschliche Bedürfnisse kommen in ihrer Weltsicht manchmal überhaupt nicht vor, obwohl sie dies schwerlich zugeben würden. Die Weltbank behauptet in ihrer Rhetorik, dass sie der »Befriedigung von Bedürfnissen« dient, was in der Praxis jedoch nur selten der Fall ist. Der Internationale Währungsfonds hingegen würde, wenn man ihn zu einer Antwort drängen würde, vermutlich sagen, dass diese Bedürfnisse am besten vom freien Markt durch makroökonomische Maßnahmen im Sinne des Washington Consensus befriedigt werden können. Die Welthandelsorganisation gleicht noch viel mehr einer Karikatur, weil für sie alle menschlichen Aktivitäten, einschließlich Nahrung, Wasser, Gesundheitsfürsorge, Bildung, Kultur und das Leben selbst potenziell profitable Handelswaren sind, die man auf dem Weltmarkt kaufen und verkaufen kann. Die Weltbank, der Weltwährungsfonds und die WTO behaupten dennoch alle drei, dass es ihnen um »Entwicklung« geht (wie bei der irreführend benannten »*Doha Development Round*« der WTO).

Die drei Institutionen beschäftigen eine große Zahl von Sozialwissenschaftlern mit Universitätsabschluss, besonders Wirtschaftswissenschaftler, die vorgeben, »wissenschaftlich« zu arbeiten. Dennoch weigern sie sich hartnäckig, ihre Hypothesen an objektiven Kriterien zu messen, oder sich auch nur zu einigen, was für Kriterien das sein sollten. Unter solchen Umständen ist es unmöglich, für die Wirtschaftslehre den Status einer exakten Wissenschaft zu beanspruchen.

So wissen wir zum Beispiel, dass die Strukturangleichungen, die von der Weltbank und dem IMF über die Schuldnerländer verhängt werden, was die Befriedigung menschlicher Bedürfnisse betrifft, katastrophale Fehlschläge sind. Das wurde nachträglich zur Genüge nachgewiesen – Dutzende, vielleicht sogar hunderte von Studien haben die verheerende Wirkung der Strukturangleichungen auf die Armen dokumentiert und den Niedergang der Gesundheitsfürsorge und der Bildung in den verschuldeten Ländern, den Mangel an angemessenen Nahrungsmitteln und sauberem Wasser und die wachsenden Einkommensunterschiede beschrieben. Wir wissen auch, dass die Politik eben dieser Institutionen, die die verschuldeten Länder zwingt, zu »exportieren oder unterzugehen«, ganz erheblich zum drastischen Absturz der Weltmarktpreise für Rohstoffe beigetragen und damit für einen Niedergang des Lebensstandards gesorgt hat.

Die »Wissenschaft« der Wirtschaftsexperten befasst sich mit Dingen, die über Leben und Tod entscheiden. Dennoch verfügt sie über keinen Mechanismus, keine Methode, keine Kontrollmöglichkeit, die die mächtigen Wirtschaftsinstitute verpflichten würde, ein Fehlschlagen ihrer Politik zur Kenntnis zu nehmen. Wissenschaftler, deren Experimente konsequent negative Ergebnisse erbringen, müssen ihre Hypothese irgendwann einmal verwerfen und die Richtung ihrer Forschungsarbeit ändern. Wenn eine Brücke zusammenbricht, haben sich die Ingeneure, die ihre Belastbarkeit berechnet haben, geirrt. Nur für die internationale Wirtschaft, die Finanzinstitute und ihre Angestellten, die für ihre Politik verantwortlich sind, soll das nicht zutreffen. Sie können für ihre Fehler nicht zur Rechenschaft gezogen werden – weil sie per definitionem niemals Fehler machen.

In den vielen Jahren, in denen ich die Schulden der Dritten

Welt und die Strukturangleichungen studiert und darüber geschrieben habe, musste ich die Erfahrung machen, dass kein Ausmaß menschlichen Elends in sich eine Änderung der Politik dieser Institutionen bewirken konnte. Die Leute von der Weltbank und dem Währungsfonds beharrten darauf, dass ihre Politik an sich nicht fehlerhaft sei. Sie sei nur noch nicht lange genug und nicht mit der nötigen Durchschlagskraft praktiziert worden. Auf diese Weise konnten die Wirtschaftler die Verantwortung für die Fehlschläge auf die Regierungen abschieben. Das ist einer der Gründe, warum sie heute allgemein die »Regierungsgewalt« so sehr betonen.

Ich sehe nur zwei logische Möglichkeiten. Entweder muss man schließen, dass die Wirtschaftslehre in der Form, wie sie von den großen internationalen Institutionen praktiziert wird, nichts mit den menschlichen Bedürfnissen zu tun hat, oder, wenn die Befriedigung dieser Bedürfnisse doch das Ziel sein sollte, dass die Wirtschaftsexperten, die ihre Korridore bevölkern, in ihrem Beruf hoffnungslose Versager sind. In jedem Fall müssen die Bewegung für globale Gerechtigkeit und alle kritischen Intellektuellen diese Leute, ihre verheerende Wirkung auf unschuldige Menschen und die schädliche und unverantwortliche Sozialwissenschaft, die sie praktizieren, mit allen Mitteln bekämpfen.

Dennoch gibt es unzählige positive Anzeichen. Als Frau, die diese Institutionen seit Jahrzehnten mit einer vergleichsweise winzigen Schar von Brüdern und Schwestern bekämpft hat, bin ich heute überglücklich, dass tausende in Seattle, Prag, Washington und anderen Schauplätzen antraten, um ihrer Ablehnung der Weltbank, des Weltwährungsfonds, der WTO und der G8 Ausdruck zu geben und zu fordern, dass sie den Bürgern Rechenschaft geben müssen.

Schließlich möchte ich schnell und in keiner bestimmten Reihenfolge noch drei weiter Aspekte der Verantwortung von Forschern, Universitätsdozenten und Intellektuellen in der Bewegung für globale Gerechtigkeit behandeln.

Lassen Sie uns zuerst die Wahl der Themen betrachten. Diejenigen, die der Bewegung helfen möchten, sollten die Reichen und Mächtigen und nicht die Armen und Machtlosen zum Gegenstand ihrer Studien machen. Dieser Punkt wird heute sehr viel besser verstanden als zu der Zeit, als ich die gleichen Worte in meinem Buch *How the Other Half Dies* schrieb. Obwohl es für die Reichen und Mächtigen immer sehr viel leichter ist, ihre Geheimnisse zu bewahren und ihre Aktivitäten zu verschleiern, wodurch es sehr viel schwieriger ist, sie zu studieren, ist jedes Wissen über sie wertvoll für die Bewegung. Die Armen und Rechtlosen wissen bereits, was mit ihrem Leben verkehrt ist, und diejenigen, die ihnen helfen wollen, sollten die Kräfte analysieren, die sie an dem Platz festhalten, an dem sie sind. Eine Soziologie des Pentagons oder des Houston Country Clubs ist uns lieber als eine Soziologie allein erziehender Mütter oder Stadtbanden.

Aber wenn man die Armen schon studieren will, muss man es mit ihnen zusammen als Partner tun, die fähig sind, wertvolle, uns allen nützliche Kenntnisse beizutragen. Eine solche Vorgehensweise kann viel Zeit in Anspruch nehmen, weil den Rechtlosen eingeredet worden ist, dass ihr Wissen und ihre Erfahrungen wertlos sind, und man sie erst vom Gegenteil überzeugen muss.

Zweitens sollte man jede Methode anwenden, die gute Ergebnisse und eine neue Perspektive verspricht, und das muss nicht notwendigerweise die Standardmethodologie der Disziplin sein. Auch sollte man davon ausgehen, dass, ebenso wie Regeln dazu da sind, gebrochen zu werden, die Grenzen zwischen den Disziplinen dazu da sind, überschritten zu werden. Auf diese Weise haben der Anthropologe Fabrizio Sabelli und ich die Weltbank in unserem Buch *Faith and Credit*[59] beschrieben, indem wir sie wie eine religiöse Institution behandelt haben. Der Vergleich passte überraschend gut – ganz zu schweigen von dem Spaß für die Autoren – und war, wie ich hoffe, sehr aufschlussreich für die Leser.

Drittens müssen Intellektuelle, die einen Beitrag für die soziale Bewegungen leisten wollen, sehr viel rigoroser sein als ihre Kollegen, die die Standardmeinungen vertreten. Das ist eine einfache Überlebensregel. Wenn man einer akademischen Minderheit angehört, muss man davon ausgehen, dass die Mehrheit versuchen wird, einen zur Strecke zu bringen, und dass man eine gute Rüstung braucht, um unanfechtbar zu sein. Eine Möglichkeit besteht darin, das Vokabular des Widersachers zu benutzen. Durch das Internet ist es sehr viel leichter geworden, nach dieser Methode vorzugehen, als es das früher war. Unsere Widersacher haben alle ihre Websites, und es ist ihnen oft nicht bewusst, wie ihre Dokumente auf »normale« Menschen wirken. Die Folge davon ist leider, dass die informativsten Dokumente oft nicht online sind. Eine gute Faustregel ist die, dass der Inhalt eines Dokuments umso freimütiger und aufschlussreicher ist, je kleiner der Personenkreis ist, für den es bestimmt ist. Am allerbesten sind Lecks.

Ich habe versucht, diesen Punkt dadurch zu illustrieren, dass ich ein erfundenes, angeblich versehentlich an die Öffentlichkeit gelangtes Dokument geschrieben habe. *Der Lugano-Report*[60] war ein fingierter Tatsachenbericht, der vom ersten bis zum letzten Wort aus meiner Feder stammte, der aber als vertraulicher Bericht eines Expertenteams an einen ungenannten Auftraggeber aufgemacht war. Die Frage des Auftraggebers war sehr einfach: Wie kann der Fortbestand des Kapitalismus im 21. Jahrhundert am besten gesichert werden? Die Antwort ist nicht gerade schön, aber nur die fiktive Form gestattete es mir, den ganzen Schrecken der Zukunft auszuloten, wenn das gegenwärtige System erhalten bleibt. Es würde mich nicht wundern, wenn ein echter Bericht dieser Art existieren würde, aber falls es ihn gibt, ist er bisher noch nicht an die Öffentlichkeit gedrungen. (Ich habe meinen Lesern mitgeteilt, dass das Buch ein Scherz war, weil ich nicht wollte, dass es wörtlich genommen wurde. Trotz dieser Vorsichtsmaßnahme haben einige Leser es ernst genommen.)

Es ist also klar, dass Akademiker und Intellektuelle sehr viel für die Bewegung für globale Gerechtigkeit tun können, wenn sie die Fallstricke meiden und ein paar einfache Regeln beachten. Wir wollen aber auch nicht vergessen, dass es umgekehrt genauso ist: Die Bewegung kann zur Arbeit der Wissenschaftler ebenfalls sehr viel beitragen. Die wachsende Stärke und Sichtbarkeit dieser Bewegung ist in sich selbst ein Beweis, dass die berühmte TINA-Doktrin (»*There Is No Alternative* – Es gibt keine Alternative«) falsch ist, auch wenn die Neoliberalen mit allen Mitteln erreichen wollen, dass die Leute sie glauben. Warum sollten sie sonst so viel Geld und Mühe dafür aufwenden, ihre Ideologie auszubauen und zu verbreiten?

Wenn hunderttausend Menschen beim Weltsozialforum in Pôrto Alegre verkünden, dass »eine andere Welt möglich« ist, ist das sicher ebenso demaskierend und vernichtend für den Neoliberalismus wie die Kritik von hundert Intellektuellen. Wenn wir analysieren, kritisieren, Vorschläge machen und Strategien ersinnen, sollten wir nie vergessen, dass wir alle Teil einer großen Bewegung zur gegenseitigen Befreiung sind. Während wir daran arbeiten, andere zu befreien, arbeiten auch sie daran, uns zu befreien.

8
... WENN WIR UNS VON LIEB GEWONNENEN ILLUSIONEN TRENNEN

»Das Problem mit dem Kapitalismus ist, dass es Kapitalisten
gibt. Sie sind zu verdammt gierig.«

HERBERT HOOVER,
PRÄSIDENT DER VEREINIGTEN STAATEN 1928–1932

Eine der sichersten Methoden, eine Schlacht zu verlieren, besteht darin, seine Strategien auf falsche Voraussetzungen und Illusionen aufzubauen. In den mehr als dreißig Jahren, in denen ich in vielen Ländern Vorträge gehalten, an unzähligen Frage-und-Antwort-Veranstaltungen und Versammlungen von oppositionellen Gruppen teilgenommen habe, bin ich vermutlich mit mehr Illusionen konfrontiert worden als die meisten meiner Zeitgenossen. Es ist erschöpfend und unangenehm, aufzustehen und den Leuten zu sagen, dass ihre lieb gewonnenen Ideen falsch sind. Vom intellektuellen Standpunkt aus gesehen ist es ärgerlich, weil man niemals sicher sein kann. Vielleicht wird uns die Geschichte doch noch mit etwas Neuem überraschen. Vom menschlichen Standpunkt aus macht es aber auch keinen Spaß. Die Leute wollen Antworten auf die Probleme der Welt, die sie genauso klar erkennen wie ich.

Nennen Sie mich arrogant oder unangenehm, ich habe dennoch das Bedürfnis, diese Illusionen und Pseudolösungen an die Wand zu stellen und das Feuer zu eröffnen. Ich bin immer und immer wieder mit diesen gut gemeinten Vorstellungen konfrontiert worden, und sie verdienen es, erschossen zu werden, nicht weil sie gewalttätig und verbrecherisch wären – sie sind gewöhnlich ziemlich zaghaft und sanft –, sondern weil man Zeit und moralische Kraft mit ihnen verschwendet. Und was am schlimmsten ist, sie geben dem Widersacher die Gelegenheit, mit seinen schmutzigen Geschäften fortzufahren, während wir schwanken und zu kurz oder in die falsche Richtung schauen.

Hier ist mein Lieblingskandidat für das Erschießungskommando.

Genug ist genug

Ein weit verbreiteter Faden im Gewebe der Illusionen ist der Glaube mancher Leute, dass »sie«, die Reichen und Mächtigen, irgendwie dazu gebracht werden könnten, unsere Ansichten zu teilen und sich allen Ernstes zu entschließen, auf ihren Reichtum und ihre Macht zu verzichten. Ich respektiere die moralischen Vorstellungen dieser Leute (»Es ist doch ausgeschlossen, dass ein Mensch derart gierig sein kann. Irgendwann muss doch jeder den Punkt erreichen, an dem er sagt: ›genug‹«), aber ich kann mich ihrer Beurteilung nicht anschließen. Ich gebe gerne zu, dass es immer wieder einmal einen Cincinnatus gibt, den edlen römischen General, der den Pflug und seinen Gutshof dem Leben in Palästen und der Macht vorzog, aber wenn wir von einer ganzen Klasse reden und nicht nur von einem seltenen Individuum, tritt dieser Fall niemals ein.

Sie sollten lieber auf Michael Parenti hören, der sagt, »es gibt nur eines, das diese Klasse während der ganzen Geschichte gewollt hat, und das ist alles«. Ich habe nicht den geringsten Zweifel, dass diese Klasse, wenn sie die Möglichkeit dazu hätte, uns alle fröhlich ins 19. Jahrhundert zurückbefördern würde. Ich werde die Reichen und Mächtigen von nun an der Kürze halber als Rs und Ms bezeichnen. Zu dieser Kategorie zähle ich auch alle öffentlichen und privaten Institutionen, die ihren Interessen dienen und denen wir im Kapitel über die Akteure bereits begegnet sind.

Es tut mir Leid, sagen zu müssen, dass das Wort »genug« weder in ihrem theoretischen Vokabular noch in ihrem praktischen Gepäck enthalten ist. Die unteren Grenzen der menschlichen Existenz – Armut, Hoffnungslosigkeit, Ausgeschlossensein – sind klar definiert, aber eine Obergrenze wurde noch niemals festgesetzt, jedenfalls nicht in einer kapitalistischen Gesellschaft. Es würde uns eine Unmenge Zeit, Streit und Kummer ersparen, wenn alle die simple Tatsache akzeptieren könnten, dass es für die Rs und Ms niemals ein Genug geben wird.

Die Folge dieser Erkenntnis ist, dass sie rationalen Argumenten nicht zugänglich sind. So ist für sie zum Beispiel eine bescheidene Steuer auf Finanztransaktionen »praktisch vollkommen undurchführbar und vollkommen inakzeptabel«. Wir haben ausgezeichnete und zwingende Gründe auf unserer Seite. Und weil sie das wissen, fällt unseren Widersachern oft nichts anderes ein, als zu versichern, dass sie, je reicher und mächtiger sie würden, umso mehr Wohltaten über die dankbare Welt ausschütten könnten. Das ist offensichtlich Blödsinn, aber es ist auch die Verbeugung des Lasters vor der Tugend. Die Steuersenkungen, die rechtsgerichtete Regierungen zugunsten der reichsten Individuen und zum Wohl der großen Firmen erlassen, werden immer mit diesem Argument begründet.

Es gibt kein Morgen

Eine etwas problematischere Illusion, der man aber sehr viel leichter anheim fällt, ist die folgende: Irgendwann müssen diese Leute doch ihre eigenen längerfristigen Interessen erkennen. Es ist unglaublich und kann einem die Sprache verschlagen, aber tatsächlich erkennen sie sie fast nie. Wie ich im *Lugano-Report* dargestellt habe, hat Franklin D. Roosevelt mit seinem New Deal den amerikanischen Kapitalismus gerettet. Aber gerade die Leute, um deren Rettung er kämpfte, verabscheuten ihn und weigerten sich, besonders in Anwesenheit von Frauen und Kindern, seinen Namen auszusprechen. Sie redeten von ihm nur als von »diesem Mann«.

Bei ihrem Spiel geht es leider immer nur um den kurzfristigen Vorteil. In jüngerer Zeit konnte dieses Muster nur durch den Zweiten Weltkrieg durchbrochen werden, der das Establishment dazu zwang, ein bisschen weiter in die Zukunft zu blicken. Das Ergebnis war die Schaffung der Weltbank und des Internationalen Währungsfonds, die damals beide noch progressive Institutionen waren, und des Marshall-Plans für den Wiederaufbau Europas, der die Amerikaner fast 3 Prozent ihres Bruttoinlandsprodukts kostete und jeden Penny wert war.

Lassen Sie uns miteinander nachdenken ...

Die Tatsache, dass die Rs und Ms ihre eigenen langfristigen Interessen gewöhnlich nicht erkennen, ist einer der Gründe, warum man mit »Dialogen« vorsichtig sein muss. Die positiven Ergebnisse solcher Dialoge mit den Widersachern sind fast immer sehr begrenzt. Man möchte nicht engstirnig oder hochmütig erscheinen, und so nimmt man ihre Einladungen zu solchen Gesprächen an. Sie können hingehen und mit der Weltbank oder mit irgendwelchen Arbeitgeberverbänden reden, wenn Sie das möchten. Vielleicht lernen Sie sogar etwas dabei. Ich selbst tue es auch in manchen Fällen. Aber Sie sollten sich nicht einbilden, dass Ihre Argumente sie überzeugen oder Sie ihnen klar machen könnten, dass es in ihrem eigenen Interesse wäre, eine vorausschauendere Politik zu betreiben.

Institutionen verwechseln das Wort »Dialog« ständig mit dem Wort »Erklärung«. Da es undenkbar ist, dass sie sich irren oder ungerecht sind, gehen sie davon aus, dass Sie, wenn Sie ihren Standpunkt nicht teilen, entweder übelwollend sind oder dass es an der Kommunikation fehlt. Sie haben ihren Standpunkt nicht gut genug erklärt. Okay, denken sie, einige der Leute, die gegen uns sind, sind einfach Unruhestifter oder haben politische Motive, aber die anderen können wir durch »Dialog« überzeugen, und dann werden sie den Mund halten.

Nur selten halten sich die Institutionen an den allgemeinen Sprachgebrauch, wonach ein Dialog etwas ist, das zwischen Gleichberechtigten stattfindet. Sie interessieren sich mehr für Monologe und Public-Relations-Aktionen von oben nach unten. Diese Haltung ist die Erklärung dafür, dass sich beispielsweise nur noch wenige nichtstaatliche Organisationen (NGOs) die Mühe machen, an den »Dialogen mit der bürgerlichen Gesellschaft« teilzunehmen, die das Handelskommissariat der Europäischen Kommission veranstaltet. Eine oder zwei NGOs gehen hin, um die anderen zu informieren. Im Übrigen dienen diese Sitzungen nur zur Rechtfertigung der bereits feststehenden Positionen der Kommission.

Vielleicht lädt der Widersacher Sie auch nur zu dem Zweck ein, dass Sie ihm als »progressives Alibi« dienen. »Sehen Sie, wie tolerant und offen wir sind! Wir haben tatsächlich den oder die notorische X oder Y von der Antiglobalisierungsbewegung eingeladen!« Solange Sie sich darüber im Klaren sind, was vor sich geht – und es vielleicht sogar vom Parkett aus sagen –, richten Sie keinen Schaden an, wenn Sie hingehen; besonders dann nicht, wenn es sich um eine einmalige Veranstaltung handelt.

Ein anderer Fall ist es, wenn der Widersacher Sie zu einem längeren Dialog einlädt, um Zeit zu gewinnen, oder, was noch schlimmer ist, wenn er Sie zu einem »permanenten Dialog« auffordert. Leider kann man immer voraussehen, dass sich ein paar gemäßigte nichtstaatliche Organisationen darauf einlassen und zulassen, dass so ein Dialog sich ewig hinzieht – offensichtlich in der Hoffnung, dass eines Tages die Morgendämmerung anbrechen und eine Wendung der Politik um 180 Grad stattfinden wird.

Denken Sie beispielsweise an die Geschichte, wie wir das MAI zu Fall gebracht haben. Im Oktober 1998 kündigte die französische Regierung ihren Rückzug aus den MAI-Gesprächen an. Einige kleinere Länder wie Belgien folgten dem französischen Beispiel, und von diesem Augenblick an war klar, dass das Abkommen gestorben war. Die OECD, wo seit 1995 über das MAI verhandelt worden war, weigerte sich jedoch, ihre Niederlage einzugestehen. Anfang Dezember, unmittelbar bevor der Leichnam des MAI förmlich bestattet werden sollte, verschickte sie eine sorgfältig formulierte Einladung zu einem Dialog über den verstorbenen Vertrag und die zukünftige Rolle der OECD beim Entwurf neuer Investitionsbestimmungen. Zwei größere internationale NGOs, deren Namen ich hier nicht nennen will, um sie nicht in Verlegenheit zu bringen, nahmen die Einladung tatsächlich an. Aber einige von uns erinnern sich noch daran, wer das war ...

Die Konzerne und ihre Public-Relations-Büros versuchen oft, sich hinter den Namen irgendwelcher großen NGOs zu verstecken. Denken Sie z.B. an den Global Compact der UNO, jenes Projekt, dass Kofi Annan mit Hilfe des ehemaligen Topmanagers von Nestlé, Helmut Maucher, ersonnen hat. Um sich dem Global Compact anzuschließen, brauchen die multinationalen Großkonzerne nichts anderes zu tun, als neun Prinzipien bezüglich Arbeit, Menschenrechten und Umwelt zu unterschreiben. Die Einhaltung dieser Prinzipien wird nicht kontrolliert, weil die UNO dazu nicht in der Lage ist. Die Firmen erhalten einfach einen Freibrief.

Die UNO hat einige prominente NGOs und den Internationalen Bund freier Gewerkschaften (ICFTU) gebeten, sich dem Global Compact anzuschließen, wo sie, wie viele von uns es sehen, eindeutig nur als moralisches Feigenblatt fungieren sollen. Jetzt sieht es so aus, als ob Amnesty International endlich Bedenken bekommen hätte, und das ist gut so. Die beste Methode, zu vermeiden, dass man durch zu große Nähe kompromittiert wird, ist, sich nicht zu intensiv mit Nachbarn einzulassen, deren Betragen man in keiner Weise beeinflussen und noch weniger kontrollieren kann. Und das gilt besonders für Arrangements mit unbegrenzter Dauer.

Dialog ist recht und schön, und man sollte die Möglichkeit eines taktischen Durchbruchs nicht ausschlagen, aber, wie bei allen anderen Dingen auch, spiegeln sich darin die Machtverhältnisse wider, und es ist unerlässlich, Ziele zu benennen und/oder Bedingungen zu stellen. Zum Beispiel: »Wir werden anerkennen, dass Sie – die Firma A oder die Institution B – in der besten Absicht mit uns zusammenkommen, wenn Sie das und das bis zu dem und dem Datum tun. Wenn diese Bedingung nicht innerhalb eines vernünftigen Zeitraums erfüllt wird, ist es Zeit, seine Aktentasche zu packen und zu nützlicheren Arbeiten zurückzukehren. Die Firmen oder die Institutionen sind diejenigen, die sich ändern müssen – nicht die NGOs. Die Letzteren sollten deshalb ganz genau wissen, was sie erreichen wollen, bevor sie sich auf irgendwelche Arrangements einlassen, durch die sie als Deckmantel benutzt werden können.

Das gefährliche Personalpronomen

Wer also kann »ihnen«, den öffentlichen oder privaten Rs und Ms, den Reichen und Mächtigen, die Stirn bieten? Auf der anderen Seite des Tisches oder des Schlachtfelds befindet sich das schlüpfrige Allzweckwort »wir«. Ich habe dieses Wort »wir« ständig benutzt, aber jetzt ist es Zeit für die Kritik. Dieses Pronomen vermittelt allzu oft den Eindruck, als gäbe es eigentlich nur eine große glückliche menschliche Familie, die aus lauter im Grunde anständigen Leuten besteht, die alle sehr ähnliche Interessen haben. Wenn »wir« nur A, B und C täten, würden Hunger und Elend aus der Welt verschwinden, der Reichtum würde gerecht verteilt, jedes Kind würde einen Platz an der Sonne erben, eine andere Welt wäre tatsächlich möglich. Dieser Glaube ist grundfalsch.

Unter allen Umständen und in jedem Augenblick in der Geschichte muss man eine klare Vorstellung davon haben, wer mit dem Pronomen »wir« gemeint ist und wer nicht. Das »wir« ändert sich im Laufe der Zeit und mit wechselnden Bündnissen und sollte sorgfältig berechnet werden, bevor man auch nur den Versuch macht, dem Widersacher irgendwelche Konzessionen abzuringen. Denn die Rs und Ms können niemals die gleichen Interessen haben wie diejenigen, die die Veränderungen vorschlagen und damit ihre Interessen gefährden. Man nennt das die Einschätzung des Gleichgewichts der Kräfte. Dem Widersacher wird nichts anderes übrig bleiben, als Sie zur Kenntnis zu nehmen, zu respektieren und sich mit Ihnen auseinander zu setzen, wenn das »wir« zahlreich und entschlossen genug ist, aber auch nur dann.

Man braucht nur Wasser hinzuzufügen …

Eine weitere Illusion ist der Glaube an die Wirksamkeit vorgefertigter Lösungen für eine Veränderung. Das ist nichts Neues. Im 19. Jahrhundert schlug der Reformer und Utopist Robert Owen allen Ernstes vor, »eine Weltkonferenz« zu organisieren, »um die menschliche Rasse von Unwissenheit, Armut, Konflikten, Sünde und Elend zu befreien«. Ich erhalte ganze Wagenladungen solcher Vorschläge mit der Post oder über das Internet, obwohl darin gewöhnlich nicht von der Sünde die Rede ist. Eifrige Weltverbesserer, die darauf brennen, ihre Ideen anerkannt zu sehen, drängen mir ihre Pamphlete auf, wenn ich einen Vortragssaal verlasse.

Das Bedürfnis, die Probleme der Welt mit einem Streich zu lösen, ist mir keineswegs fremd, und ich bin selbst nicht über die Versuchung erhaben, ein solches Dokument zu verfassen. Unmittelbar nach dem 11. September schrieb ich ein Essay mit dem Titel *Clusters of Crisis and a Planetary Contract*.[61] Meine einzige Entschuldigung besteht darin, dass ich damals annahm, es gäbe nach den terroristischen Gewalttaten eine wenn auch sehr schwache Chance, dass die westlichen Mächte endlich ihre wahren Interessen erkennen und den Kurs ihrer Politik radikal ändern könnten. Ich war naiv.

Alle diese Lösungen in Pulverform – man braucht nur Wasser hinzuzufügen – basieren auf der Annahme, dass das Problem bereits gelöst ist. Wenn die Rs und Ms kollektiv den Entschluss fassen würden, auf ihre Privilegien zu verzichten, die u.a. darin bestehen, die Wirtschaft, die Politik und die Gesellschaft so zu lenken, wie es ihrem eigenen Vorteil entspricht, dann wären einige dieser Pläne zweifellos durchführbar. Aber sie haben nicht die geringste Chance, befolgt zu werden, bevor diese Vorbedingung erfüllt ist, und das bedeutet, es wird niemals dazu kommen.

Außerdem würde jede Gesamtlösung der bestehenden Probleme notwendigerweise eine Umverteilung von Besitz und Macht erfordern. Wenn jemals auch nur die entfernteste Möglichkeit bestünde, dass ein solcher Plan durchgeführt werden könnte, was eine äußerst unwahrscheinliche Entwicklung wäre, würde er augenblicklich auf den erbitterten Widerstand der Rs und Ms treffen, die ihren Gegenangriff schneller organisieren würden, als Sie »Davos« sagen können. Wer einen solchen Sofortplan vorschlägt, geht davon aus, dass das Problem bereits gelöst ist, wenn er diese Feindseligkeit ignoriert. Weil die Menschen, die solche Vorschläge machen, gewöhnlich selbst sehr nette Leute sind, die niemandem einen Schaden zufügen möchten, missachten sie die Kräfte, die das Kapital zu mobilisieren bereit und fähig ist, um jede echte Lösung zu verhindern.

Um nur ein schon fast triviales Beispiel zu nennen (das für die Menschen, deren Leben auf dem Spiel steht, allerdings alles andere als trivial ist): Der Absatz der amerikanischen pharmazeutischen Industrie in den afrikanischen Ländern südlich der Sahara ist kaum nennenswert. Dennoch sind diese Firmen bereit, jede Reform zu hintertreiben, um zu verhindern, dass Markenmedikamente gegen AIDS bis zu den ärmsten Patienten gelangen.*

Obwohl seit 2003 zahlreiche Versprechungen gemacht wurden, dürfen die armen Länder, die selbst keine Medikamente herstellen, immer noch keine gleichwertigen Produkte aus Herstellerländern wie Südafrika oder Brasilien importieren.

Die großen Pharmakonzerne behaupten, dass eine Freigabe von Medikamenten gegen AIDS, Tuberkulose und Malaria für die Berufswohltäter die Chance bedeuten würde, einen Fuß in die Tür zu bekommen, dass in Kürze weitere Krankheiten auf der Liste stehen würden, dass Länder wie Südafrika, die solche Medikamente selbst produzieren können, sie in Kürze nicht nur an ihre armen Nachbarn, sondern auch zurück in die reichen Länder exportieren würden, usw. Die Liste der Argumente ist endlos, aber sie alle kulminieren in der einfachen Behauptung, dass alle Dinge und alle Orte dem Markt gehören. Die Größe und der Wert des Marktes spielen dabei keine Rolle.

Andere schnelle Lösungen sind harmlos. Einige davon können momentan einer begrenzten Gruppe von Leuten nützen. Ich bin unbedingt dafür. Es liegt mir fern, gegen irgendetwas zu sein, dass die tägliche Bürde von irgendjemandem erleichtern kann. Die Menschen *müssen* sich um praktische Lösungen für lokale Probleme bemühen und überall und in jedem Fall handeln, wo es Aufgaben gibt, die sie bewältigen können. Die Argentinier sollen ihre eigenen Währungen erfinden und Arbeiter sollen ihre bankrotten Fabriken selbst weiterführen.

---

* Im August 2003, unmittelbar vor der Ministerkonferenz der WTO in Cancún, wurde ein unzureichender Kompromiss ausgehandelt.

Wenn man solche Aktionen bis zu ihrem logischen Ende durchführt, kann das auch außerordentlich erzieherisch wirken. Glauben Sie mir also, wenn ich sage, dass ich sie aus vollem Herzen unterstütze.

Dieser Standpunkt ist jedoch etwas völlig anderes als die Überzeugung, dass solche Aktionen zusammengenommen sich irgendwann in der Zukunft über den ganzen Planeten ausbreiten und die bestehenden Muster der Verteilung von Reichtum und Macht wesentlich verändern könnten. Meine Gründe sind die gleichen, die ich oben bereits genannt habe: Wenn sich herausstellen sollte, dass solche Pläne über die Grenzen relativ unbedeutender Randgruppen und außergewöhnlicher Umstände hinaus wirksam werden könnten, würden die Rs und Ms sich augenblicklich dagegen wenden und ihre Durchführung notfalls mit Gewalt verhindern.

Deshalb glaube ich, dass in der näheren Zukunft Währungen auch weiterhin von Zentralbanken und nicht von *Local Exchange Trading Systems* (LETS) oder Tauschringen herausgegeben werden. Die meisten Fahrzeuge werden mit dem Treibstoff angetrieben werden, der von den Mammutfirmen verkauft wird – das muss nicht unbedingt Erdöl sein –, und nicht mit Sonnenblumenöl, und der Großteil des Tees und Kaffees, der in den wohlhabenden Ländern konsumiert wird, wird kein Fair-Trade-Produkt, sondern das sein, was von multinationalen Großkonzernen unter den bekannten Markennamen abgepackt wird.

Das bedeutet jedoch nicht, dass man sich der Macht des Kapitals widerstandslos beugen muss. Es bedeutet lediglich, dass Politik meistens darin besteht, Gelegenheiten zu ergreifen und Freiräume zu schaffen und bis zum Äußersten auszunützen, so klein sie auch sein mögen, damit wirkliche Politik im breitesten Sinne des Wortes beginnen kann. Antikapitalismus bedeutet für mich, diese Gelegenheiten beim Schopf zu packen und sich mit allen verfügbaren Mitteln an der Schaffung dieser Freiräume zu beteiligen. Alles andere können wir nicht voraussehen.

Ich bin ein Konsumsünder

Eine noch weiter verbreitete und gefährlichere Illusion, die bekämpft werden muss, ist die Behauptung: »Wenn wir alle unsere Konsumgewohnheiten ändern würden und jeder Einzelne eine andere Auswahl treffen würde, dann müssten sich auch die Multinationalen Konzerne ändern.« Diese Aussage erscheint vernünftig und entspricht sogar den Gesetzen des Marktes. Aber sie ist auch ein bisschen masochistisch und häufig mit dem Bekenntnis »Es ist meine Schuld« verbunden. »Wir« alle sind schuld, weil »wir« alle Konsumsünder sind.

Das ist natürlich Blödsinn. Wenn Sie ein erklärter Masochist sind, machen Sie so weiter und glauben Sie ruhig, dass es Ihre Schuld sei, aber ich kann Ihnen versichern, dass es nicht meine Schuld ist. Wir alle sind in eine kapitalistische Gesellschaft eingebettet. Zu glauben, dass man dieser Gesellschaft durch konsequentes Praktizieren eines alternativen Konsums entkommen könnte, zeugt von einem Optimismus, der schon an Dummheit grenzt.

Noch einmal, ich habe nichts gegen verantwortungsbewussten Konsum – im Gegenteil, ich bin sogar sehr dafür. Wir sollten so ökologisch wie möglich leben, und individuelle Entschlüsse können oft zur Teilnahme an kollektiven Aktionen führen. Es ist auf alle Fälle gut, sich zu vergewissern, dass möglichst viele Produkte mit möglichst geringer Ausbeutung von Menschen und Natur hergestellt werden. Die Fair-Trade-Bewegung ist ein bewundernswertes Mittel, um eine solche Veränderung herbeizuführen, und Bauern an allen Orten der Welt, die ehrliche Nahrungsmittel produzieren, sollten in jedem Fall unterstützt werden. Aber der Großteil des allgemeinen Konsums? Darauf können Sie lange warten.

In meinem Buch *How the Other Half Dies* habe ich eine etwas andere Form dieses Irrtums angesprochen, die »Ein-Hamburger-weniger-Schule«. Zur damaligen Zeit war es gerade Mode zu behaupten, dass »wenn wir alle nur einen Hamburger am Tag/in der Woche weniger essen würden«, dadurch Getreide, das gegenwärtig als Viehfutter verwendet wird, eingespart und direkt an die Armen verteilt werden würde. Weil die Ein-Hamburger-weniger-Enthusiasten irgendwie eine direkte Verbindung zwischen den überernährten Amerikanern und Europäern mit ihrer fleischreichen Ernährung und den überwiegend unterernährten Menschen in den Entwicklungsländern konstruierten, glaubten einige wohlmeinende Leute, sie müssten Vegetarier werden, nicht wegen ihres eigenen Wohlbefindens oder aus ethischen Prinzipien, sondern weil sie überzeugt waren, dass die Armen irgendwie zu Essen haben würden, wenn »wir« alle so handeln würden.

Es tut mir Leid, dass ich schon wieder Kassandra spielen und »Blödsinn« sagen muss. Es ist jedoch nichts an der Tatsache zu ändern, dass selbst in dem unwahrscheinlichen Fall, dass der Fleischbedarf ernsthaft verringert würde, die einzige Folge wäre, dass auch das Fleischangebot reduziert würde. Weniger Vieh würde großgezogen und weniger Futtergetreide würde angebaut. Die »Ersparnisse« würden nicht an die Hungrigen verteilt werden. Das Hungerproblem betrifft arme Leute. In einem Satz gesagt: Sie sind hungrig, weil sie weder genug Land besitzen, um genügend Nahrungsmittel für sich selbst zu produzieren, noch genügend Geld haben, um sich hinreichend Nahrung zu kaufen. Es ist immer die gleiche alte Geschichte von Reichtum und Macht.

Selbst wenn man mit einer Reduzierung des Fleischkonsums (oder des Konsums von irgendetwas anderem) etwas ausrichten könnte, fürchte ich, dass man die Mehrzahl der Hamburgerliebhaber nicht zum Verzicht bewegen könnte – jedenfalls nicht, solange sie sich Fleisch leisten können. Statistisch gesehen erhöht jede Gesellschaft, die ihren Wohlstand auch nur ein bisschen steigern kann, den Konsum von zwei Dingen: Fleisch und Energie.

Aber lassen wir auch diese allgemeingültige Tatsache beiseite. Wie Justin Podur bemerkte, ist der tägliche Konsum der

Menschen in den reichen Ländern eine Folge des Systems und nicht die Ursache. »Die Menschen in den armen Ländern hungern nicht deshalb, weil die Menschen in den reichen Ländern konsumieren«, fährt er fort, »sondern [weil] die Menschen in beiden Regionen von einem System benutzt werden, dem sie vollkommen gleichgültig sind.« Und nun der Trumpf: »Sofern die Geschichte über uns, die wir in den reichen Ländern leben, hart urteilt, dann nicht wegen unserer individuellen Konsumgewohnheiten, sondern weil wir die Herrschafts- und Machtstrukturen nicht bekämpfen, die den Rahmen für diese Gewohnheiten geschaffen haben ...« Ein wahres Wort![62]

Das einzige Konsumverhalten, dass die Konzerne zur Kenntnis nehmen, wird durch Marketing organisiert und durch Reklame gelenkt. Wenn Individuen ihren Lebensstil verändern, werden die Firmen das kaum bemerken, weil sie einfach zu riesig sind – auch wenn es sich um viele Individuen und viele Änderungen handelt. Ja, ein gut erklärter Massenkonsumboykott kann etwas ganz anderes sein und tatsächlich eine Wirkung erzielen. Aber man kann eine solche Taktik nicht allzu oft versuchen, weil dafür das Fehlverhalten der Firmen gravierend, sichtbar und leicht erklärbar sein muss. Es ist wichtig, die Zahl der möglichen Teilnehmer richtig einzuschätzen, bevor man zu einem solchen Boykott aufruft, weil er sonst sogar die gegenteilige Wirkung haben kann, indem er die Schwäche der Bewegung demonstriert.

Das Schädigen des Ansehens einer Firma ist ein wirkungsvolles Werkzeug, wenn es kollektiv angewendet wird, und es gibt kaum etwas, das die Firmen mehr fürchten, als gut gezielte Schläge gegen ihren Ruf und besonders gegen ihre Markennamen. Die Boykotte gegen die südafrikanischen Outspan-Orangen und gegen Shell wegen seiner lebensbedrohenden Aktionen gegen das Volk der Ogoni in Nigeria und der Ölbohrungen in der Nordsee waren Medienerfolge. Sie trugen zum Ende der Apartheid und zur durchaus gerechtfertigten Schädigung des Ansehens von Shell bei.

Aber solche Aktionen erfordern eine dynamische und fantasievolle Organisation und haben nichts mit Wunschdenken, individuellem Lebensstil und der Änderung von Konsumgewohnheiten zu tun. Verändern Sie Ihre individuellen Gewohnheiten, wenn Sie sich dadurch besser und gesünder fühlen, aber kommen Sie nicht auf die Idee, sich deshalb im Hinblick auf die ganze Welt tugendhaft zu fühlen. Und bitte erwarten Sie nicht, dass wir anderen Ihnen dafür Beifall klatschen. Wir haben Wichtigeres zu tun.

9

... WENN WIR UNS
ZUR GEWALTLOSIGKEIT BEKENNEN

Ist es legitim, seinem Widersacher gegenüber Gewalt anzuwenden? Die kollektive Antwort der Bewegung für globale
Gerechtigkeit auf diese Frage ist von entscheidender Bedeutung für ihre Zukunft. Wie viele Mitglieder der Bewegung
wissen, bin ich persönlich gegen jede Art von Gewalt auf
der Straße anlässlich von Demonstrationen der Bewegung. Im
Folgenden möchte ich meine Gründe darlegen.

Die Frage nach der Wirksamkeit und Legitimität von Gewalt
als Antwort auf Unterdrückung ist mindestens seit dem amerikanischen Unabhängigkeitskampf und der Französischen Revolution ein zentrales Thema aller modernen politischen Bewegungen. Bei der Boston Tea Party von 1775 wurde mit einem
politischen »Happening« gegen ungerechte Steuern protestiert.
Als Indianer verkleidete amerikanische Siedler warfen 373 Kis-
ten britischen Tee im Wert von 75 000 Pfund Sterling – damals
eine gewaltige Summe – ins Wasser des Hafens von Boston. Diese gewalttätige Eigentumsverletzung wurde von den Kolonis-
ten von Maine bis Georgia mit Beifall begrüßt, und die Britische
Krone reagierte, wie vorauszusehen, mit eskalierender Unterdrückung, die zur Unabhängigkeitserklärung und schließlich
zum Revolutionskrieg führte.

Es erübrigt sich, in der Literatur über die letzten beiden
Jahrhunderte von der Französischen Revolution bis zur Ok-
toberrevolution nachzulesen, aber wir müssen uns vor Augen
halten, dass Debatten über die Beziehung zwischen Politik
und Gewalt eine lange Geschichte haben, insbesondere, wenn
es um die Staatsgewalt ging.

Versuchen wir, unsere eigene Situation zusammenzufassen. Wir befinden uns am Beginn einer neuen historischen Phase, die gekennzeichnet ist durch organisierte internationale Opposition gegen eine neoliberale, kapitalistische Globalisierung, die ihrerseits durch die Vorherrschaft riesiger multinationaler Konzerne und Finanzmärkte charakterisiert ist, deren Ziel die Anhäufung von Macht und Profiten ist, wobei Marktwerte den Vorrang vor menschlichen Werten haben. Alle menschlichen Aktivitäten werden in Handelswaren umgewandelt. Internationale Institutionen wie die Weltbank, der Internationale Währungsfonds, die Welthandelsorganisation und die Europäische Kommission zusammen mit vielen privaten Institutionen dienen dazu, das neoliberale Programm durchzuführen, was zu eskalierender Ungleichheit, dem Ausschluss vieler vom Wohlstand und nur allzu oft zum Tod führt.

Das Problem der Bewegung besteht darin festzustellen, ob diese Widersacher und diese Übel durch Gewalt bekämpft werden können, sofern man überhaupt etwas gegen sie ausrichten kann. Seit den ernüchternden Ereignissen bei den Demonstrationen in Göteborg und Genua im Juni und Juli 2002 und den Terrorangriffen vom 11. September des gleichen Jahres sieht es so aus, als ob annähernd alle Mitglieder der Bewegung sich von nun an weigern würden, Gewalt in unseren Reihen zu tolerieren. Das hoffe ich, aber vielleicht ist das nicht genug, und die neue Phase bringt ihre eigenen besonderen Probleme mit sich.

Beginnen wir mit dem Ereignis, bei dem das Thema zum ersten Mal in den Vordergrund trat. Die meisten Kommentatoren nennen als Datum für den Beginn der breiten Opposition gegen die Globalisierung das Ministertreffen der Welthandelsorganisation in Seattle (November/Dezember 1999), das mit einem Fiasko für die WTO endete. Die überwältigende Mehrzahl der Demonstranten – es waren zigtausende – war nicht gewalttätig. Viele von ihnen hatten ein Training in gewaltlosen Protestmethoden absolviert, und sie waren außerordentlich tapfer. Sie kauerten sich zusammen und ließen Tränengas und Schläge über sich ergehen, aber sie weigerten sich zu weichen.

Die Medien berichteten, wie üblich, nur wenig über diese tausende, sondern konzentrierten sich auf die Taten von ein paar Dutzend muskulöser junger Männer in Schwarz, die Schaufenster zerbrachen, Läden verwüsteten und Feuer in Mülltonnen entzündeten. Im Laufe der Nacht schlossen sich die Einwohner der ärmeren Stadtviertel von Seattle, die nicht an den Demonstrationen teilgenommen hatten, diesen jungen Männern an. Sie schwärmten in die Innenstadt, um die Verwirrung auszunutzen und die Läden zu plündern.

Spätere Demonstrationen in Europa führten zu sehr viel ernsteren Zwischenfällen. In Göteborg in Schweden ging die Polizei mit Pferden und Hunden gegen die Demonstranten vor – obwohl sie den Organisatoren versprochen hatte, auf solche Methoden zu verzichten –, und drei junge Demonstranten wurden mit scharfer Munition angeschossen. Einer davon wurde schwer verwundet, ist zum Glück jedoch inzwischen wieder gesund. Einen Monat später, bei den Demonstrationen gegen den G8-Gipfel in Genua, eröffnete die Polizei wieder das Feuer mit scharfer Munition und tötete Carlo Giuliani.

Anschließend überfiel die italienische Polizei eine Schule, in der Aktivisten schliefen. Sie verfolgten, traten und schlugen Leute, die keinen Widerstand leisteten. Mindestens 100 Menschen wurden schwer verletzt, aber bis zum heutigen Tag kennen wir nicht alle Einzelheiten, weil die offizielle Untersuchung dieses schändlichen Beispiels polizeilicher Brutalität, die die Berlusconi-Regierung zugesagt hatte, zur allgemeinen Überraschung niemals stattfand. Die Ergebnisse privater Untersuchungskommissionen stehen noch nicht zur Verfügung, aber es gibt Filme, die zeigen, wie weit die Polizei außer Kontrolle geraten war. Aber vielleicht handelte sie ja auch nur auf Befehl.

Dies ist eine sehr kurze Beschreibung der Ereignisse, auf die sich die meisten Außenstehenden und die Journalisten beziehen, wenn sie von der »Gewalttätigkeit der Antiglobalisierungsbewegung« sprechen. In Skandinavien beherrschte das Thema die Presse noch über ein Jahr nach Göteborg und lähmte die ganze Bewegung. Obwohl die skandinavische Bewegung ihre Dynamik bis zum Jahr 2003 allmählich wiedergewonnen hatte, hat sie bleibende Narben davongetragen, weil Zusammenstöße dieser Art in der skandinavischen Gesellschaft vorher niemals vorgekommen und kulturell vollkommen inakzeptabel waren.

Bei den Demonstrationen gegen die Weltbank und den Währungsfonds in Washington im April 2000 hingegen gab es keinerlei Gewalt, ebenso wenig in Barcelona im Juni 2001 und im März 2002 und bei der riesigen Demonstration anlässlich des Europäischen Sozialforums in Florenz im November 2002 und den nachfolgenden Foren in Paris und London. Der Anblick von einer Million Menschen, die in Florenz für Demokratie und Frieden marschierten, war besonders befriedigend, weil die Sensationsjournalistin Oriana Fallaci ein Gemetzel vorausgesagt hatte (auf das sie anscheinend hoffte) und allen Ladenbesitzern und Bewohnern von Florenz geraten hatte, ihre Fenster zu verrammeln und sich zu Hause zu verbarrikadieren. Das verantwortungsbewusste Verhalten der Teilnehmer lässt mich hoffen, dass die Bewegung endgültig auf Gewalt verzichtet hat, aber unsere Widersacher hoffen immer noch auf Gewalt. Anlässlich der G8-Konferenz in Gleneagles in Schottland hat die Polizei widerrechtlich mehrere Dutzend nicht gewalttätige Demonstranten verhaftet.

Als Erstes müssen wir zwischen Gewalt gegen Menschen und Gewalt gegen Eigentum unterscheiden. Aus moralischen Gründen verurteile ich jede Gewalt gegen Menschen, ob sie nun von einem ungerechten Wirtschaftssystem, vom Staat, von Terroristen oder von Demonstranten ausgeht. Unschuldige Menschen bei der Arbeit zu töten, wie im World Trade Center, oder Menschen umzubringen, die, wie in der U-Bahn in

London, einfach zur falschen Zeit am falschen Ort sind, oder, wie die baskischen Terroristen es tun, gewählte Repräsentanten und Beamte anzugreifen oder mit scharfer Munition auf Demonstranten zu schießen, das alles ist schändlich und inakzeptabel. Mord ist Mord, gleichgültig wer ihn begeht.

Gewalt gegen Menschen ist nur dann gerechtfertigt, wenn sie der Selbstverteidigung dient oder erfolgt, um Leben zu retten und um das Ausmaß der Gewalt zu reduzieren. So wäre es zum Beispiel eine hervorragende Idee gewesen, Hitler zu einem frühen Zeitpunkt zu töten. Das bedeutet jedoch nicht, dass man sich die Freiheit nehmen darf, die Polizei bewusst zu provozieren und zur Gewaltanwendung zu verleiten, damit der Konflikt eskaliert und man selbst »berechtigt« ist, zur Selbstverteidigung Gewalt anzuwenden.

Man muss auch die Umstände beachten, unter denen Gewalt gegen Menschen als legitim betrachtet werden kann. Wenn ein Land von einer fremden Macht besetzt wird, ist Widerstand jeder Art legitim. In totalitären Staaten, in denen es keine rechtlichen Mechanismen gibt, um Missstände zu beheben, kann Gewalt ebenfalls gerechtfertigt sein, was allerdings nicht unbedingt bedeutet, dass es klug ist, sie anzuwenden. In der von der Sowjetunion beherrschten Tschechoslowakei lehnten Aktivisten wie Václav Havel und seine Kameraden es ab, Gewalt anzuwenden, und hatten Erfolg mit ihrer sanften Revolution. In einem, wenn auch mit Mängeln behafteten demokratischen Staat, in dem Rede- und Pressefreiheit und eine unabhängige Rechtsprechung garantiert sind, kann Gewalt gegen Menschen nicht in Frage kommen.

Und wie ist es mit Gewalt gegen Eigentum bei Massendemonstrationen? In dieser Hinsicht ist mein Argument eher taktisch. Gewöhnlich lohnt es sich nicht, sondern schadet den Zielen, für die man angeblich kämpft. Es ist besonders dann kontraproduktiv, wenn die Gewalt sich gegen kleine Läden und die Autos normaler Menschen richtet. Wenn man die Schaufenster von Banken einschlägt, kann das ja vielleicht nützliche Aufträge für Glaser bedeuten, aber es hat nicht einmal eine symbolische Wirkung auf das internationale Kapital. Deshalb verurteile ich diese Art von Gewalt aus politischen, praktischen und taktischen Gründen.

Dennoch glaube ich, dass Gewalt gegen Eigentum manchmal gerechtfertigt sein kann, wenn alle demokratischen Möglichkeiten zur Behebung von Missständen erschöpft sind. Berühmte Fälle sind beispielsweise die Demolierung der Baustelle eines McDonald's-Restaurants in Südfrankreich durch José Bové und seine Kameraden und das Ausreißen genetisch manipulierter Pflanzen, die auf offenen Feldern wuchsen. Die Leute, die solche Aktionen auf französischen Feldern durchführen, sind nicht gegen wissenschaftliche Versuche mit genmanipulierten Organismen (GMOs) in geschlossenen Räumen, besonders, wenn es sich um Pflanzen handelt, die für pharmazeutische Zwecke bestimmt sind. Die Versuche auf offenen Feldern dagegen sind nur ein Ausdruck der Bemühungen der großen Firmen, die Menschen dazu zu bewegen, ihre Produkte zu akzeptieren. Das Ausreißen von GMOs erinnert mich mehr an die Boston Tea Party, wobei die Großkonzerne oder die Welthandelsorganisation die Rolle König Georges spielen.

Die meisten Menschen haben inzwischen vergessen, dass die erwähnte McDonald's-Episode eine Protestaktion gegen eine Entscheidung der Welthandelsorganisation war, die die USA autorisiert hatte, Sanktionen in Höhe von 116 Millionen Dollar gegen europäische Waren zu verhängen, weil die Europäer sich weigerten, Rindfleisch von hormongemästeten Rindern zu importieren. Eines der Produkte, die von den USA mit Strafzöllen belegt wurden, war Roquefortkäse. Ohne eigene Schuld verloren Bové und seine Schafzüchterkollegen in einer armen Gegend von Frankreich plötzlich einen beträchtlichen Teil ihres Absatzmarkts und ihres Lebensunterhalts. Und es gab auch kein demokratisches Mittel, um eine Behebung des für sie entstandenen Schadens durchzusetzen.

Ein staatliches System, das Schafzüchter dazu verurteilt,

unter einer vor langer Zeit und weit von ihnen entfernt von anderen getroffenen Entscheidung zu leiden – auch wenn die Entscheidung der Europäer, Fleisch von hormongemästeten Rindern abzulehnen, richtig war –, ist irrsinnig und in keinem Rechtssystem und nach keinem geltenden Gesetz, das ich kenne, vertretbar. Warum sollten die Schafzüchter für ein »Verbrechen« bestraft werden, mit dem sie nichts zutun hatten?

Ich habe selbst einmal an einer Aktion teilgenommen, bei der genmanipulierter Raps ausgerissen wurde, weil ich glaube, dass die Gefahr für die Umwelt und die Gefahr, dass unsere Versorgung mit Nahrungsmitteln vollständig in die Hände der landwirtschaftlichen Industrieunternehmen gerät, gegenüber dem Verlust der Firma, die das Versuchsfeld benutzte, den Vorrang haben muss. Im französischen Strafgesetzbuch gibt es den Tatbestand der unterlassenen Hilfeleistung gegenüber Personen in Gefahr. In meinen Augen erfüllt es den Tatbestand der unterlassenen Hilfeleistung gegenüber einer Gesellschaft in Gefahr, wenn die Regierung es zulässt, dass genmanipulierte Pflanzen die Umwelt vergiften. Wenn man mich darum bittet, werde ich es wieder tun.

Die Gewalt der Starken

Einige Mitglieder der Bewegung sind der Meinung, dass jede Taktik durch das Ausmaß der strukturbedingten Gewalt in der Welt gerechtfertigt ist, dass alles, was »wir« tun könnten, nichts ist im Vergleich zu der Gewalt, die vom wirtschaftlichen und politischen Weltsystem angewandt wird. Sie haben nicht ganz Unrecht.

Wenn Mord Mord ist, dann ist es auch schändlich und vollkommen inakzeptabel, ohne zwingende Notwendigkeit zuzulassen, dass inmitten des Überflusses Menschen an Armut und Hunger sterben. Lebt denn nicht die Hälfte der Weltbevölkerung unter Lebensbedingungen, die man als Gewalt gegen Menschen bezeichnen muss? Ist es keine Gewalt gegen Kinder und ihre Familien, wenn täglich tausend Kinder irgendwo in der Welt an Krankheiten sterben, die verhindert werden könnten, wenn ein Drittel aller Kinder sterben, bevor sie fünf Jahre alt sind, wie in Angola? Muss man es nicht als Gewalt gegen die Menschen bezeichnen, die von der Natur abhängen, wenn die Umwelt so zerstört und das Land so ausgelaugt ist, dass die Menschen nicht mehr davon leben können? Ist es keine Gewalt gegen die Menschen, die langsam an Aids sterben, wenn Medikamente existieren, mit deren Hilfe sie normaler leben könnten? Ist es keine Gewalt gegen Frauen und Kinder, wenn sie zwölf Stunden am Tag in ausbeuterischen Betrieben arbeiten müssen und keinerlei Rechte haben? Die Reihe solcher Beispiele lässt sich beliebig lange fortsetzen.

Die Protestierenden in der Bewegung sind überzeugt – und ich muss ihnen zustimmen –, dass internationale Organisationen wie der IMF und die Weltbank sich struktureller Gewalt schuldig machen, manchmal direkt durch Projekte, die den Lebensunterhalt der Leute zerstören, manchmal langfristig durch die Schaffung eines politischen Rahmens, durch den die Gewalt verstärkt wird.

Die Schuldenlast in den Entwicklungsländern ist ein Schulbeispiel für die Gewalt, die unzähligen Millionen unschuldiger Bürger angetan wird. Die Schulden geben dem IMF und der Weltbank enorme Macht, und ihre Strukturangleichungsprogramme sind Papier gewordene Gewalt, die sie manchmal direkt provozieren. Wenn die Preise für lebensnotwendige Grundnahrungsmittel und unentbehrliche Waren wie Brot, Reis, Wasser, Speiseöl und Treibstoff um das Doppelte oder Dreifache steigen, gehen die Leute auf die Straße. Solche »IMF-Aufstände« haben bereits in dutzenden von Ländern stattgefunden. Sie haben zu hunderten von Todesfällen, Verwundungen und Inhaftierungen geführt – aber was ist die eigentliche Ursache der Gewalt? Geht sie von den protestierenden

Menschen aus oder von den Institutionen, die unmögliche Opfer über sie verhängt haben?

Drei Menschen, die ich besonders gerne vor einem internationalen Strafgerichtshof sehen würde, sind erstens, aus offensichtlichen Gründen, Henry Kissinger und zweitens Michael Camdessus, der ungerührt dreizehn Jahre lang dafür sorgte, dass die tödliche Politik des IMF auch durchgeführt wurde (und der jetzt in der Kommission für Gerechtigkeit und Frieden des Vatikans sitzt). Der Dritte ist Robert MacNamara, sowohl für seine Rolle als Verteidigungsminister der USA im Vietnamkrieg, als auch für seine Taten als Präsident der Weltbank.

Die Mitglieder der Bewegung sehen ihre eigenen Regierungen in den industrialisierten Staaten immer häufiger als Komplizen der Gewalt gegen die Entwicklungsländer, weil es hauptsächlich diese Regierungen sind, die die internationalen Institutionen unterstützen und das nötige Geld für sie bereitstellen. Ein wachsendes Misstrauen gegenüber praktisch jeder politischen Führung ist ein zunehmend auffallendes Charakteristikum der Protestbewegung, und das ist in vieler Hinsicht eine Besorgnis erregende Entwicklung für die Zukunft der Politik selbst.

Seien Sie zornig, aber schlau

Ich habe die Erfahrung gemacht, dass heute viele Leute, besonders junge Leute, spontan international denken. Sie sind nicht nur an ihrem eigenen Leben und an der Politik ihres eigenen Landes interessiert, sondern auch an dem, was auf der anderen Seite des Erdballs passiert. Sie sind wütend und fühlen sich persönlich gekränkt, wenn ihre Regierungen, die Mitglieder der Europäischen Union oder die G8-Länder Konferenzen mit erbitterndem Aufwand abhalten, als ob sie das

Recht hätten, die ganze Welt zu regieren, nur um lächerliche, schwächliche Kommuniqués zu produzieren, die fast niemals zu konkreten Ergebnissen führen.

Nehmen Sie zum Beispiel den luxuriösen Berg in Genua, der eine verkrüppelte, anämische Maus gebar: Im Jahr 2001 versprachen die seinerzeitigen G7-Länder, 1,5 Milliarden Dollar zum Kampf gegen Aids, Malaria und Tuberkulose aufzubringen. Nur Wochen zuvor hatte Kofi Annan 7 bis 10 Milliarden Dollar allein für den Kampf gegen Aids gefordert. Und dann hielten die Regierungen der G8-Länder nicht einmal diese mageren Zusagen ein. Im Sommer 2003 machte George Bush in Afrika noch einmal große Versprechungen. Die gleichen Politiker haben sich seit Jahren für einen weitgehenden Schuldenerlass ausgesprochen, ohne ihn wirklich zu wollen. Beim G8-Gipfel in Evian in Frankreich im Jahr 2003 fanden die gleichen Rituale statt und wurden die gleichen edlen Gefühle geäußert. 2005 wurde bei der G8-Konferenz endlich ein winziger Fortschritt bezüglich der Schulden und Afrika erzielt. Aber die nicht gehaltenen Versprechungen früherer Jahre lasten schwer auf den frommen Absichtserklärungen.

Man könnte viele Beispiele von strukturbedingter Gewalt anführen, die die Folgen einer Welt sind, in der erbitternde Ungleichheit herrscht, die von eben diesen angesehenen Politikern und den Medien konstant ignoriert wird. Es ist vollkommen gerechtfertigt, wenn die Menschen vom mangelnden Ernst einer politischen Führung die Nase voll haben, die entweder gar nicht oder in die falsche Richtung führt. Da ist es nur zu verständlich, wenn sie wütend sind und das dringende Bedürfnis haben, irgendetwas zu zertrümmern oder jemanden zu verprügeln, und weil die Regierungschefs der G8-Länder, der IMF usw. zu diesem Zweck nicht zur Verfügung stehen, nun ja …

Das Monopol gesetzlich erlaubter Gewalt

Dennoch bleibt die Frage: Ist es klug oder wirkungsvoll, »ihre« strukturbedingte Gewalt mit gewalttätigen Demonstrationen zu beantworten? Der deutsche Soziologe Max Weber hat den Staat durch sein »Monopol auf legitime Gewalt« definiert. In anderen Worten, sie haben die Polizei, die Hunde, die Schusswaffen, die Armee, die Gerichte und die Gefängnisse. Und in den meisten Fällen genießen sie auch noch Straffreiheit. Wenn Sie einen Polizisten töten, egal unter welchen Umständen – auch wenn es sich um Selbstverteidigung handelt –, ist es sehr wahrscheinlich, dass Sie den Rest Ihrer Tage im Gefängnis verbringen werden. Wenn ein Polizist Sie tötet, kann Ihre Familie höchstwahrscheinlich auch dann keinen Regress beanspruchen und erhält keine Entschädigung, wenn Sie zu dem Zeitpunkt keine Straftat begangen haben. Dies bewahrheitete sich auch, als die britische Polizei in der U-Bahn einen unschuldigen Brasilianer erschoss, weil sie ihn für einen der Männer hielt, die für die terroristischen Bombenanschläge im Juli 2005 verantwortlich waren.

Während gewalttätige Staatsakteure Armee und Polizei heißen, werden nichtstaatliche gewalttätige Akteure als Terroristen bezeichnet. Gewöhnlich nehmen sie für sich in Anspruch, dass sie ihre Aktionen im Namen einer größeren Sache ausführen, häufig der Befreiung ihrer Ecke der Welt oder der Beseitigung irgendeines abscheulichen Regimes, das dort gerade an der Macht ist. Manche von ihnen werden später Premierminister – denken Sie an Israel.

Die Terrorangriffe vom 11. September haben die Welt in einen Schockzustand versetzt. Viele Leute haben die Meinung geäußert, dass Maßnahmen gegen die Armut und den Ausschluss von Menschen vom Wohlstand solchen entsetzlichen Taten ein Ende machen würden. Man gerät sehr leicht in die Versuchung, das zu glauben. Aber im Fall von Al Qaida habe ich meine Zweifel. Soweit wir wissen, waren die Täter gebildete Araber, die der Mittelschicht oder der oberen Klasse angehörten – meist Saudis und Jemeniten, die sich weder für die Armen in ihrer eigenen Gesellschaft noch für die Notlage der Palästinenser interessierten.

Es trifft zu, dass Armut und Ausgeschlossensein Ressentiments hervorbringen, die wiederum zu Gewalt führen, die, insbesondere in Verbindung mit einer fundamentalistischen oder Endzeitreligion, überall zum Ausbruch kommen kann und wird. Wir sind verpflichtet, die Bedingungen, die Hass hervorbringen, zu verbessern, aber wir dürfen nicht glauben, dass die Gewalt dann ganz überwunden sein wird.

Die Angriffe von Al Qaida gegen unschuldige Opfer sind durch nichts zu rechtfertigen. Das gilt auch für die USA, die wenig Mitleid mit unschuldigen Zivilisten (Verzeihung, ich habe »collateral damage« – Begleitschäden – gemeint) in anderen Ländern gezeigt haben. Wir brauchen nicht bis Vietnam zurückzugehen oder bis zum Irak vorzugreifen, um zu wissen, dass die Bombenangriffe der USA, ihre militärischen Kampagnen und die von ihnen unterstützten Staatsstreiche unzählige zivile Opfer in dutzenden von Ländern gefordert haben.

Jedermann weiß auch, dass die USA nach dem Sturz des von der Sowjetunion eingesetzten Regimes in Afghanistan im Jahr 1992 die Taliban praktisch erfunden und Bin Laden unterstützt haben, ebenso wie sie vorher Saddam Hussein unterstützt hatten. Selbst die Kriege, die die Amerikaner nicht selbst führen, werden ständig mit amerikanischen Waffen ausgefochten. Was kann man zur bedingungslosen Unterstützung der Amerikaner für Israel sagen, die vollkommen unabhängig davon ist, wie die israelische Politik aussieht? Welche Entschuldigung gibt es dafür, dass fünfzig Jahre lang tausende von zukünftigen lateinamerikanischen Folterern und Hinrichtungskommandos in der *School of the Americas* in Fort Benning in Georgia ausgebildet wurden?

Von wem stammt Ihrer Meinung nach der folgende Ausspruch: »Lassen Sie uns mit dem Geschäft des Tötens unserer Feinde so schnell wie möglich und so mitleidslos wie nötig fortfahren.« Von Bin Laden? Nein, er stammt aus einem Artikel des ehemaligen Präsidentschaftskandidaten und republikanischen Senators John McCain im *Wall Street Journal,* in dem er die Bush-Regierung beschwor, den Krieg in Afghanistan zu intensivieren. Diese Vorgänge wiederholten sich und eskalierten im Irak, wo tausende von Zivilisten durch die Aktionen der USA ums Leben kamen. Es ist eine bekannte Tragödie, dass das Leben von Zivilisten nirgends auch nur annähernd so wichtig ist wie das Leben von Amerikanern. Die globale Friedensbewegung in Europa wird oft bezichtigt, antiamerikanisch zu sein. Das ist nicht wahr. Die Amerikaner selbst spielen eine unverzichtbare Rolle in der Bewegung. Wir üben lediglich eine sehr gerechtfertigte Kritik an der Regierung der USA und den Regierungen aller Länder, die der amerikanischen Führung auf jedem gewalttätigen Weg folgen, den diese einschlägt.

Ich kann hier nicht über den Irakkrieg sprechen, weil dazu ein eigenes, vollständiges Buch nötig wäre. Er hat die beängstigende Vorliebe für Gewalt und Krieg enthüllt, die heute ein integraler Bestandteil der Politik der Bush-Administration ist. Vielleicht ist der Iran als Nächstes an der Reihe, obwohl das Pentagon nicht sofort einen neuen regulären Krieg vom Zaun brechen kann.

Die Reaktionen der Bewegung

Nach dieser Betrachtung »ihrer« Gewalt wollen wir uns nun »der unseren« zuwenden. Ich sage »der unseren«, weil ich Teil der Bewegung bin, weil meine Überzeugungen an meine Politik gebunden sind und weil ich glaube, dass es naiv und töricht wäre zu behaupten, dass Gewalt in unseren eigenen Reihen keine Gefahr mehr ist. Sie ist eine Gefahr, und sie wird es auch bleiben, allerdings nur, weil »sie« versuchen werden, uns zur Gewaltanwendung zu provozieren, weil sie gefährlich ist – nicht für diejenigen, gegen die sie sich richtet, sondern für uns selbst und für die Ziele, von denen wir beteuern, dass wir sie verteidigen.

Ich behaupte, dass diejenigen auf unserer Seite, die Gewalt anwenden, nicht nur fehlgeleitet sind, sondern aktiv gegen die übrige Bewegung und die Ziele arbeiten, die sie angeblich unterstützen. Hier sind einige der Gründe.

1. Gewalt lenkt das Interesse der Medien und damit der Öffentlichkeit von der Botschaft ab, die 99 Prozent der Bewegung vermitteln wollen, und lenkt die Aufmerksamkeit ausschließlich auf die Taten einer winzigen Minderheit. Unsere Argumente dringen nicht durch.

So wurde in Göteborg von den Medien überhaupt nichts über die lange, auf einen riesigen Freiluftbildschirm übertragene Debatte berichtet, an der sieben Repräsentanten der Demonstranten (darunter auch ich) teilnahmen, die mit Romano Prodi, Janvier Solana, Joschka Fischer und den Premierministern von Schweden und Portugal diskutierten. Auch die vielen Diskussionen, Foren und friedlichen Aktionen, die den Demonstrationen vorangegangen waren, blieben völlig unbeachtet.

Das Gleiche passierte in Genua, wo das *Genoa Social Forum,* das sich aus 700 italienischen Organisationen zusammensetzte, unzählige Diskussionen über einen breiten Themenkreis organisierte, bei denen die Teilnehmer nonstop über ihre Ziele diskutierten und ihre Standpunkte erklärten. Danach hören wir unsere Widersacher immer wieder behaupten, »Ihr habt nichts vorzuschlagen«, wenn wir gerade Tage damit verbracht haben, Vorschläge zu machen. Dennoch können wir die Aufmerksamkeit der Welt nicht auf diese Vorschläge richten, weil sie von den Medien auf die gewalttätigen Aktionen einiger weniger Individuen gelenkt wird, die tatsächlich nichts vorschlagen.

Als im Jahr 2003 etwa 80 000 Menschen an der Grenze zwischen der Schweiz und Frankreich zusammenkamen, um gegen den G8-Gipfel zu protestieren, erzählte die *New York Times* ihren Lesern, wie ein paar missratene Jugendliche eine BP-Tankstelle verwüstet hatten. Es war der einzige »Zwischenfall« während des ganzen Marsches und das Einzige, von dem die »führende« amerikanische Zeitung berichtete.

2. Gewalt bei Massendemonstrationen ist undemokratisch. Wenn wir eine demokratische Welt schaffen wollen, müssen wir als Erstes versuchen, eine demokratische Bewegung zu sein.

An den Vorbereitungen für Göteborg waren etwa 350 verschiedene schwedische Gruppen beteiligt. In Genua waren es doppelt so viele und in Frankreich mehrere Dutzend. Durch lange, oft frustrierende Diskussionen und einen Prozess des Gebens und Nehmens und des Erlernens einer Zusammenarbeit kamen diese Koalitionen auf mühsame, aber demokratische Weise zu einem Konsens. Dennoch wurden sie von dem so genannten »Schwarzen Block« und anderen, weniger gut organisierten gewalttätigen Elementen mit Verachtung gestraft. Diese erscheinen im letzten Augenblick mit ihren eigenen, individualistischen, eigensüchtigen und nur auf sie selbst bezogenen Absichten. Manche von ihnen sind »Skinheads« – erklärte Faschisten, die miteinander in Kontakt sind und aus ganz Europa zusammenkommen, um die Progressiven zu diskreditieren.

Manchmal, wie in Genf im Juni 2003, bilden diese Leute eine Art Minoritäten-Subkultur, wie die in schwarzes Leder gekleideten Heavy-Metal-Leute aus Zürich mit ihren stacheligen Frisuren, deren einziges Ziel im Leben offenbar darin besteht, Dinge zu zertrümmern. Man müsste einen qualifizierten Psychologen oder Anthropologen fragen, ob sie überhaupt irgendein Interesse an der Politik haben.

Eine weitere Gruppe von Leuten, die in letzter Minute erscheinen, behauptet tatsächlich, politische Motive zu haben. In ihren Augen sind alle außer ihnen selbst »Schlafwandler« (diesen Ausdruck verwenden sie in ihren Websites), die aufgeweckt werden müssen. Die beste Art, uns aufzurütteln, besteht darin, die repressive Natur des Staates durch Provokation zu entlarven. Obwohl uns die repressive Natur des Staates nicht unbedingt neu ist, haben wir keine Wahl, weil uns diese »Offenbarung« durch ein diktatorisches Macho-Gehabe aufgezwungen wird, das im Gegensatz zu unseren kollektiven Wünschen steht. Es erinnert mich an die alten Argumente der revolutionären Parteien, die »klarer sehen« als alle anderen und deshalb die Führung der unwissenden Massen übernehmen müssen. Nein danke: Ich war dort, habe es schon getan – oder besser, musste erdulden, dass es uns angetan wurde.

3. Gewalttätige Gruppen sind gewöhnlich gleich gekleidet und maskiert und können deshalb leicht von der Polizei und von faschistischen Elementen infiltriert werden.

Es ist der älteste Trick der Welt und wir haben ihn bei unseren Demonstrationen immer wieder beobachtet. Manchmal sind die schwarz gekleideten und maskierten Polizisten so auffällig, dass man beobachten kann, wie sie aus ihren Polizeifahrzeugen aus- und wieder einsteigen. Sie versuchen, die Proteste aus dem ausgezeichneten Grund zu infiltrieren, dass sie ihren Regierungen dadurch eine hervorragende Entschuldigung dafür liefern können, alle zu kriminalisieren und niederzumachen, egal wie friedlich die Leute sich betragen.

4. Taktisch gesehen ist es nicht besonders intelligent, den Staat gerade an dem Punkt anzugreifen, an dem er am stärksten ist, nämlich an seinem »Monopol auf gesetzlich zugelassene Gewalt«.

Ein guter Feldherr versucht, die Schwächen seines Gegners auszunutzen und ihn nicht da anzugreifen, wo er am stärksten ist. Hier oder da ein paar Meter Straßenpflaster zu besetzen, ist kein strategisches Ziel. Das muss man mehr als jugendliche Egozentrik und Draufgängertum betrachten. Es eröffnet keinen politischen Freiraum und hat keine Bedeutung für die Zukunft.

Es hat mich betrübt und überrascht, in einigen Websites, die dem Schwarzen Block nahe stehen, Geschichten von Einzelnen zu lesen, und ich habe mir gedacht, dass die Verfasser sehr jung und/oder sehr unsicher sein müssen. Sie sind eindeutig Verfechter der »Besetzt ein paar Meter Straßenpflaster«-Schule und beschreiben, »wie stark ich mich bei der und der Aktion gefühlt habe«. Ehrlich gesagt, wen kümmert das? Das Streben nach einem vorübergehenden Machtgefühl ist kindisch. Hier geht es um eine politische Bewegung und nicht um Gruppentherapie.

5. Gewalt hindert viele Leute daran, an Massendemonstrationen teilzunehmen.

Wir wollen eine Bewegung auf breiter Basis aufbauen, an der Menschen beiderlei Geschlechts aus allen Berufsgruppen und Generationen und allen ethnischen Gruppen teilnehmen. Es ist unmöglich, sie ausschließlich mit jungen, starken und meistens männlichen Mitgliedern aufzubauen, obwohl wir natürlich auch sie in unseren Reihen sehen möchten. Eine italienische Frau schrieb mir nach den dortigen Ereignissen: »Als Bürger wünschte ich, ich wäre in Genua dabei gewesen. Aber als Mutter bin ich froh, nicht dort gewesen zu sein.«

Insbesondere Immigranten und Angehörige von Minoritäten, die sowieso ständig von der Polizei schikaniert werden, können es sich nicht leisten, zu Demonstrationen zu kommen, bei denen sie eine Konfrontation riskieren, weil sie die Ersten wären, die dafür bezahlen müssten. Die meisten Gewerkschaften werden sich uns ebenfalls nicht anschließen, wenn sie nicht

sicher sein können, dass die Demonstrationen ohne Zwischenfälle wie die ablaufen, die in Genf und Göteborg passiert sind,
wo viele kleine Geschäfte und Autos zerstört wurden – einige
davon zweifellos von verkleideten Polizisten. Wir müssen uns
gegen eine solche Zerstörung von Eigentum wenden, zumal
sie den Lebensunterhalt oder die Transportmöglichkeiten normaler Menschen beeinträchtigen.

6. Im Gegensatz zu den Behauptungen der gewalttätigen Elemente wird der Kapitalismus durch Gewalt gegen Menschen
und Eigentum gestärkt und nicht geschwächt.

Solche Schlachten heben nicht das »Klassenbewusstsein«. Sie
bewirken eher eine breite Sympathie für die Ziele der Gewalt,
ob es sich um vom Pech verfolgte Bankangestellte, Autobe-
sitzer oder Polizisten handelt, denen dadurch die Opferrolle
zufällt. Wir sollten nicht vergessen, dass die überwiegende
Mehrzahl der Polizisten selbst aus der Arbeiterklasse kommt.
Der Polizist, der auf Carlo Giuliani schoss, war ein armer,
so gut wie unausgebildeter einundzwanzigjähriger Junge aus
Sizilien, dem man niemals scharfe Munition in die Hand hätte
geben dürfen. Für ihn bedeutete der Eintritt in die Polizei ohne
Zweifel einen Schritt nach oben auf der sozialen Leiter, ebenso
wie der Eintritt in die Armee der Vereinigten Staaten für junge
schwarze Amerikaner.
    Einige ehemalige Mitglieder der Schwarzen Panter, darunter
auch Bobby Seale, sind kürzlich in den USA zusammengekommen, um das Scheitern ihrer Bewegung in den 1970er Jahren
zu analysieren. Sie kamen zu dem Schluss, dass der Hauptgrund die Eskalation der Gewalt gewesen war, die sie nicht
mehr hatten kontrollieren können. Wenn die Politiker, die der
Polizei die Befehle erteilen, nicht wollten, dass wir scheitern,
warum sollten sie ihren Polizisten dann befehlen, sich als Mitglieder des Schwarzen Blocks zu verkleiden und selbst Kämpfe
mit der Polizei vom Zaun zu brechen?

Trotz all dieser Argumente gibt es echte Gründe, die zur Gewaltanwendung verführen können und die wir anerkennen müssen. Unsere amerikanischen und kanadischen Freunde sprechen in den Debatten über das Thema ständig davon. Abgesehen von der »strukturbedingten Gewalttätigkeit des Systems«, von der wir bereits gesprochen haben, behaupten sie, dass in Nordamerika Gewalt auf der Straße die einzige Möglichkeit sei, die Aufmerksamkeit der Medien zu erregen. Ein hervorragender, erfahrener amerikanischer Aktivist schrieb mir, dass sie fast 100 000 Demonstranten zum Kongress der Republikanischen Partei gebracht hatten, bei dem George W. Bush zum Präsidentschaftskandidaten nominiert wurde. Da es aber keine Gewalt gab, gab es auch keine Berichterstattung in den Medien.

Einige nordamerikanische Organisationen, die weiß Gott was anstellen, um alle zu beteiligen, multikulturell zu sein und ihre Toleranz bis zum Rand des Vertretbaren zu treiben, haben eine Methode erfunden, die sie »Vielfalt der Taktiken« nennen. Sie behaupten, dass man bei ein und derselben Demonstration viele verschiedene Taktiken, auch gewalttätige, anwenden könne. Dieser Slogan wurde unglücklicherweise eine Art von Rechtfertigung für sektiererische Gruppen, »ihre eigene Sache« zu machen.

Ein Teilnehmer an der Demonstration in der City von Quebec gegen die *Free Trade Area of the Americas* (FTAA) schreibt, dass die Vielfalt der Taktiken »ganz einfach zu einem praktischen Mechanismus geworden ist, die harte Arbeit derer zu unterminieren, die eine solidarische Bewegung schaffen wollen«. Als Beispiel nennt er die Demonstranten, die mit einem Sit-in den Versorgungsweg zur Versammlungshalle der FTAA in Quebec blockierten. Als sie sich weigerten, den Platz zu räumen, befahl die Polizei ihren eigenen infiltrierten Leuten unter den Demonstranten, Steine zu schmeißen, und verschaffte sich so einen Vorwand anzugreifen. Als sie sich zurückzogen, sahen die Demonstranten, wie die Steinewerfer in die Polizeifahrzeuge sprangen und verschwanden.

In seiner farbigen Sprache erklärte der junge Mann: »Ich bin mehr als bereit, meinen Arsch für Kameraden hinzuhalten, aber ich werde nicht Tränengas, Hunde, Schlagstöcke, Gummigeschosse, Wasserwerfer und Fußtritte ertragen, nur um als Kanonenfutter für die Brigaden mit ihrer Vielfalt der Taktiken zu dienen, von denen sich am Ende herausstellt, dass sie Polizisten sind.«

Am wichtigsten ist jedoch, dass eine »Vielfalt der Taktiken« notgedrungen eine Vielfalt der Ziele widerspiegelt. Die Autonomie jeder Gruppe, die von ihr selbst bevorzugte Taktik anzuwenden, ist eine Garantie dafür, dass es keine Einigkeit bei der Demonstration geben wird und dass der Außenwelt keine klare Botschaft vermittelt wird.

Obwohl inzwischen fast alle Mitglieder der Bewegung gewaltlose Methoden befürworten und trotz der großen Demonstrationen zwischen 2002 und 2005, die alle ohne negative Zwischenfälle verliefen, müssen wir immer noch daran arbeiten, dieses Gespenst ein für alle Mal zur Ruhe zu betten, weil das Problem immer wieder neu auftreten kann. Wir müssen unsere »Selbstüberwachungsmethoden« verbessern und verhindern, dass gewalttätige Elemente sich unseren Demonstrationen anschließen. Was kann man tun?

Erstens muss sichergestellt werden, dass die erklärten Ziele der Proteste nicht in sich selbst Gewaltanwendung erfordern. Wir konnten die Konferenz der WTO in Seattle einen ganzen Tag lang durch disziplinierten, massenhaften zivilen Ungehorsam blockieren – der Versammlungsort lag jedoch mitten in der Stadt und konnte von jedermann gesehen werden. Wenn man es, wie in Genf und Quebec, mit einer Festung zu tun hat, die nicht nur von einer physischen Mauer, sondern auch noch von einer zusätzlichen menschlichen Mauer aus Polizisten umgeben ist, ist gar nicht mehr daran zu denken, die Konferenz auf gewaltlose Weise zu verhindern. Das ist mehr mit den Grundherren zu vergleichen, die sich innerhalb des Walls befinden, während der Pöbel ratlos draußen im Kreis herumläuft.

Man fängt an, sich zu fragen, wann das siedende Öl zu fließen beginnt. Ohrenbetäubender Lärm könnte in solchen Fällen helfen, aber ein Stürmen der Festungsmauern kommt ganz bestimmt nicht in Frage.

Besonders in den USA und in Kanada war es manchmal möglich, mit den Leuten vom Schwarzen Block zu reden, die sich dann bereit erklärten, die Demonstrationen nicht zu stören. In Europa scheinen nur wenige Leute zu wissen, mit wem genau man reden müsste. Ich jedenfalls weiß es nicht, und ich kenne auch niemanden, der es weiß. Befürworter von Gewalt überschwemmen meine E-Mail-Box gelegentlich mit Beleidigungen und Pornografie, aber sie tun es immer anonym. Ich bin zweifellos zu alt. Jüngere Leute, die meinen hier dargestellten Argumenten zustimmen, sollten es versuchen.

Es ist auch dringend nötig, die Befürworter von Gewalt zu erreichen, weil es denkbar ist, dass sie ähnliche Strategien entwickeln könnten wie die Roten Brigaden, die in den 1970er Jahren das Ende der progressiven Bewegung in Deutschland und Italien bedeuteten. Sie verfügen sicher über physischen Mut, den wir zweifellos für konstruktivere Zwecke gut gebrauchen könnten. Wenn sie wirklich politische Ziele haben, wie sie es behaupten, sollte es möglich sein, mit ihnen zu diskutieren und sie vielleicht sogar davon zu überzeugen, dass das, was sie zurzeit vorschlagen, keine Lösung für die globale Armut oder den Kollaps der Umwelt ist und den Kapitalismus keinesfalls untergraben kann.

All dies bedeutet jedoch nicht, dass die Proteste langweilig sein müssen. Die Brasilianer haben ein fantastisches Geschick dafür, farbenprächtige Demos zu organisieren. Eine Tradition kreativer Gewaltlosigkeit ist besonders in Großbritannien, den USA und in Indien lebendig. Die Leute können sich zu einem unterschiedlichen Grad von Engagement verpflichten, so dass diejenigen, die bereit sind, notfalls auch eine Verhaftung wegen zivilen Ungehorsams zu riskieren, und solche Teilnehmer, die sicher sein müssen, dass sie am gleichen

Abend wieder zu Hause sein werden, sich auf unterschiedliche Weise an den gleichen Aktionen beteiligen können. Seattle war ein Vorbild dafür, wie man eine größere Konferenz mit gewaltlosen Methoden blockieren kann, gleichgültig mit welcher Härte die Polizei vorgeht und wie schädlich die Aktionen der Störenfriede sind. Statt uns in eine Debatte über Gewalt zu verrennen, müssen wir fragen, welche Taktik in einer gegebenen Situation am wirkungsvollsten ist.

Schon seit Jahren träume ich davon, ein gigantisches »Laugh-in« zu veranstalten, um die »stupid white men«, wie Mike Moore sie nennen würde, lächerlich zu machen, diese anmaßenden Kerle, die sich einbilden, sie seien von oben dazu berufen, die ganze Welt zu regieren. Das wäre mein Modell für jedes zukünftige G8-Treffen, das dann hoffentlich das letzte wäre – das letzte, weil sie es nicht wagen würden, noch einmal zusammenzukommen. Lärm und donnerndes, lautsprecherverstärktes, herzhaftes Lachen, an dem sich tausende von Menschen beteiligen. Mit Zirkusmusik. Mit Clownskostümen. Mit Masken der drei Bs – Bush, Berlusconi und Blair –, die für sich alleine gesehen schon ein Komikertrio sind. Seit ich diese Idee zum ersten Mal vorgeschlagen habe (ohne den geringsten Erfolg), habe ich erfahren, dass indische Aktivisten ein »sit-down laugh-in« gegen eine besonders unmögliche Provinzregierung veranstaltet und ihren Sturz bewirkt haben.

Besonders seit dem 11. September befindet sich die Bewegung für globale Gerechtigkeit an einem Wendepunkt, man könnte fast sagen, auf Messers Schneide. Die öffentliche Stimmung hat sich verändert. Entweder wir werden eine echte Massenbewegung, die nicht mehr aufzuhalten ist, oder wir werden an den Rand gedrängt und kriminalisiert, und das große Schlachtschiff der Globalisierung wird uns einholen und zerquetschen. Es wäre nicht das erste Mal in der Geschichte, dass eine viel versprechende Bewegung scheitert, und wir sind nicht unverwundbar.

Diese Bewegung hat einige verblüffende Erfolge errungen.

Am 15. Februar 2003 fand ein bemerkenswertes, von den Medien vielfach unbeachtetes Ereignis statt: Millionen von Menschen marschierten ohne gewaltsame Zwischenfälle am gleichen Tag und in Dutzenden von Ländern – noch bevor der Krieg begonnen hatte. Die Bewegung ist jetzt in sich selbst eine Macht, auch wenn sie den Krieg nicht verhindern konnte. Zum ersten Mal marschierten Europäer, Amerikaner und unzählige andere symbolisch Seite an Seite mit den Menschen der islamischen Welt.

Die Bewegung hat auch die Bedingungen der Debatte eindeutig verändert, und die Themen, die sie anspricht, werden jetzt aufgegriffen. Wir sind in hohem Maß sichtbar geworden, und es bleibt unseren Widersachern nichts anderes übrig, als uns ernster zu nehmen, aber tatsächlich haben wir noch nichts gewonnen. Wir haben weder einen echten Schuldenerlass noch eine tief greifende Reform (oder Auflösung) der Weltbank, des IMF und der WTO erreicht; wir konnten die Spekulationen auf den Finanzmärkten nicht einschränken und haben die Schlacht um eine internationale Besteuerung nicht gewonnen; wir konnten die Steuerparadiese nicht schließen und keine Gesetze gegen unberechtigte Entlassungen von Arbeitskräften durch Großkonzerne mit hohen Gewinnen durchsetzen. Mit einem Wort, der transnationale Kapitalismus steht fest.

Dennoch ist eine riesige Anzahl von Menschen zu dem Schluss gekommen, dass es tatsächlich möglich ist, etwas gegen die neoliberale Globalisierung zu unternehmen, während sie noch vor fünf Jahren wenig Hoffnung hatten. Unsere Widersacher wissen das und werden mehr Zeit, Energie und Geld darauf verwenden, uns zu besiegen, bevor wir irgendwelche konkreten Siege zu verzeichnen haben. Eine Kriminalisierung der Bewegung und ihrer Teilnehmer ist eine der Möglichkeiten, dieses Ziel zu erreichen. Das ist der Grund, weshalb José Bové im Sommer 2003 erneut inhaftiert wurde, und das ist auch der Grund, weshalb die Gewerkschaften in vielen europäischen Ländern so oft verfolgt werden.

Wir können entweder stärker oder schwächer und irgendwann unbedeutend werden. Nur eine breite, weltweite Bewegung mit langem Atem kann das erreichen, was wir uns vorgenommen haben – etwas, das noch niemals in der Geschichte von irgendjemandem erreicht worden ist.

Selbst wenn es uns gelingt, in unseren eigenen Reihen allgemeine Gewaltlosigkeit durchzusetzen, gibt es keine Garantie dafür, dass der Staat das Gleiche tun wird. Wenn es uns gelingt, erfolgreich gegen die neueste Inkarnation des Kapitalismus vorzugehen, müssen wir sogar mit Vergeltungsmaßnahmen rechnen. Die einzig mögliche Antwort darauf ist größerer Widerstand, größere Kampfbereitschaft, aber vor allem disziplinierte Kampfbereitschaft. Unsere Proteste müssen ein Zeichen sein, dass die Bewegung zunehmend mehr Mitglieder gewinnt und zunehmend entschlossener wird. Gewalt ist ein Zeichen von Schwäche. Wir aber sollten unseren Widersachern unsere Stärke zeigen.

SCHLUSSGEDANKEN UND ANSPRACHE IN PÔRTO ALEGRE 2003

Unterschiedliche Veränderungsvorschläge unterscheiden sich auch hinsichtlich ihres Schwierigkeitsgrades und erfordern zu ihrer Verwirklichung ein unterschiedliches Maß an Anstrengungen. Es ist leichter zu verhindern, dass etwas Neues, Furchtbares geschieht, als etwas Altes und Furchtbares zu beseitigen, an das sich alle bereits gewöhnt haben. Welche Art von Veränderung man auch anstrebt, es ist wichtig, daran zu denken, dass sich die Menschen seit den ersten Anfängen der Menschheit immer wieder mit der gleichen Art von höhnischen Widersachern konfrontiert sahen, die auch heute noch vorgeben, dass das, was man anstrebt, unrealistisch, utopisch oder unmöglich sei.

Die Hauptantriebskräfte für eine Veränderung sind heute weder in den politischen Parteien noch in den Regierungen zu finden, sondern in der Bewegung für globale Gerechtigkeit, die eine vollkommen andere Art von Globalisierung anstrebt als die neoliberale, mit der wir es derzeit zu tun haben. Niemand kann wirklich sagen, warum Bewegungen gerade zu dem Zeitpunkt entstehen, zu dem sie es tun, und warum sie alt und kalt werden und langsam absterben. Ich hoffe, dass dieses Buch dazu beitragen wird, die unsere jung und lebendig zu erhalten.

Beim dritten Jahrestreffen des Weltsozialforums im Jahr 2003 wurde ich gebeten, in der »Gigantinho« zu sprechen. Der Name ist sehr treffend, weil diese Halle etwa 15 000 Menschen Platz bietet. Das ganze Geschehen in Pôrto Alegre sollte sich in diesem Jahr auf Strategien konzentrieren, weil man davon ausging, dass die Teilnehmer die Probleme bereits identifiziert hatten und genug davon hatten, anklagend mit den Fingern auf die Sünder zu zeigen. Sie wussten auch, dass zahlreiche Vorschläge auf dem Tisch lagen. Das wahre Problem bestand und besteht noch heute in der Frage, die unter anderen auch ich dort zu beantworten versuchte – wie man die Vorschläge verwirklichen kann.

Das Buch, das in sich eine stark erweiterte Version meiner Ansprache von Pôrto Alegre ist, ist voll von Anregungen aller Art. Das ist der Grund, warum ich diese Rede in überarbeiteter Form ans Ende des Buches setze. Sie war Teil einer Beratung über internationale Konzerne und Finanzmärkte.

Liebe Freunde und Kameraden,

sehen Sie sich um. Es ist ein Wunder, dass wir überhaupt hier zusammengekommen sind. Noch vor fünf Jahren konnten sich auch die größten Optimisten unter uns nicht vorstellen, dass diese Bewegung so groß und einflussreich werden würde. In historischem Maßstab betrachtet, sind die vier Jahre seit Seattle und die drei Zusammenkünfte hier in Pôrto Alegre nichts, nur ein winziger Augenblick. Was wir alle in dieser kurzen Zeitspanne erreicht haben, ist atemberaubend. Darum sollten wir unsere Anwesenheit hier und die bloße Existenz dieser Bewegung und des Weltsozialforums als großen Sieg betrachten.

Die erste Zusammenkunft in Pôrto Alegre im Jahr 2001 sollte dazu dienen, die Weltsituation zu analysieren. Bei der zweiten im Jahr 2002 konzentrierten wir uns darauf, Alternativen vorzuschlagen. In diesem Jahr ist es unsere Aufgabe, über Strategien nachzudenken, mit denen wir die Veränderungen bewirken können, auf die wir alle hoffen. Deshalb gehe ich davon aus, dass alle hier Anwesenden über die wichtigsten Kenntnisse über die internationalen Großkonzerne und Finanzmärkte verfügen. Meine eigentliche Absicht ist es, über Strategien zu sprechen, nicht nur über Strategien, die Großkonzerne und die Finanzmärkte betreffen, sondern über die Strategien der Bewegung im Allgemeinen.

Als Erstes lassen Sie uns feststellen, dass Ermahnungen und Überredung uns nicht weiterbringen werden. Es ist sinnlos, immer wieder zu sagen, dass dieses oder jenes geschehen sollte oder müsste. Die Reichen und Mächtigen werden uns nicht zuhören, und sie sind niemals freiwillig bereit zu teilen. Die herrschenden Klassen geben ihre Privilegien niemals auf. Im Gegenteil, sie wollen immer noch mehr. Nichts ist jemals genug. Die Mächtigen werden die Umwelt nicht einfach deshalb schützen, weil es im Interesse aller wäre. Sie werden auch weiterhin die Gewinne konfiszieren, die von den arbeitenden Menschen verdient werden, und sie werden den Armen nicht freiwillig helfen, so entsetzlich ihre Situation auch noch werden mag. Lassen Sie es mich mit aller Härte ausdrücken: Kein Ausmaß menschlichen Elends wird für sich alleine Grund genug für sie sein, ihre Politik oder ihr Verhalten zu ändern.

Ich werde nun einige sehr harte, negative und sogar erschreckende Dinge sagen. Aber bevor ich dies tue, möchte ich Ihnen versichern, dass ich trotz allem grundsätzlich hoffnungsvoll bin. Ich glaube, dass wir zu Beginn des 21. Jahrhunderts eine Schwelle überschritten haben. Erlauben Sie mir, eine meiner eigenen Arbeiten zu zitieren, um diese Behauptung zu veranschaulichen. Vor drei Jahren habe ich ein Buch mit dem Titel *Der Lugano-Report* geschrieben. Wenn wir hier über die Notwendigkeit sprechen, eine radikal veränderte Welt zu schaffen, müssen wir uns erst über die ernste Gefahr im Klaren sein, dass die zukünftige Welt noch schlimmer sein könnte als die jetzige, wenn wir es nicht verhindern. Genau das ist das Thema des *Lugano-Reports*.

In diesem Buch stelle ich mir vor, dass Leute, die denen, die gerade jetzt in Davos zusammenkommen, sehr ähnlich sind, einer Gruppe von Experten den Auftrag gegeben haben, einen

Bericht zu schreiben. Die Frage, die die Auftraggeber den Experten stellen, lautet: »Wie können wir den Kapitalismus im 21. Jahrhundert erhalten?« Die Auftraggeber möchten sicherstellen, dass der Kapitalismus auch weiterhin erfolgreich die Welt beherrschen wird. Wie können sie dafür sorgen, dass er das einzig glaubwürdige System sein wird, dass man sich kein anderes auch nur vorstellen kann? Die »Herren des Universums« möchten wissen, was sie tun müssen, damit sie an der Macht bleiben.

Genau die gleiche Frage stellen wir uns hier an diesem Abend aus der umgekehrten Perspektive. Wir fragen, was geschehen muss, damit die gegenwärtige kapitalistische Ordnung nicht siegreich bleibt. Was müssen wir tun, um sicherzustellen, dass unser Leben, unsere Gesellschaft und unsere natürliche Umwelt nicht von den Launen von Konzernen und Finanzmärkten regiert werden?

Die Expertengruppe, die angeblich den *Lugano-Report* schreibt, kommt zu Ergebnissen, die, gelinde ausgedrückt, extrem unerfreulich sind. Aus allen möglichen Gründen – wirtschaftlichen, ökologischen, sozialen und politischen – kommen die Experten zu dem Schluss, dass es vollkommen unmöglich sein wird, den Kapitalismus im Jahr 2020 aufrechtzuerhalten, wenn annähernd 8 Milliarden Menschen auf der Erde leben. Aus diesem Grund muss ein großer Teil dieser Menschen, insbesondere die Ärmsten, die nicht in das System integriert sind und auch nicht integriert werden können, so unauffällig wie möglich und auf jede Weise, die sich als notwendig erweist, eliminiert werden. Krieg, Hunger und Krankheiten müssen ihr Werk vollenden und ihre Opfer fordern.

Die Frage, die wir in Pôrto Alegre implizit oder explizit stellen, ist darum todernst. Können wir das gegenwärtige System ändern oder nicht? Denn wenn wir es nicht können, fürchte ich, dass das Lugano-Szenario Wirklichkeit werden wird. Ich glaube, dass wir heute mehr denn je zuvor mit den Schrecknissen dieses Szenarios konfrontiert sind. Wenn Sie glauben, dass ich übertreibe, sehen Sie sich um. Die Weigerung, etwas gegen die immer schlimmer werdende AIDS-Krise zu unternehmen, ist ein deutliches Symptom. Unter den armen Leuten in den armen Ländern wütet AIDS völlig ungehindert. AIDS ist der Schwarze Tod des 21. Jahrhunderts ...

Ein weiteres Symptom, das an den *Lugano-Report* erinnert, ist die Verschärfung von einem Konflikt nach dem anderen, ohne dass besondere Anstrengungen gemacht würden, auf dem Verhandlungsweg friedliche Lösungen zu erreichen. Wir alle denken zuerst an Israel und Palästina, aber tatsächlich wüten in diesem Augenblick Dutzende von Kriegen auf der Welt. Um nur ein einziges Beispiel zu nennen, der Krieg zwischen dem Kongo und Zaire hat bereits zwischen 3 und 4 Millionen Menschenleben gekostet. Niemand weiß genau, wie viele es wirklich sind.

Es ist unübersehbar, dass die neuen Machthaber im Weißen Haus und im Pentagon die Anschläge vom 11. September zu ihrem Vorteil ausschlachten, um ihre barbarische Idee eines vorbeugenden Krieges zu rechtfertigen. Solche Kriege, von denen der gegen den Irak vermutlich nur der erste ist, werden die Zivilbevölkerung dezimieren, wenn die Friedensbewegung die amerikanischen Banditen nicht aufhalten kann.

Auch der Hunger ist wieder im Anstieg begriffen. In den 1980er Jahren hatten die Regierungen versprochen, den Hunger bis zum heutigen Datum um die Hälfte des damaligen Ausmaßes zu reduzieren. Stattdessen leiden mehr Menschen unter einem Mangel an Nahrungsmitteln als je zuvor. Der Direktor der Organisation für Ernährung und Landwirtschaft (FAO) hat kürzlich erklärt, dass die Beseitigung des Hungers in der Welt beim gegenwärtigen Tempo noch 150 Jahre in Anspruch nehmen würde.

All dies und noch vieles andere vermittelt mir den Eindruck, dass das Lugano-Szenario bereits in vollem Gange ist. Damit meine ich nicht, dass es eine Verschwörung gibt, weil dazu keine Verschwörung nötig ist. Die Reichen und Mächtigen haben offensichtlich, ebenso wie die Autoren meines fingierten Berichts, beschlossen, dass hunderte von Millionen Menschen auf der Welt überflüssig sind. Sie haben keine bezahlte Arbeit und tragen nichts zur kapitalistischen Produktion bei. Sie haben wenig oder gar kein Geld und tragen nichts zum kapitalistischen Konsum bei. Man kann keinen Profit aus ihnen herausschlagen; sie sind eine Belastung für die Wirtschaft – sie sind entbehrlich.

Es wird keinen neuen Hitler und kein Auschwitz geben, weil das zu sichtbar und zu teuer wäre, und außerdem Widerstand wecken und schließlich auf allgemeine Ablehnung stoßen würde. Stattdessen haben wir es mit einem postmodernen Modell des 21. Jahrhunderts zu tun, bei dem man niemandem wirklich etwas vorwerfen kann. Furchtbare Dinge geschehen eben, und das Leben geht weiter, jedenfalls für manche.

Deshalb kann nichts ernster sein als unser Kampf. Wenn Sie meine Analyse teilen, was ich hoffe, dann tragen wir alle hier eine historische Verantwortung. Mit einem Wort, wir dürfen nicht scheitern. Inmitten dieser wunderbaren Feier in Pôrto Alegre hoffe ich, dass wir auch nüchtern bleiben und überlegt handeln können. Hegel hat gesagt: »Das Einzige, das uns die Geschichte lehrt, ist, dass niemand jemals etwas aus der Geschichte lernt.«

Lassen Sie uns beweisen, dass Hegel sich geirrt hat, und aus der Geschichte lernen, die uns sagt, dass schon manche viel versprechende Bewegung zerstört worden ist, entweder von ihren Feinden oder durch ihre eigenen Fehler. Auch diese Bewegungen haben den Mächtigen Widerstand geleistet, auch sie haben gegen die Unterdrücker ihrer eigenen Zeit gekämpft, auch sie haben sich große Hoffnungen auf eine andere Welt gemacht. Wenn sie gewonnen hätten, dann wären unsere eigene Anwesenheit hier in Pôrto Alegre und unsere eigene Bewegung weniger notwendig, weil dann die Welt bereits ein Ort wäre, an dem jeder ein menschenwürdiges Leben führen könnte, ein Ort ohne Hunger und ernsthaften Mangel, wo jedermann Anspruch auf die lebensnotwendigsten Dinge hätte. Wir würden im Einklang mit unserer natürlichen Umwelt leben und uns nach demokratischen Grundsätzen selbst regieren. Leider ist dies nicht der Fall.

Diesmal müssen wir den Kampf gewinnen, obwohl wir etwas versuchen, von dem unsere Vorgänger nicht einmal träumen konnten. Wir versuchen, die neoliberale, von den Großkonzernen beherrschte Globalisierung auf ihrem eigenen Territorium, dem Erdball, zu schlagen. Deshalb müssen wir nicht nur in unserem lokalen und nationalen Umfeld arbeiten, sondern auch auf internationaler Ebene. Zum ersten Mal in der Geschichte der Menschheit hat jemand den Ehrgeiz, eine Bewegung für wahrhaft globale Gerechtigkeit zu schaffen.

Unsere Widersacher, die internationalen Großkonzerne, machen sich ihre eigenen Gesetze. Finanzmärkte nehmen keine Notiz von den Katastrophen, die sie für normale Menschen verursachen. Internationale Institutionen wie die Weltbank, der Internationale Währungsfonds und die Welthandelsorganisation versuchen alle, die demokratischen Freiräume zu reduzieren und nicht zu erweitern. Sie dienen nur denjenigen, die schon jetzt vom Weltsystem profitieren. Deshalb muss unsere Bewegung hundertmal stärker und klüger sein als jede andere, die vor uns daran gearbeitet hat, diese demokratischen Freiräume zu schaffen.

Aber täuschen Sie sich nicht. Je stärker wir werden, desto mehr werden unsere Widersacher sich bemühen, uns zu zerstören. Das ist nur natürlich. In der Welt, die wir uns wünschen, würden unsere Widersacher alles verlieren – ihre Macht, ihren Reichtum, ihr Prestige. Deshalb müssen wir vor ihren Zerstörungsstrategien auf der Hut sein und dürfen in unserer Wachsamkeit nicht nachlassen.

Lassen Sie uns aus der Geschichte lernen, damit wir uns nicht ebenfalls selbst zerstören. Zum Glück kann ich dafür keinerlei Anzeichen erkennen – ganz im Gegenteil. Diese junge Bewegung hat eine verblüffende Reife gezeigt und ist in fast allen Fällen gewaltlos geblieben. Das ist einer der Gründe, weshalb wir mit Sicherheit weiteren Provokationen ausgesetzt sein werden, mit denen versucht werden soll, uns zur Gewalt zu verführen. Diesen Provokationen müssen wir um jeden Preis widerstehen. Niemals dürfen wir in unseren eigenen Reihen und unserer eigenen Praxis die Gewalt unserer Widersacher nachahmen.

Wir müssen lernen. Die erste Pflicht eines Aktivisten besteht darin zu verstehen, wie die Welt organisiert ist und wie die Institutionen, die uns unterdrücken, funktionieren. Die Politik ist sehr viel komplizierter geworden, als sie es früher war. In meiner Anfangszeit genügte es zu sagen, »USA raus aus Vietnam« und jedermann wusste, wovon die Rede war. Wenn Sie heute auf die Straße gehen und den Leuten von der WTO und dem IMF erzählen, werden die meisten keine Ahnung haben, was Sie meinen. Deshalb müssen wir lernen, damit wir unser Wissen an andere weitergeben und unsere Bewegung erweitern können.

Es ist uns auch gelungen, eine demokratische Bewegung zu betreiben, die ein Spiegelbild der demokratischen Welt ist, die wir schaffen wollen. Diese Bewegung verfügt über moralische Vorstellungen, politische und intellektuelle Helden und Heldinnen und Organisationen mit Symbolkraft, zu denen wir aufsehen. Solche Individuen und Gruppen inspirieren uns, aber Gott sei Dank haben sie keine Ähnlichkeit mit der Führung in der Geschäftswelt. Wir haben niemanden und wollen auch niemanden, der Befehle erteilen kann und dem gehorcht werden muss. Wir sind ein Netz aus Netzen. Lassen Sie uns dafür sorgen, dass es so bleibt.

Obwohl ein Teil unserer Aufgabe darin besteht, Änderungsvorschläge zu machen, werden gute Vorschläge nicht einfach deshalb akzeptiert werden, weil sie gut sind, sondern nur als Folge eines langfristigen Drucks. Die alten Vorstellungen vom Verändern des Gleichgewichts der Kräfte und vom Klassenkampf haben immer noch ihre Gültigkeit. Um dieses Gleichgewicht zu verändern, müssen wir Bündnisse schließen. Bisher ist die Bewegung darin ausgesprochen gut gewesen. Wir machen gemeinsame Sache mit Umweltschützern, Frauenorganisationen, kleinen Bauern, Gewerkschaften, Entwicklungshilfeorganisationen, intellektuellen und kulturellen Arbeitern und seit Neuestem auch mit der Friedensbewegung, obwohl es auch hier noch viel zu verbessern gibt.

Trotz all dieser Erfolge ist es uns nicht immer gelungen, die Repräsentanten der benachteiligten Gruppen und der Einwanderergemeinschaften in unseren Gesellschaften in die Bewegung mit einzubeziehen. Im Großen und Ganzen sind wir immer noch eine Bewegung der Mittelschicht. Deshalb müssen wir die Verbindung zu den Menschen suchen, die eine andere Welt noch notwendiger brauchen als wir selbst, die sich jedoch meistens nur auf ihr eigenes Überleben konzentrieren.

Bisher waren wir überall zur Stelle, wo unsere Widersacher zusammenkamen. In diesem Augenblick protestieren unsere Kameraden gegen die Eliten der Industrie und der Finanzwelt in Davos. Ich glaube, dass wir uns jetzt auf das folgende Prinzip einigen sollten: Wo immer sie sind, werden auch einige von uns sein, aber nur einige, am besten jeweils diejenigen, die dem Versammlungsort geografisch am nächsten sind. Einige von uns, aber nicht alle, weil viele von uns es sich nicht leisten können, herumzureisen, oder ihre Arbeitsplätze und ihre Familien nicht verlassen können.

Einige der Aktivisten, die der Basis am nächsten stehen, sind auch die ärmsten, und sie sind nicht unbedingt in Pôrto Alegre und den anderen großen Versammlungsorten der Bewegung. Wie können wir unsere begrenzten Einkommensquellen mit ihnen teilen? Müssen wir anfangen, darüber nachzudenken, ob wir nicht Spenden sammeln sollten, um die Leute an der Basis ebenfalls mitnehmen zu können? Viele potenzielle Spender stehen unseren Zielen inzwischen sehr wohlwollend gegenüber.

Manchmal müssen wir die Medien mit großen Zahlen beeindrucken. Das Europäische Sozialforum in Florenz im November 2002 war eine solche Gelegenheit, und es war eine großartige Erfahrung, mit 1 Million Menschen für Frieden und Gerechtigkeit zu marschieren. Dennoch müssen wir neue Möglichkeiten finden, unserer Opposition Ausdruck zu geben, und in vielen Fällen sind dazu nur relativ wenige Teilnehmer nötig.

Ich habe bereits gesagt, dass Gewaltlosigkeit unser wichtigstes Prinzip sein muss. Friedlich bedeutet jedoch nicht langweilig. Wir müssen die Aufmerksamkeit mehr auf künstlerische Weise erregen, mit mehr Farbe und Kreativität. In dieser Hinsicht können wir enorm viel von den Brasilianern lernen. Denken wir auch daran, dass die Leute, gegen die wir protestieren, nicht nur schändlich, sondern auch lächerlich sind. Einer meiner Träume ist es, diese anmaßenden Kerle zusammen mit mehreren tausend Menschen ganz einfach auszulachen.

Journalisten fragen immer wieder, ob wir nicht eine politische Partei werden sollten. Für mich ist die Antwort ein eindeutiges Nein. Wir sind zutiefst politisch, und deshalb müssen wir teilweise auch auf dem Umweg über Politiker und politische Parteien arbeiten, aber wir machen unsere Politik anders als sie. Ich meine das nicht als Beleidigung, aber die traditionelle Politik ist die Domäne des Kompromisses. Das liegt ganz einfach in der Natur der Sache. Selbst wenn einer von uns, wie Lula, die Macht übernimmt, braucht er immer noch eine unabhängige Bewegung, die seine Regierung in die richtige Richtung drängt.

Wir können nicht immer oder auch nur oft auf der internationalen Bühne handeln, weil es auf dieser Ebene keine demokratischen Freiräume für uns gibt. Deshalb müssen wir unseren Einfluss auf lokaler und nationaler Ebene ausüben, wo wir wenigstens einige Bewegungsfreiheit haben. Natürlich müssen wir diese Freiheit nutzen und unsere Regierungen dazu drängen, unsere Vorschläge anzunehmen. Wie sollten wir die Welthandelsorganisation, den IMF und die Weltbank reformieren oder auflösen, wenn nicht durch die Regierungen? Es mag ein großer symbolischer Erfolg sein, wenn wir gelegentlich eine Konferenz durch Proteste blockieren, aber das bringt die Institutionen nicht um. Wir brauchen bindende Gesetze.

Eines unserer Hauptprobleme besteht darin, dass ein großer Teil des existierenden internationalen Rechts von und für die internationalen Konzerne und Finanzmärkte gemacht worden ist. Wenn es keine Gesetze gibt, müssen wir Seattle und auch Pôrto Alegre für den Rest des Jahrhunderts immer wiederholen. Die WTO kann Gesetze machen, aber die Bewegung hat keine Möglichkeit, dies zu tun, wenn sie nicht die Regierungen dazu benutzt.

Wir müssen Freiräume schaffen, in denen echte politische und wirtschaftliche Experimente und Veränderungen stattfinden können. Manche sagen, dass Vorschläge für eine internationale Besteuerung, das Schließen der Steuerparadiese oder Schuldenerlasse nur Reformen sind, die es nicht wert sind, dafür zu kämpfen, nicht revolutionär genug. Diese Meinung kann ich nicht teilen. Wenn sie durchgeführt würden, wären diese Vorschläge wahrhaft revolutionär, weil sie zu einer qualitativen Veränderung führen würden, genauso, wie nationale Besteuerung und Umverteilung die Verteilungsmuster des Wohlstands in den Ländern verändert haben, die zu diesen Mitteln gegriffen haben. Der Beweis dafür ist, dass rechtsgerichtete Parteien jedes Mal sofort die Steuern für die Reichen und die Konzerne senken, wenn sie wieder an die Macht kommen.

Lassen Sie mich diesen Vortrag mit einer persönlichen Aussage beenden. Seit den Tagen des Widerstands gegen den Vietnamkrieg war ich nicht mehr so hoffnungsvoll. Ich möchte hier meine tiefe Überzeugung zum Ausdruck bringen, dass die Bewegung für globale Gerechtigkeit eine strahlende Zukunft haben wird. Sie hängt nicht mehr von der persönlichen Anwesenheit oder Abwesenheit dieser oder jener Person ab, gleichgültig, um wen es sich handelt. Sie hat ein eigenes Leben angenommen. Sie ist gesund und erhält sich selbst am Leben, und sie entwickelt sich wie ein lebender Organismus, in dem kein Teil mit den anderen konkurriert oder die anderen unterdrückt.

Da wir das Privileg haben, an dieser einmaligen Versammlung des Weltsozialforums teilzunehmen, wollen wir daran denken, dass ein solches Privileg Verantwortung mit sich bringt. Wir dürfen nie vergessen, dass wir alle Akteure in der Geschichte sind. Wir sind mit der Vergangenheit verbunden und haben die Pflicht, uns derer würdig zu erweisen, die vor uns waren, der unzähligen Menschen, die mit den Mitteln ihrer eigenen Zeit gegen Armut, Ungerechtigkeit und Unterdrückung gekämpft haben. In diesem herrlichen und beglückenden Augenblick hier in Pôrto Alegre sind wir auch eine Verpflichtung und ein Versprechen für die Zukunft, durch unsere Hoffnung, unsere tägliche Arbeit und unsere Entschlossenheit, mit der wir verkünden: »Eine andere Welt ist möglich.«

Machen wir uns daran, sie zu schaffen.

ANMERKUNGEN

1 Geminiano Montanari (1633–1687) *Della Moneta, Trattato Mercantile,* zitiert von Marx aus einer Ausgabe von 1804 in der *Critique de l'économie politique,* La Pléiade, hrsg. *Economie* I, S. 414. *(Zur Kritik der politischen Ökonomie).* Ich stieß erstmalig in einem Aufsatz von Gilbert Rist darauf.

2 Clifford Lamberg-Karlovsky, zitiert in » You don't get many of those to the shekel«, *New Scientist,* 26. Mai 2001, S. 20. Siehe auch *Nature,* Bd. 411, S. 487.

3 United Nations, *World Investment Report 2002,* Kasten und Tabelle IV. 1, S. 90. Diese Liste basiert auf dem Mehrwert, was ein genauerer Maßstab ist als nur Verkäufe, auf denen einige frühere Listen aus anderen Quellen basierten. Im Jahr 1995, als noch die auf Verkäufen basierende Methode üblich war, standen bereits 49 Länder, jedoch 51 Firmen auf der Liste.

4 Ich habe überall nach einer gedruckten Quelle für dieses Zitat gesucht, jedoch keine gefunden. Im Jahr 2002 zitierte ich diese Erklärung jedoch in einer öffentlichen Diskussion mit Mr. Barnevik in Salzburg. Er protestierte nicht dagegen und stritt sie auch nicht ab. Darum nehme ich an, dass das Zitat korrekt ist.

5 United Nations, *World Investment Report 2002,* S. 118.

6 Manuel Castells Beitrag »Internet and Internet Society« zum Katalog des El Primer Festival de Arte, Ciencia y Technologia, Dinamicas Fluidas, Madrid 2002.

7 Der Wirtschaftsexperte John Williamson, damals von der Inter-American Development Bank, gilt allgemein als Urheber des Ausdrucks »Washington Consensus«.

8 Mark Weisbrot, Dean Baker, Egor Kraev, Judy Chen, »The Scorecard on Globalization 1980–2000: 20 Years of Diminished Progress«, Center for Economic and Policy Research, Juli 2001. Sehr empfehlenswert!

9 Siehe Mark Buchanan, »That's the Way the Money Goes«, *New Scientist,* 19. August 2000.

10 Giovanni Andrea Cornia, »Liberalization, Globalization and Income Distribution«, UN University-WIDER *(World Institute for Development and Economic Research)* Arbeitspapier Nr. 157, Helsinki, März 1999.

11 Sanjay G. Reddy, Thomas W. Pogge, »How *Not* to Count the Poor, 1. Mai 2002.
   Im Internet unter www.socialanalysis.org

12 Charte Sécurité Environment de TotalFina: »Aucune priorité économique ne s'exerce au détriment de la sécurité dans le travail ou du respect de l'environnement … Le Groupe choisit ses partenaires industriels et commerciaux en fonction de leur aptitude à adhérer aux règles de Total en matrière de sécurité et d'environnement.« Gezeichnet Thierry Demarest, Präsident.

13 Diese Ideen entwickelt Adam Smith nicht sosehr in seinem *Wealth of Nations,* sondern in der *Theory of Moral Sentiments.*

14 Garrett Hardin, »The Tragedy of the Commons«, *Sience,* Bd. 162, S. 1243–8, 13. Dezember 1968.

15 Eine gute Sammlung von Studien über die Organisation von gemeinsamem Eigentum ist Michael Goldman, Hrsg., *Privatizing Nature: Political Struggles for the Global Commons,* Transnational Institute and Pluto Press: London 1998. Siehe mein Vorwort zu diesem Band auf meiner Website: www.tni.org/george

16 Larry Summers in einem Interview mit Kirstin Garrett, Journalistin der Australian Broadcasting Company. Das Interview wurde im Rahmen der Sendereihe »Background Briefing« am 10. November 1991 vom Australischen Rundfunk ausgestrahlt und hier von der Tonbandaufnahme transkribiert.

17 Wilfred Beckerman, *Small is Stupid: Blowing the Whistle on the Greens,* Duckworth, London 1995. Im folgenden Jahr in den USA vom rechtsgerichteten, neoliberalen Cato Institute unter dem Titel *Through Green-Coloured Glasses* veröffentlicht.

18 P.M. Vitousek, P.R. Ehrlich und P.A. Matson, »Human Appropriation of the Products of Photosynthesis«, *Bioscience,* Bd. 36, 1986, S. 368–73. Die Zahlen und Untersuchungsergebnisse dieses Teams wurden bestätigt von S. Rojstaczer, S.M. Sterling und N.J. Moore

in »Human Appropriation of Photosynthesis Products«, *Science* Nr. 294, 2001, S. 2549 ff.

19 Siehe Mathis Wackernagel und William Rees, *Our Ecological Footprint,* New Society Publishers, Gabriola Island, BC, Kanada und Philadelphia, PA, 1996.

20 Siehe www.global-vision.org/city/footprint.html

21 Patrick Viveret, *Les nouveaux facteurs de richesse* und *Reconsidérons la richesse.* Siehe www.transversal.apinc.org oder www.placepublic.fr/esp/richesse/index.html

22 Susan George and Fabrizio Sabelli, *Faith and Credit: the World Bank's Secular Empire,* Penguin and Westview Press 1995.

23 David Hartridge, »What the General Agreement on Trade in Services (GATS) Can Do«, Vortrag bei einem von der internationalen Anwaltskanzlei Clifford Chance zum Thema »Öffnung der Märkte für weltweite Bankgeschäfte« im Jahr 1997 abgehaltenen Symposium.

24 Renato Ruggiero (zum damaligen Zeitpunkt Direktor der WTO), Vortrag bei einem von der Europäischen Kommission veranstalteten Treffen der Konferenz für den Handel mit Dienstleistungen in Brüssel am 2. Juli 1998.

25 Franz Boas, *The Social Organization and the Secret Societies of the Kwakiutle Indians,* 1897.

26 Vereinte Nationen, *World Investment Report 2002,* Tabelle IV, 2, S. 89.

27 Ebd., lt. Wirtschaftsprüfungsfirma PriceWaterhouseCoupers, S. 132.

28 Ein Teil der Informationen über die Überkapazitäten in der Autoindustrie stammen, ebenso wie dieses Beispiel, aus dem ausgezeichneten Buch von William Greider, *One World, Ready or Not,* Simon & Schuster, New York 1997.

29 Ebd., S. 119.

30 Vereinte Nationen, *World Investment Report 2002,* Tabelle I, 3, S. 12.

31 Joseph E. Stieglitz, *Globalization and its Discontents,* W.W. Norton, New York 2002.

32 Corporate European Observatory, *Europe Inc.,* Amsterdam, Mai 1997, aktualisierte und erweiterte Ausgabe, Pluto Press, London 2000.

33 Baron Daniel Janssen, »The Pace of Economic Change in Europe«, Ansprache bei der Generalversammlung der Trilateral Commission, Tokio, April 2000. Siehe www.trilateral.org

34 Das Federal Register bittet im Namen des US Special Trade Representative regelmäßig um Beiträge aus der interessierten Öffentlichkeit zur Politik des USTR. Diese Dokumente sind öffentlich und können auf der Website des USCSI eingesehen werden. Diese Beiträge sind außerordentlich aufschlussreich dafür, was sich die Dienstleistungsindustrie von Handelslabkommen der WTO und von regionalen Abkommen erhofft. Siehe z.B. die Website der Coalition: www.uscsi.org: US Coaliton of Service Industries, Services 2000 USTR Federal Register Submission, »Response to Federal Register Notice of August 19, 1998, Solicitations of Public Comment Regarding US Preparations for the World Trade Organization's Ministerial Meeting, Fourth Quarter, 1999« und die nachfolgenden Stellungnahmen.

35 Susan George, »Vers une offensive américaine sur les OGM« and »Personne ne veut des OGM, sauf les industriels«, *Le Monde diplomatique,* Mai 2002 und April 2003.

36 Siehe *Greenpeace Guide to Anti-Environmental Organizations,* Odonian Press, Berkeley, CA, 1993.

37 Siehe www.esf.org

38 Vergleichen Sie die Erklärungen der internationalen Handelskammer wie die der Chambre de Commerce Internationale, *Déclaration présentée aux chefs d'état et de gouvernement au sommet de Cologne du 18–20 juin 1999,* »Les enterprises et l'économie mondiale«, 11. Mai 1999, sowie ICC, *World Business Priorities for the Second Ministerial Conference of the World Trade Organization,* doc. 103/202, 3. April 1998 mit den Erklärungen der Europäischen Kommission (i.e. Sir Leon Brittan): Note for the 133 Committee 26. April 1999, Subject: EU Trade Ministers Informal Meeting, Berlin 9.–10. Mai 1999, sowie Sir Leon Brittan, »The Contribution of the WTO Millennium Round to Globalization: An EU View«, Ansprache für das Herbert Batliner Symposium, »Europe in the Era of Globalization, Economic Order and Economic Law«, Wien, 29. April 1999.

39 In meiner Doktorarbeit habe ich die unwahren Behauptungen und

die unbrauchbaren Untersuchungen analysiert, mit denen Nestlé zu beweisen versuchte, dass die Produkte und Praktiken der Firma die Kindersterblichkeit und Erkrankungen von Säuglingen in der Dritten Welt nicht erhöht hätten. Veröffentlicht unter dem Titel *Les stratèges de la faim,* Editions Grounauer, Genf 1981.

40 Christian Losson et al., »Messes basses entre les maîtres du monde«, *Libération,* 5. August 2003. Verschiedene Websites berichten über Bilderberg (Name des Hotels, in dem vor fünfzig Jahren die erste Zusammenkunft stattfand – jetzt wird jedes Mal ein anderer Versammlungsort gewählt), aber niemand außer den Teilnehmern selbst weiß wirklich, wer dort ist und worüber geredet wird.

41 Siehe Walt Kelly, *The Pogo Papers 1952–53* oder the *Best of Pogo,* Simon und Schuster, New York 1982.

42 Ein ausgezeichnetes Buch zu diesem Thema ist Matt Ridley, *The Origins of Virtue,* Viking, New York 1996.

43 William Pfaff, »White House Message: Refusing to Treat Allies as Equals«, *International Herald Tribune,* 7. Juli 2003.

44 Melanie Beth Oliviero und Adele Simmons erzählen diese Geschichte im 4. Kapitel des Buches von Marlies Glasius, Mary Kaldor und Helmut Anheier, Hrsg., *Global Civil Society* 2002, Oxford University Press 2002.

45 Die Fox-News-Geschichte ist eine von achtzehn Berichten über preisgekrönte Journalisten, deren Artikel unterdrückt wurden: Kristina Borjesson (Hrsg.), *Zensor USA. Wie die amerikanische Presse zum Schweigen gebracht wird,* Pendo Verlag, Zürich 2004.

46 Jeane Kirkpatrick, »Establishing a Viable Human Rights Policy«, Vortrag für die Menschenrechtskonferenz des Kenyon Colleges, 4. April 1981.

47 Michael Benton, *When Life Nearly Died: The Greatest Mass Extinction of All Time,* Thames and Hudson, London 2003. George Monbiots Artikel »Shadow of Extinction« erschien am 1. Juli 2003 im *Guardian.*

48 Siehe Monbiot, ebd., ebenso Robert Watson, *Report to the Sixth Conference,* United Nations Framework Convention on Climate Change (UN-Klimarahmenkonvention), 20. November 2000.

49 Siehe Fred Pearce, »An Ordinary Miracle«, *New Scientist,* 3. Februar 2001.

50 Michael Albert, *Parecon,* Trotzdem Verlagsgenossenschaft, Grafenau 2004.

51 Siehe International Forum on Globalization, www.ifg.org, verschiedene Autoren, *A Better World is Possible,* 2002.

52 Greg Palast, *The Best Democracy Money Can Buy,* Pluto Press, London and Sterling, VA, 2003.

53 Weltbank: *Operations Evaluation Department Report,* März 2003.

54 Siehe die wichtigsten Statistiken aus offiziellen Quellen in der Website des Comité pour l'annulation de la dette du Tiers Monde (Komitee für den Erlass der Schulden der Dritten Welt), www.dadtm.org, französisch, jedoch leicht verständlich.

55 Susan George, *How the Other Half Dies: The Real Reasons for World Hunger,* Penguin and Allanheld, Osmun 1976.

56 Meine 1978 an der Sorbonne vorgelegte Doktorarbeit, die die höchste Bewertung erhielt, (»très honorable«), wurde dank des Interesses des damaligen Direktors des IUED, Roy Preiswerk, in der Schweiz veröffentlicht. Susan George, *Les Stratèges de la Faim,* Grounauer und Institut Universitaire d'Ëtudes de Développement, Hrsg. Universität Genf, 1981.

57 Thomas Kuhn, *Die Struktur wissenschaftlicher Revolutionen,* Suhrkamp Verlag, Frankfurt a. M. 2003.

58 Mit dieser Frage habe ich mich ausführlicher in meinem Artikel »Winning the War of Ideas«, *Dissent,* Sommer 1997 auseinander gesetzt. Siehe auch meine Website.

59 Susan George und Fabrizio Sabelli, *Kredit und Dogma. Ideologie und Macht der Weltbank.* Konkret Literatur Verlag, Hamburg 1995.

60 Susan George, *The Lugano-Report,* Pluto Press, London 1999. (Deutsche Ausgabe, erschienen bei Rowohlt, inzwischen vergriffen.)

61 Zu meinen eigenen Illusionen siehe www.tni.org/george

62 Justin Podur, »Consumption, Complicity and SUVBs«, ZNet Commentary, 29. Dezember 2001.